“十四五”职业教育国家规划教材

铁路信号与通信设备

（新型活页式融媒体教材）

主　编　李本泉
副主编　朱秀丽　苏　靖
主　审　陈建华

北京交通大学出版社
·北京·

内 容 简 介

本书整合了铁路交通运营管理专业需要掌握的铁路信号、通信设备的基础知识和操作方法，按照教学做一体化的教学模式，共设计 9 个项目 27 个任务。内容包括：铁路线路认知；铁路信号认知；信号基础设备认知与应用；联锁关系认知与操作；闭塞设备认知与操作；列车运行控制系统认知与应用；TDCS 和 CTC 应用与操作；驼峰信号设备认知与应用操作；铁路专用通信应用与操作。

本书供高等职业教育铁道交通运营管理专业、铁道信号自动控制专业学生使用，也可作为其他学历铁道交通运营管理专业学生使用。

图书在版编目（CIP）数据

铁路信号与通信设备 / 李本泉主编. —北京：北京交通大学出版社，2020.8（2023.7 修订）

ISBN 978-7-5121-4298-5

Ⅰ. ① 铁… Ⅱ. ① 李… Ⅲ. ① 铁路信号–信号设备–高等职业教育–教材 ② 铁路通信–通信设备–高等职业教育–教材 Ⅳ. ① U284.7 ② U285

中国版本图书馆 CIP 数据核字（2020）第 141089 号

铁路信号与通信设备
TIELU XINHAO YU TONGXIN SHEBEI

策划编辑：陈跃琴　　责任编辑：陈跃琴
出版发行：北京交通大学出版社　　电话：010–51686414　　http://www.bjtup.com.cn
地　　址：北京市海淀区高梁桥斜街 44 号　　邮编：100044
印 刷 者：艺堂印刷（天津）有限公司
经　　销：全国新华书店
开　　本：185 mm×260 mm　　印张：16.25　　字数：397 千字　　插页：1
版 印 次：2023 年 7 月第 1 版第 1 次修订　　2023 年 7 月第 3 次印刷
定　　价：49.80 元

本书如有质量问题，请向北京交通大学出版社质监组反映。对您的意见和批评，我们表示欢迎和感谢。
投诉电话：010-51686043，51686008；传真：010-62225406；E-mail：press@bjtu.edu.cn。

前　言

作为指挥列车运行、保证行车安全、提高运输效率、改善行车组织方式的关键设施，铁路信号设备在铁路运输生产中发挥着重要作用，同时它也是实现行车指挥现代化的核心内容之一。随着我国铁路的不断提速，信号控制系统也在不断改造与升级，以适应铁路高速、现代化的要求。在铁路信号系统升级改造的同时，也对调度员指挥列车运行、车站值班员办理接发列车及调车作业技能提出了更高的要求。

为使学生通过学习能更好地与现场实际工作对接，缩短其从学生到现场职工的角色转换过渡期，特邀请铁路局集团公司直属电务段资深骨干人员参与本书的编写工作，使教材内容能更好地贴近铁路行业的需求。

本书依照项目化教学理念，突出技能操作，本着理论知识“够用”的原则减少了理论知识介绍。根据运输行业特点，对信号、通信设备的基础知识和操作方法进行了整合。另外，根据铁路线路站场开课的反馈意见和学校本课程前期所需知识不同步或滞后的实际情况，我们增加了“铁路线路认知”项目，对本课程需要的、必要的知识进行讲述，可作为选学项目。

全书共分为 9 个项目，分别是：

项目 1 为“铁路线路认知”，主要介绍线路的平面、纵断面、限界、轨道、路基等相关基础知识。

项目 2 为“铁路信号认知”，主要介绍信号机基础知识、车站内信号机及信号表示器、区间信号机等相关知识，为后续学习打基础。

项目 3 为“信号基础设备认知与应用”，主要介绍信号继电器、轨道电路、转辙机的特点、工作原理及操作应用。

项目 4 为“联锁关系认知与操作”，主要是对前三个项目知识的运用和检查，重点介绍联锁图表、6502 电气集中联锁、计算机联锁等相关知识，通过实际办理业务、检验联锁表来提高操作技能。

项目 5 为“闭塞设备认知与操作”，主要介绍闭塞基础知识，以及半自动闭塞设备和自动闭塞设备的操作和运用。

项目 6 为“列车运行控制系统认知与应用”，主要介绍列控基础知识及机车信号设备、列车运行监控装置、CTCS–3 级列控系统。

项目 7 为“TDCS 和 CTC 应用与操作”，主要介绍 TDCS 和 CTC 的操作方法。

项目 8 为“驼峰信号设备认知与应用操作”，先简要介绍驼峰基础知识，后重点介绍驼峰信号设备、驼峰自动化的应用与操作。

项目 9 为“铁路专用通信应用与操作”，主要介绍地面专用通信和车—地专用通信的应用与操作。

本书由包头铁道职业技术学院李本泉担任主编，包头铁道职业技术学院朱秀丽、苏靖担任副主编，中国铁路沈阳局集团有限公司锦州电务段段长、高级工程师陈建华担任主审。包头铁道职业技术学院马超、刘丽莎、王玲玲参加了本书的编写工作。朱秀丽编写了项目 1、项目 2；苏靖编写了项目 3；李本泉编写了项目 4；马超编写了项目 5、项目 6；王玲玲编写了项目 7、项目 9；刘丽莎编写了项目 8。

由于编者水平有限，收集资料不全，加之信号设备的进步和规章的更新，教材中难免会有欠妥之处，敬请指正。

编　者

2020 年 6 月

修订说明

近年来，我国铁路交通发展日新月异，铁路技术装备加快升级，铁路生产组织、作业方式、作业规章发生了较大变化，新技术、新材料、新设备、新工艺和新标准不断投入使用，这就对铁路专业技术及技能人才的知识结构、技能结构提出了更高要求。

《铁路信号与通信设备》出版已有时日，为适应铁路发展的需要，满足铁路运输市场对高素质、高技能型人才的需求，编写组人员深入现场，与现场职工尤其是现场工程师交流学习后，依托岗位需求，结合职业院校人才培养方案，对本书的内容和形式进行了修订。

本次修订主要体现在以下 4 个方面：

1. 依托岗位需求，设计教学内容

《铁路信号与通信设备》是运输岗位学习的重要基础教材，本书以铁路信号与通信设备为主线，对接铁路新技术、新标准、新动态，设计了以铁路职业能力为核心的模块，模块齐全且又彼此独立。模块化的课程结构，既方便读者了解铁路信号与通信设备的结构、特点、操作方法，又注重对最新规章、标准的运用，紧贴岗位实际，侧重对学生的技能培养。

2. 丰富教学资源，强化自主学习

我们积极运用“互联网+职业教育”思维方法，推动传统教学形式变革。本书重新整合资源，将教学图片、动画、视频资料、拓展知识、相关规范、规程、标准以及教学重点、难点以二维码的形式展现。学生通过手机或其他移动设备扫描二维码即可获得相关资料，使讲述的知识更加生动、立体和易于理解，同时也优化了教学内容。

3. 结合现场案例，培养职业素养

本次修订增加了现场案例，每一个项目都从与该项目相关的现场案例开始：描述案例，分析案例，在案例结束后留下思考题，让学生带着问题开始项目学习，既可以提高学生的学习兴趣，也可以使学生早日树立职业理想。

4. 紧扣教学内容，融入课程思政

在任务之后，结合铁路现场实际增加了实训工单，并根据实训任务融入思政元素，设计思政思考题，将“安全优质、兴路强国”的新时期铁路精神贯穿于整个教学环节，培养学生踏实、严谨、吃苦耐劳等优秀品质，有利于培养知识型、技能型、创新型的新时代高素质铁路人才。

另外，本书配备了教学 PPT，每个任务中都配有形式多样的任务考核，并配有供教师参考的答案。

本次教材修订，朱秀丽负责项目 1、项目 2；苏靖负责项目 3；李本泉、田园合作负责项目 4；马超负责项目 5；李枭鹏负责项目 6；王玲玲负责项目 7、项目 9；刘丽莎负责项目 8。修订过程中，借鉴了大量的文献和视频资料，在此向这些文献的作者，以及视频资料的创作者表示衷心的感谢。

编　者

2023 年 6 月

［声明］本书通过二维码链接的数字资源，仅供学生拓展阅读之需，不属于本书固有内容。权利人若不同意定向链接，请通知作者联系出版社删除。

目　　录

课程资源目录

续表

序号	项目	资源编号	资源名称	资源类型	页码
1	项目 3	3-1-1	无极继电器	视频	57
2		3-1-2	有极继电器	视频	58
3		3-1-3	偏极继电器	视频	59
4		3-1-4	知识拓展：继电器的相关知识	文字	60
5		3-2-1	轨道电路的工作原理	视频	67
6		3-2-2	轨道电路的类型	视频	69
7		3-2-3	轨道电路区段的命名	视频	70
8		3-2-4	知识拓展	文字	72
9		3-2-5	相关规范、规程与标准	文字	72
10		3-3-1	道岔	视频	74
11		3-3-2	转辙机概述	视频	78
12		3-3-3	转辙机的类型（2 个文件）	视频	78
13		3-3-4	知识拓展	文字	80
14		3-3-5	相关规范、规程与标准	文字	80
1	项目 4	4	课前思考：信号联锁的目的和意义	文字	83
2		4-1-1	进路的概念	视频	84
3		4-1-2	进路与敌对进路	视频	85
4		4-1-3	联锁的概念	视频	86
5		4-1-4	车站信号联锁	视频	86
6		4-1-5	知识拓展	文字	97
7		4-1-6	相关规范、规程与标准	文字	97
8		4-2-1	发车进路办理	视频	107
9		4-2-2	知识拓展	文字	112
10		4-2-3	相关规范、规程与标准	文字	112
11		4-3-1	计算机联锁的概念	视频	114
12		4-3-2	计算机联锁操作	视频	117
13		4-3-3	知识拓展	文字	121
14		4-3-4	相关规范、规程与标准	文字	121
1	项目 5	5-1-1	闭塞由来	视频	125
2		5-1-2	知识拓展	文字	127
3		5-1-3	相关规范、规程与标准	文字	127
4		5-2-1	半自动闭塞	视频	129
5		5-2-2	半自动闭塞办理方法	视频	131
6		5-2-3	知识拓展	文字	133
7		5-2-4	相关规范、规程与标准	文字	133
8		5-3-1	自动闭塞运用	视频	135
9		5-3-2	自动闭塞区段通过信号机灯光的几种变化	视频	137
10		5-3-3	ZPW2000 电气绝缘原理	视频	139
11		5-3-4	知识拓展	文字	143
12		5-3-5	相关规范、规程与标准	文字	143

续表

续表

序号	项目	资源编号	资源名称	资源类型	页码
1	项目 8	8-1	课前思考答案	文字	207
2		8-1-1	驼峰及其组成	视频	209
3		8-1-2	计算停车点	文字	210
4		8-1-3	驼峰调车作业程序	视频	210
5		8-1-4	驼峰解体作业	视频	211
6		8-1-5	知识拓展	文字	211
7		8-1-6	相关规范、规程与标准	文字	211
8		8-2-1	驼峰信号机的显示	文字+图片	215
9		8-2-2	压力式钳形减速器	视频	218
10		8-2-3	减速顶	视频	218
11		8-2-4	知识拓展	文字	219
12		8-2-5	相关规范、规程与标准	文字	219
13		8-3-1	点连式调速设备	视频	224
14		8-3-2	知识拓展	文字	226
15		8-3-3	相关规范、规程与标准	文字	226
16		8-3-4	案例	文字	226
1	项目 9	9-1-1	知识扩展（1）	图文+视频	235
2		9-1-2	相关规范、规程与标准	文字.docx	235
3		9-2-1	知识扩展：GSMR 与铁路下一代移动通信系统	文字+视频	243
4		9-2-2	知识扩展：铁路专用数字通信系统 GSM-R	视频	243
5		9-2-3	相关规范、规程与标准	文字.docx	243

项目 1　铁路线路认知

【项目描述】

在“铁路信号与通信设备”教学过程中，经常出现和“线路站场”同时开课的情况，致使信号教学所需的线路站场知识相对滞后，甚至存在“线路站场”课程滞后开设的情况。为弥补此短板，我们增加了本项目，对“铁路信号与通信设备”教学过程中所需知识进行必要的介绍。若“线路站场”课程先期开过，那么此项目作为选修内容越过。

【教学目标】

（1）能够识别线路平面和纵断面图。
（2）认知路基、桥隧建筑物和道口、交叉及线路接轨。
（3）认知轨道的各部组成。
（4）清楚线路种类及编号、道岔编号，为后续学习信号平面图打下基础。
（5）理解限界的含义及种类，认识限界的重要性。

【案例导入】

【案例概况】××××年×月×日。某铁路既有线电气化改造施工中，需要完成立杆施工任务，封锁时间为上午 9 点 15 分至 11 点 35 分。项目部没有轨道作业车和所需支柱，于是 9 月 14 日向某铁路局供电段求援借用车辆及支柱，于 17 日下午将支柱装上轨道作业车，于 18 日凌晨 4 点 35 分在双动力车司机同乘一台车出发，5 点 43 分在运行到某处上行线时，由于钢丝绳仅绑扎一道，加上线路上曲线段较多、车速太快，致使轨道作业车上平放的 2 根支柱向两侧偏移并造成侵限，先把上行线 214 号接触网支柱刮伤（当时司机没有发现和感觉），又将 K360+980 处 204 号杆碰断，造成上行线接触网瞬间停电，同时造成轨道作业车所装支柱向下行方向超限，轨道作业车冲出 740 m 停车后在 K360+240 处与下行线方向的 18007 次电力货车刮碰，造成线路行车中断。

【原因分析】

事故直接原因：

（1）该项目部施工组织管理差，安全意识不强，本应至少绑扎三道却只绑了一道，麻痹大意，没有绑扎牢固。轨道车出发前，项目部虽然有人乘坐轨道车，但并没有对支柱捆绑情况进行检查。

（2）双动力车司机同乘一台车，轨道作业车司机在运行过程中车速过快，加上线路曲线段也不减速，违章行驶。轨道作业车上虽然乘坐了项目部监控人员，但他并未及时提醒司机，且在运输过程中未对砼支柱堆放状态进行检查。

事故间接原因：

（1）没有严格按照施工方案进行作业，没有提前准备材料，未制定有效的安全措施。

（2）施工分工不明确，关键环节没有专人负责，未能确保施工有序、可控。

（3）现场管理人员监督不到位，未安排合格的人员进行监控。

【经验教训】

（1）严密组织，精心管理。对临时安排的作业必须进行风险研判，布置针对性的安全防控措施。对关键环节一定要严格把关，落实安全关键卡死制度。

（2）利用轨道作业车时，双动力司乘人员严禁同乘一台机车，并严格控制运行速度，押运人员要随时检查拉运材料的堆码状态，确保运输安全。

（3）做好工前预想，针对专人、专项作业制订专项安全防范方案，避免盲目作业。

（4）加大现场盯控力度，及时发现并处置现场安全隐患。

工作任务 1.1　铁路线路的平面和纵断面认知

1.1.1　工作任务

<table>
<tr><td>任务名称</td><td>铁路线路的平面、纵断面图认知</td><td>工单号</td><td></td></tr>
<tr><td>姓名</td><td></td><td>专业</td><td></td></tr>
<tr><td>日期</td><td></td><td>班级</td><td></td></tr>
<tr><td colspan="4">拟完成工作任务：
（1）通过设备实物，观看教学图片，认知线路平面、纵断面的组成。
（2）识认线路平面、纵断面图</td></tr>
<tr><td colspan="4">任务目标：
1. 知识目标：
（1）掌握线路平面、纵断面的定义及组成要素。
（2）了解线路平面、纵断面的技术参数。
2. 能力目标：
能够读懂线路平面、纵断面图。
3. 思政目标：
（1）认识到线路设计、选址的重要性。
（2）培养学生正确的安全观、足够的安全意识</td></tr>
<tr><td colspan="4">学习重点：平面、纵断面的技术参数</td></tr>
<tr><td colspan="4">学习难点：对平面、纵断面的识认</td></tr>
<tr><td colspan="4">教学所需设备：典型线路平面、纵断面设计图例</td></tr>
</table>

1.1.2　相关配套知识

铁路线路在空间中的位置是用它的中心线表示的。线路中心线是指距外轨半个轨距的铅垂线 *AB* 与两路肩边缘水平连线 *CD* 交点 *O* 的纵向连线，如图 1–1 所示。

线路中心线在水平面上的投影叫线路平面，它表明线路的直、曲变化状态。线路中心线纵向展直后在铅垂面上的投影，叫线路纵断面，它表明线路的坡度的变化。

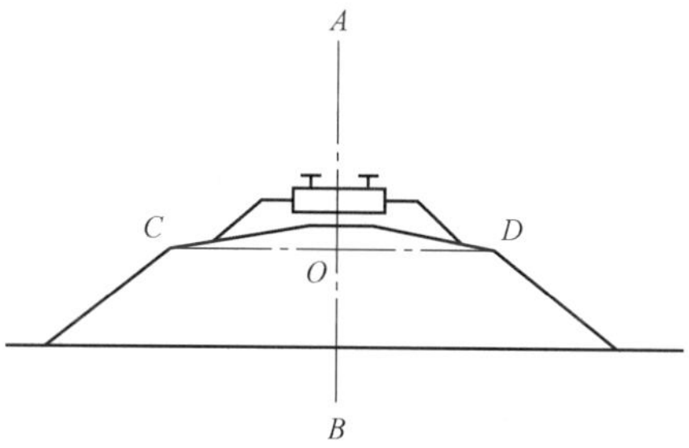

图 1–1　线路横断面

线路的平面和纵断面不但确定了线路在空间的位置，同时也为路基、桥涵、隧道及站场等其他设备的设置提供依据，对铁路通过能力及输送能力的大小都有直接影响。

从铁路运营角度考虑，铁路线路最好是既平又直的，这样可提高列车的运行速度，司乘人员瞭望条件好，能增大牵引重量，节省运营费用。但由于地物和地质条件等的限制，如将线路设计成既平又直的，势必会增大土石方工程量和造价，所以铁路线路与纵断面必须按线路等级和《铁路线路设计规范》（TB 10098—2017）规定的技术标准，结合线路的具体情况来设计。

知识点1　线路平面

1. 线路平面的组成

线路平面由直线、圆曲线以及连接直线与圆曲线的缓和曲线组成。

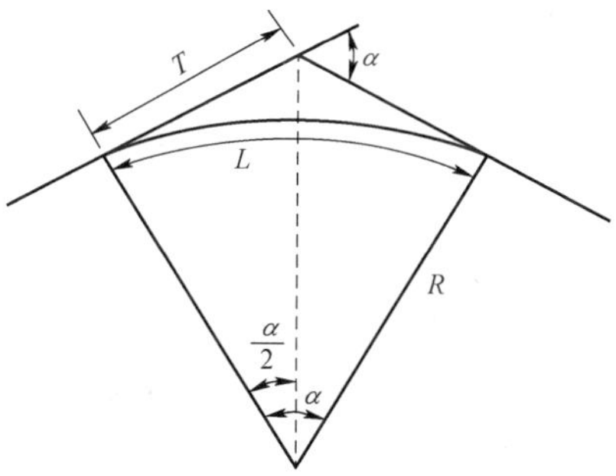

图 1–2　圆曲线基本要素

在线路平面设计时，为缩短线路长度和改善运营条件，应尽可能设计较长的直线段，但当线路遇到地形、地物等障碍时，为减少工程造价和运营支出，应设计曲线段。

2. 线路平面技术参数

1）曲线

铁路线路在转向处所设的曲线为圆曲线，其基本要素有：曲线半径 R、曲线转角 α、曲线长度 L、切线长度 T，如图 1–2 所示。

在设计线路时，一般是先设计出 α 和 R，再按下式计算出 T 及 L：

$$T=R\times\tan(\alpha/2) \tag{1–1}$$

$$L=\pi\times R\times\alpha/180 \tag{1–2}$$

曲线转角的大小由线路走向、绕过障碍物的需要等因素确定。圆曲线半径的大小，反映了曲线弯曲度的大小。圆曲线半径越小，弯曲度越大。一般情况下，曲线半径越大，行车速度可以越高，但工程量越大，工程费用越高。因此，正确地选用曲线半径就显得十分必要。

为保证行车安全，使线路平顺地由直线过渡到圆曲线或由圆曲线过渡到直线，以避免向心力的突然产生和消除，需要在直线与圆曲线之间设置一个曲率半径变化的曲

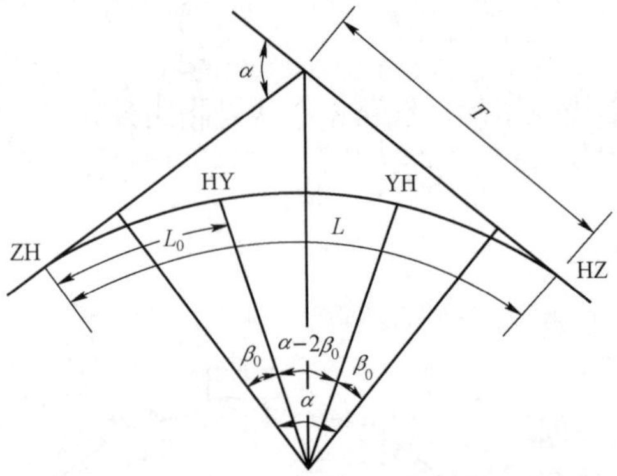

L_0—缓和曲线长度；α—曲线转角；β_0—缓和曲线偏转角。

图 1–3 设有缓和曲线的铁路曲线

线，这个曲线称为缓和曲线。图 1–3 为设有缓和曲线的铁路曲线。

缓和曲线的特征为：从缓和曲线所衔接的直线一端起，它的曲率半径 ρ 由无穷大逐渐减小到它所衔接的圆曲线半径 R。它可以使离心力逐渐增加或减小，不至于造成列车强烈的横向摇摆，如图 1–4 所示。

缓和曲线长度应根据曲线半径、结合该地段的行车速度和地形条件选用。有条件时，应尽量采用较长的缓和曲线，以便创造更有利的运营条件。

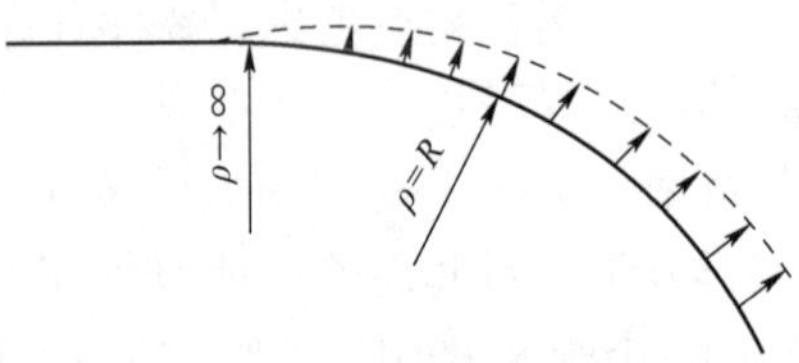

图 1–4 缓和曲线上的曲率半径变化示意图

2）夹直线

两相邻曲线，转向相同称为同向曲线，转向相反称为反向曲线。两条相邻曲线间应设置一定长度的直线，该直线称为夹直线。设置夹直线的目的是保证列车运行的平稳，如图 1–5 所示。

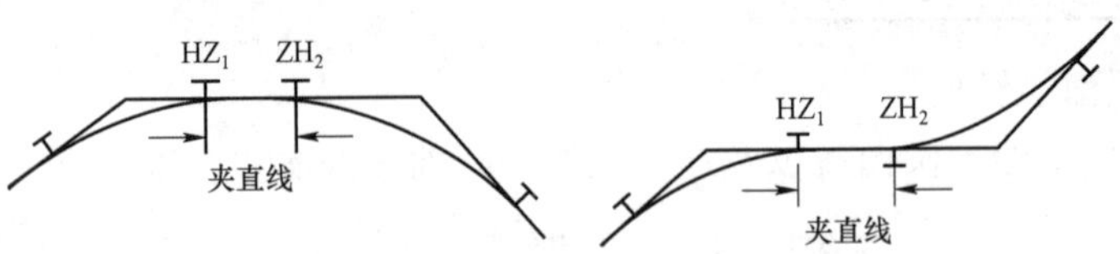

图 1–5 相邻曲线间的夹直线

车辆运行在同向曲线上，因相邻曲线半径不同，超高高度不同，车体内倾斜度不同；车辆运行在反向曲线上，因相邻曲线超高方向不同，车体时而向左倾斜，时而向右倾斜。这两种情况都会造成车体摇晃振动，夹直线越短，摇晃振动越大。

根据运营试验，为保证旅客舒适，夹直线长度应保持 2～3 辆客车长度，困难条件下，也不应短于一辆客车长度。因此《铁路线路设计规范》（TB 10098—2017）规定的各级铁路线路两相邻曲线间夹直线最小长度，如表 1–1 所示。

表 1–1 各级铁路线路两相邻曲线间夹直线最小长度

铁路等级	一般地段/m	困难地段/m
Ⅰ	80	40
Ⅱ	60	30
Ⅲ	50	25

在行车速度较高的线路上，为保证列车运行平稳，夹直线相应要求较长，如我国目前规定在设计最高行车速度 350 km/h 的客运专线上，两相邻曲线间的夹直线最小长度：工程条件一般地段为 280 m，工程条件困难地段为 210 m。

知识点 2　线路纵断面

1. 线路纵断面的组成

线路纵断面由平道、坡道及设于变坡点处的竖曲线组成。

2. 线路纵断面技术参数

1）坡道的坡度

坡度是一段坡道两端点的高差 H 与水平距离 L 之比，用 i‰表示，如图 1–6 所示。

即：

$$i\text{‰}=\frac{H}{L}=\tan\alpha \quad (1\text{–}3)$$

$$i=1\,000\times\frac{H}{L}=1\,000\times\tan\alpha \quad (1\text{–}4)$$

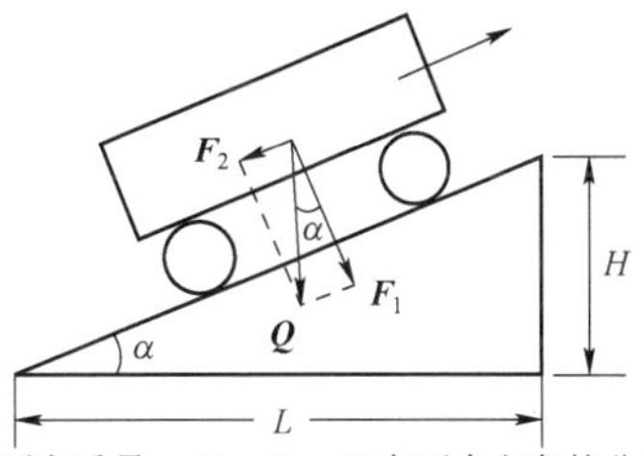

Q—列车重量；F_1，F_2—Q 在两个方向的分量。

图 1–6　坡道坡度及坡道附加阻力示意图

铁路线路根据地形的变化，可分为上坡、下坡和平道。上、下坡是按列车运行方向来区分的，通常用“+”号表示上坡，用“–”号表示下坡，平道用“0”表示。例如，+6‰是表示线路每 1 000 m 的水平距离高度升高 6 m；–6‰则表示线路每 1 000 m 的水平距离高度降低 6 m。

线路纵断面上坡度的变化点，叫变坡点。相邻变坡点间的距离，叫坡段长度。从运营角度来看，纵断面上的坡段应尽量长些，尤其是尽可能多地设置平道，万不得已时再设置坡道，以利行车平顺和减少变坡点。但也应考虑地形条件及工程量的大小。一般情况下，纵断面坡段长度不短于远期列车长度的一半，在一个列车长度范围内不超过两个变坡点，以减少变坡点附加力叠加而引起列车运行的不平稳，也便于司机的操控。

车站到发线有效长是按列车全长加 30 m 安全距离，并取 50 m 整数倍确定的，所以《铁路线路设计规范》（TB 10098—2017）规定，纵断面坡段长度不宜短于表 1–2 的规定。

表 1–2　纵断面坡段长度

远期到发线有效长度/m	1 050	850	750	650	550
坡段长度/m	500	400	350	300	250

车辆经过变坡点时，将产生振动和竖向加速度，引起旅客不舒适，同时由于坡度变化，车钩会产生一种附加应力，车辆经过凸凹地点时，相邻车辆处在不同坡道上，易产生车钩上下错移。当相邻坡段坡度代数差过大，附加应力过大，两车钩上下错移量过大时，可能会引发断钩、脱钩等事故，如图 1–7、图 1–8 所示。

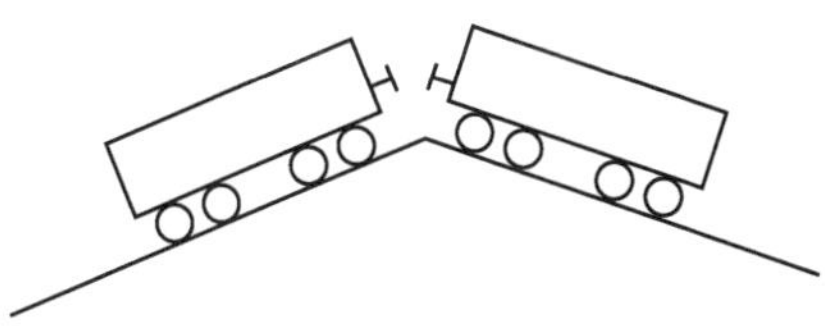

图 1–7　车辆经过变坡点的状态一

图 1–8　车辆经过变坡点的状态二

2）竖曲线

当相邻坡段的坡度代数差超过一定数值时，为保证列车运行平稳，防止脱钩、断钩，应在相邻坡段间用一圆顺曲线连接，使列车顺利地由一个坡段过渡到另一个坡段，这个纵断面上变坡点处所设的曲线叫作竖曲线。

《铁路线路设计规范》（TB 10098—2017）规定：线路相邻坡段坡度代数差的绝对值Ⅰ、Ⅱ级铁路大于3‰，Ⅲ级铁路大于4‰时，应以竖曲线连接。其竖曲线半径Ⅰ、Ⅱ级铁路 $R_{竖}$=10 000 m，Ⅲ级铁路 $R_{竖}$=5 000 m。

《高速铁路设计规范》（TB 10621—2014）中指出，时速350 km高速铁路竖曲线半径不得小于25 000 m，最大竖曲线半径不应大于30 000 m。

设置竖曲线时，变坡点位置应满足以下要求：

设置竖曲线时，变坡点位置要求

1.1.3 任务工单

任务名称	平面、纵断面图识认	姓名	
		日期	
操作方法：对给出的典型线路平面、纵断面图中空缺部分进行标注			
操作中存在的问题及解决方法：			

项目	赋分	自评得分	互评得分	教师评分
正确理解知识	25			
业务分析处理方法得当	20			
表达清晰准确	20			
业务处理结果正确	35			
综合得分	（自评得分10%，互评得分30%，教师评分60%）			

1.1.4 任务考核

（1）铁路线路在空间的位置是用________表示的。

（2）线路平面由________、________以及________组成。

（3）线路纵断面由________、________以及________组成。

（4）何为线路平面？何为线路纵断面？
（5）何为缓和曲线？缓和曲线的特征和作用是什么？
（6）相邻曲线间为什么要设置夹直线？夹直线最短长度是如何规定的？
（7）何为坡道的坡度？
（8）何为竖曲线？竖曲线的设置应该避开哪些地方？

工作任务 1.2　路基、桥隧建筑物和道口认知

1.2.1　工作任务

<table>
<tr><td>任务名称</td><td>路基、桥隧建筑物和道口认知</td><td>工单号</td><td></td></tr>
<tr><td>姓名</td><td></td><td>专业</td><td></td></tr>
<tr><td>日期</td><td></td><td>班级</td><td></td></tr>
<tr><td colspan="4">拟完成工作任务：
（1）参观教学沙盘，认识路基、桥隧建筑物和道口，并对路基、桥隧建筑物类型进行描述。
（2）认知设置道口交叉及线路接轨的条件及设置方法</td></tr>
<tr><td colspan="4">任务目标：
1. 知识目标：
（1）掌握路基横断面的结构形式。
（2）了解路基类型。
（3）熟悉道口交叉及线路接轨的设置。
2. 能力目标：
（1）能举例说出现实铁路线路路基的类型。
（2）能对典型的铁路桥梁、隧道的类型进行归类。
3. 思政目标：
（1）能认识到建造铁路桥梁、隧道的缘由。
（2）了解铁路线路、桥梁、隧道施工的先进技术。
（3）培养学生正确的安全观、足够的安全意识以及铁路技术创新意识</td></tr>
<tr><td colspan="4">学习重点：路基的类型及组成</td></tr>
<tr><td colspan="4">学习难点：道口交叉及线路接轨的条件及设置方法</td></tr>
<tr><td colspan="4">教学所需设备：
（1）教学沙盘。
（2）路基、桥隧建筑物及道口教学图片</td></tr>
</table>

1.2.2　相关配套知识

知识点 1　铁路路基

1. 路基横断面形式

路基横断面是指垂直于线路中心线截取的截面，也称路基断面。铁道路基横断面形式是根据线路的设计标高与地面标高的高低而确定的，分为以下 6 种。

1）路堤式路基

路堤式路基指线路设计标高高于天然地面标高，经填方修筑而成的路基，如

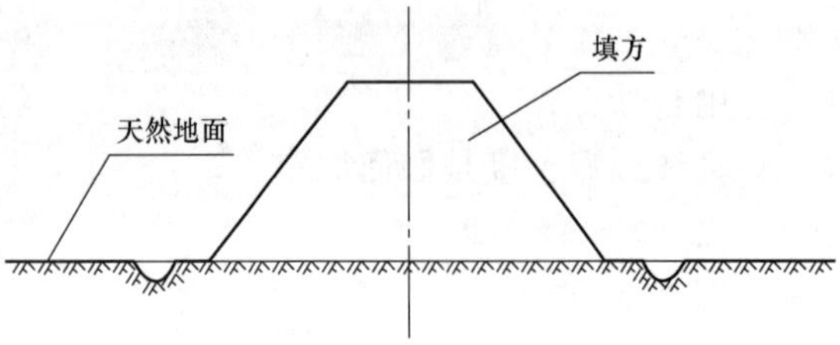

图 1–9 路堤式路基

图 1–9 所示。

2）路堑式路基

路堑式路基指线路设计标高低于天然地面标高，经挖方修筑而成的路基，如图 1–10 所示。

3）不填不挖式路基

不填不挖式路基指线路设计标高与天然地面标高相同，无须填方和挖方的路基，如图 1–11 所示。

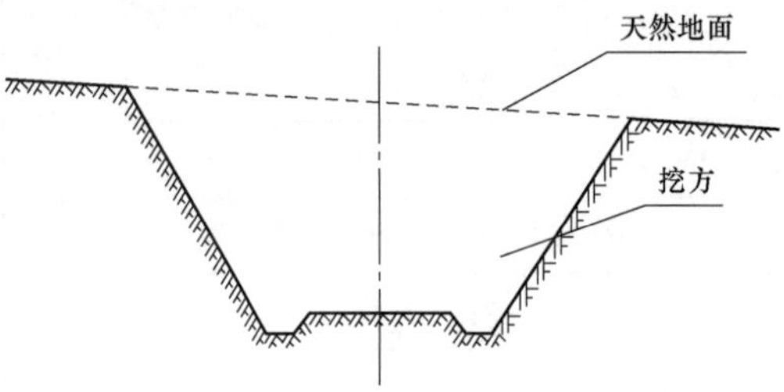

图 1–10 路堑式路基

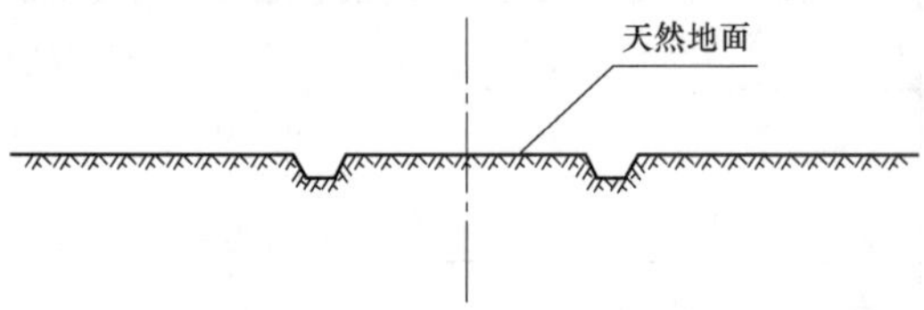

图 1–11 不填不挖式路基

4）半堤式路基

半堤式路基指路基的一侧需在天然地面上填方修筑而成的路基，如图 1–12 所示。

5）半堑式路基

半堑式路基指路基的一侧需在天然地面上挖方修筑而成的路基，如图 1–13 所示。

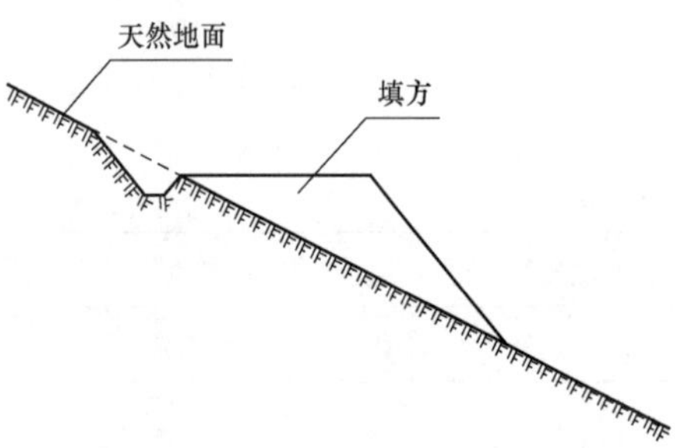

图 1–12 半堤式路基

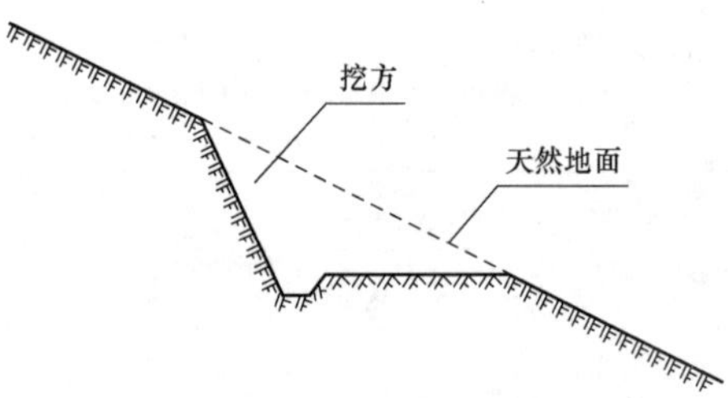

图 1–13 半堑式路基

6）半堤半堑式路基

半堤半堑式路基指路基的一侧需在天然地面上填方修筑，而另一侧则在天然地面上挖方修筑而成的路基，如图 1–14 所示。

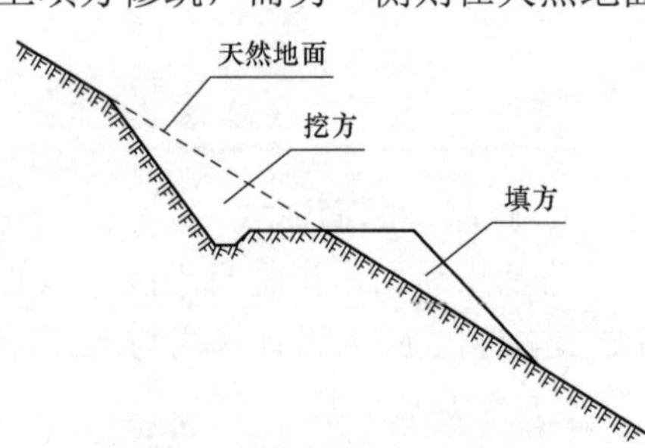

图 1–14 半堤半堑式路基

2. 铁路路基排水及防护加固

1）路基排水

路基必须坚实稳固，才能承受沉重的压力。但土质路基的坚固性和稳定性比较不易保持，受很多因素影响。在一般情况下，水的侵害往往是一个主要原因，因此在路基构造形式上要考虑如何有利排水。为保持路基经常处于干燥、坚固和稳定状态，防止地面水和地下水对路基的冲刷、侵蚀，要修建排泄或拦截建筑物，使地面水顺畅流走、地下水水位降低。路基排水主要表现在以下两个方面：

（1）排除路基地面水。

排除路基地面水的设备有侧沟、天沟、截水沟和矩形水槽等。各种水沟应位于距路基本体不太远的范围内，既节省用地，又不影响路基边坡的稳定。

（2）排除或降低路基地下水。

排除或降低路基地下水的设备有明沟、排水槽、渗沟和渗管等。明沟横断面通常采用梯形，如图1－15所示。排水槽横断面通常采用矩形，如图1－16所示。明沟或排水槽的沟壁外侧与含水地层之间设反滤层，沟壁上应设一排或多排向沟内倾斜的渗水孔和缝隙。

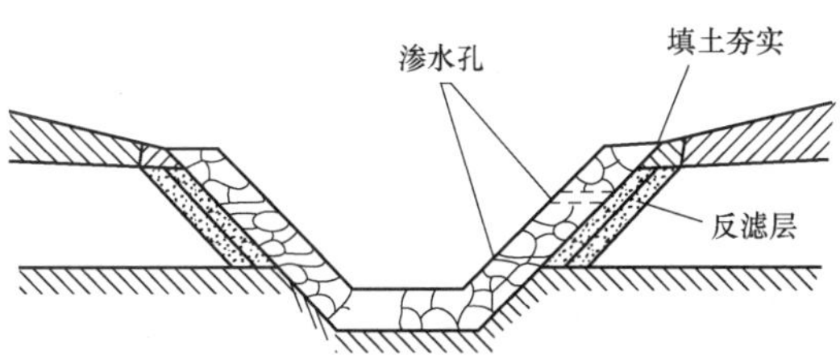

图1－15　浆砌片石明沟横断面

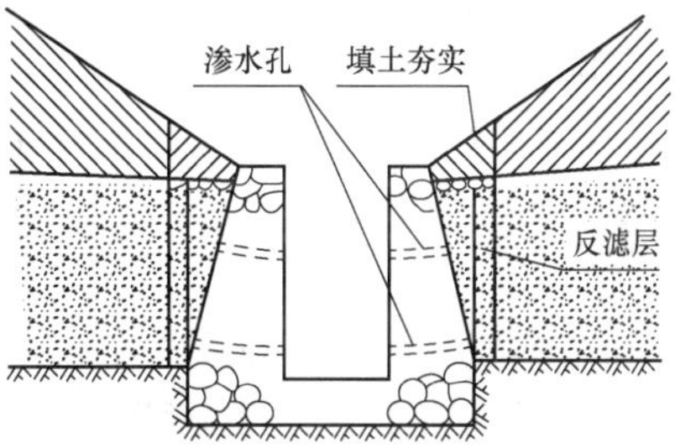

图1－16　浆砌片石排水槽横断面

渗沟采用渗透方式将路基工作区域以下较浅的大面积地下水汇集于沟内，并沿沟把水排放到指定地点，而且渗沟内通常都埋有渗管，如图1－17所示。

2）铁路路基防护加固

路基坡面长期裸露在自然界中，受自然风化及雨水冲刷的破坏作用，会出现边坡剥落、局部凹陷、表土溜滑、坡脚被掏空崩塌等不同的坡面变形。为保证路基的坚固和稳定，路基坡面常用种草、抹面、喷浆、勾缝、砌石、修建挡土墙（如图1–18所示）等方式加以防护加固。

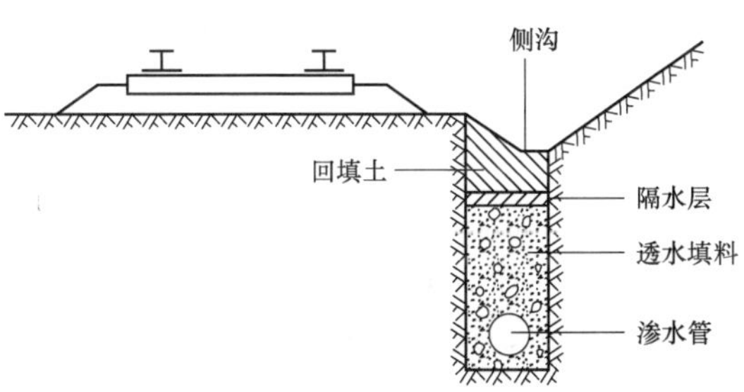

图1－17　渗沟、渗管横断面

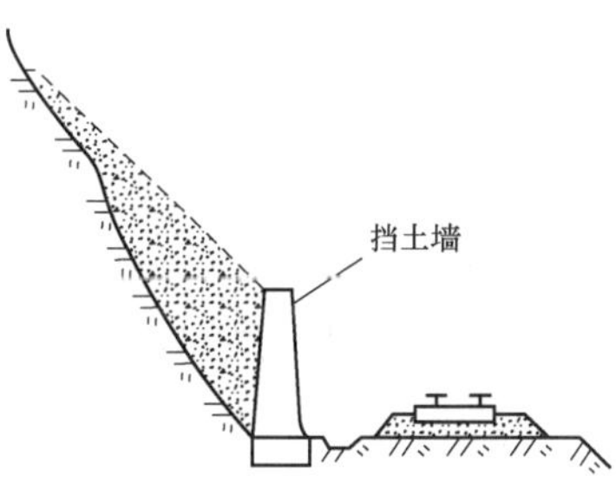

图1－18　挡土墙加固

沿河铁路由于地形限制，大多依山傍水顺着河谷行进，铁路线路或受到水流的冲刷，应采取冲刷防护措施，常用植被、抛石、砌石、石笼、挡墙、沉排等方式防护加固。

3. 铁路路基常见病害

路基在列车荷载的作用和自然条件（如雨水、风沙等侵蚀）的影响下，不可避免地会引起路基土壤力学性质发生变化，形成路基病害。常见的路基病害有翻浆冒泥、路基冻胀、滑坡和边坡塌方。

1）翻浆冒泥

翻浆冒泥是指路基基床土中的细小颗粒（黏土粒、粉土粒等），或道床中的黏土，受积水和列车反复振动的作用，而发生触变液化，形成泥浆，列车通过时线路上下起伏使泥浆受挤压抽吸而通过道床孔隙翻冒上来，造成道砟脏污板结，丧失弹性。

基床翻浆冒泥时，基床填土以泥浆形式挤出，导致道砟下沉，从而造成轨道状态不良，轨道的几何状态变化频繁，需要经常进行线路养护。在一些翻浆冒泥特别严重的路段，轨道下沉速率较快，列车通过速度不得不降低，极大影响了正常的运输能力。此外翻浆冒泥还可能引起线路左右轨水平轨距较大，造成钢筋混凝土轨枕产生纵横向裂纹而失效。

基床翻浆冒泥是我国铁路主要常见的路基病害之一。北方多发生在春融期间；南方在雨季十分频繁，特别是山区尤为普遍。

翻浆冒泥的整治办法是排除地表水、降低地下水位、彻底清筛道床、加铺砂垫床或更换路基顶面土壤等。

2）路基冻胀

路基冻胀是严寒地区铁路线路上，由于路基排水不良和地下水侵蚀，在严寒季节发生的路基顶面不均匀隆起的现象。路基冻胀使轨道出现高低不平，将严重危及行车安全。路基冻胀的整治办法是排除地表水、降低地下水位、更换土质、改良土质，或将炉渣覆盖在路基基床表层作保温材料。

3）滑坡

滑坡指在一定的地形地质条件下，由于地表水的大量侵入或地下水的作用，土体或岩体在重力的作用下，沿某一层面或软弱带做整体缓慢或急速滑动的现象。滑坡的综合防治办法为拦截地下水、排除地表水和修建支挡建筑。

4）边坡塌方

山区铁路的路基多为深堑高堤，地质构造复杂。在雨季，由于雨水侵蚀，洪水冲刷，土质路基变软、石质路基岩石发生风化，在列车荷载作用下，路基边坡发生坍塌，这种现象叫边坡塌方。在北方地区裂隙中的水冻结后，体积膨胀，也会导致边坡塌方。为防止边坡塌方，可在坡面种草或铺片石，必要时可在边坡坡脚处砌挡土墙。

知识点2 铁路桥隧建筑物

修建一条铁路线路，不可避免地要经过高山、河流、城镇或公路等障碍物，为跨过这些障碍物，必须要修建桥梁、隧道、涵洞、天桥、地道等平立交道设施，这些设施设备就是桥隧建筑物，如图1–19所示。

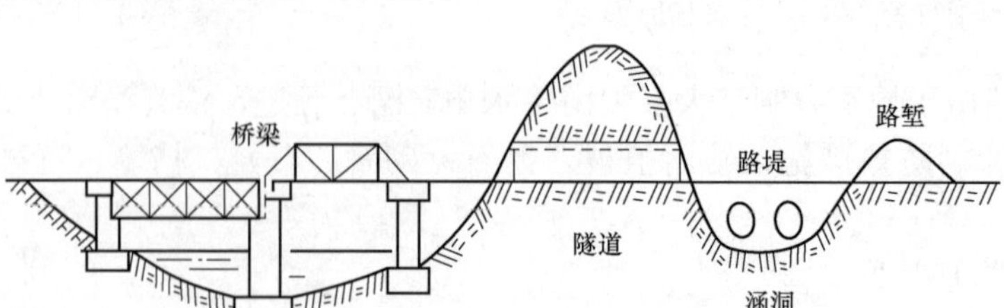

图1–19 桥隧建筑物

1. 桥梁的组成及类型

穿越机带你飞越
“中国桥梁博物馆”

铁路线路在跨越江河、深谷、公路或其他铁路线路时都需要修建桥梁，桥梁是铁路线路的重要组成部分。

1）桥梁的组成

桥梁由上部结构和下部结构两大部分组成。上部结构亦称桥跨结构，包括桥面、梁（或拱）、支座等，下部结构包括桥墩、桥台和基础，如图 1–20 所示。

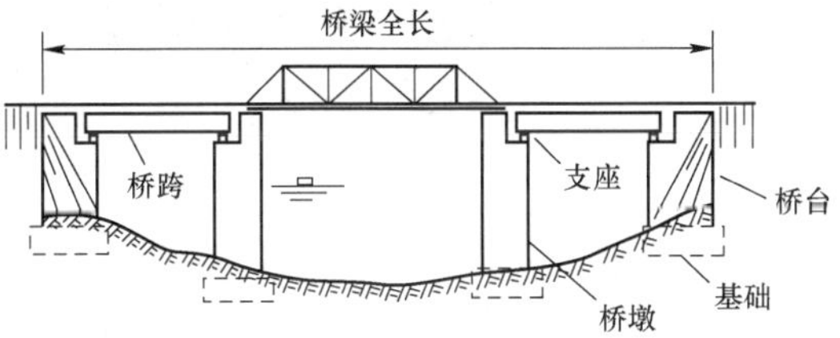

图 1–20　桥梁的组成

（1）上部结构。

桥面指桥上的路面，即铺设轨道和供人行走的部分，通常分为有砟桥面和无砟桥面两种。无砟桥面的钢轨和轨枕直接铺在钢梁或钢筋混凝土梁上。桥面上除正轨外，还设有护轨，其作用是控制列车在桥上车轮的运行方向，防止发生倾覆脱轨事故。

梁是梁桥上部结构的主体，它支承桥面，承受由桥面传来的重力。梁应有足够的强度，它的式样很多，常有钢梁、钢桁梁及钢筋混凝土梁等。

拱是拱桥的上部结构，其中主拱是主要承重结构，有拱圈、拱肋之称。它承受主拱上的全部荷载，并将荷载传递给墩台、基础。

（2）下部结构。

支座是桥梁墩台上支承桥跨的构件，分为固定支座和铰支座两种。

桥墩是桥梁中部支承桥跨结构的建筑物。桥台是桥梁两端支承和连接路基的建筑物。基础设置在桥墩和桥台的下部，承受墩台自身的重量、桥跨的重量、列车的重量和列车运行引起的冲击力等，并把这些力传到地基。

每个桥跨两支点间的距离叫跨度。每个桥孔设计水位处的距离叫孔径。两端桥台挡碴墙之间的距离为桥梁全长。

2）桥梁的种类

（1）按桥梁长度分类。

按桥梁长度不同可分为以下 4 类：

① 小桥：桥长＜20 m。

② 中桥：20 m≤桥长＜100 m。

③ 大桥：100 m≤桥长＜500 m。

④ 特大桥：桥长≥500 m。

（2）按桥跨结构分类。

按桥跨结构不同可分为以下 5 类：

① 梁桥：桥的梁由支座支承在桥墩和墩台上，如图 1–21 所示。

② 拱桥：桥跨结构的主体呈拱形，如图 1–22 所示。

③ 钢架桥：梁与墩台连成一个整体，如图 1–23 所示。

④ 斜拉桥：由梁、斜拉索、塔架组成，如图 1–24 所示。

⑤ 悬索桥：用缆索作为主要承重结构，桥面有吊索或吊杆挂在缆索上，如图 1–25 所示。

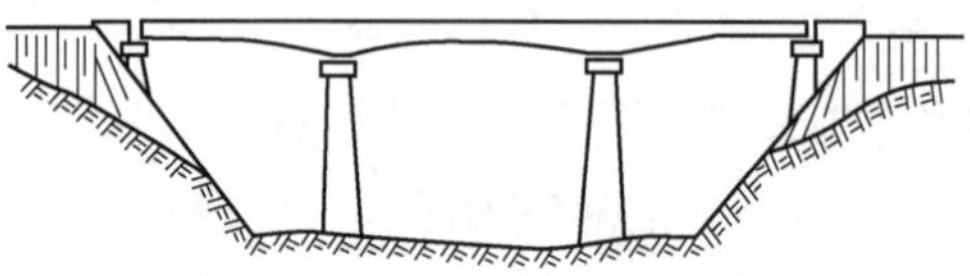

图 1–21 梁桥

图 1–22 拱桥

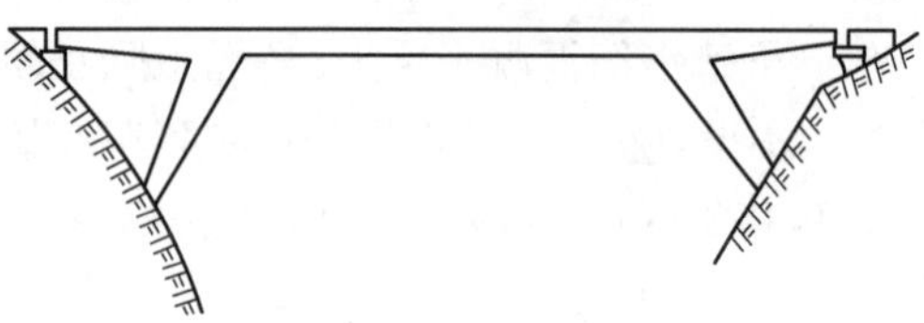

图 1–23 钢架桥

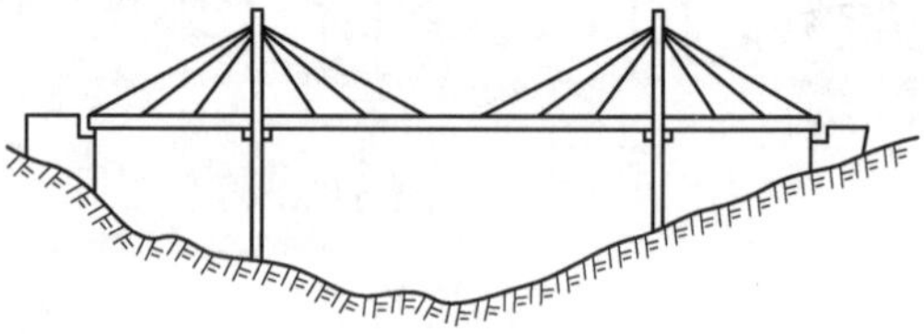

图 1–24 斜拉桥

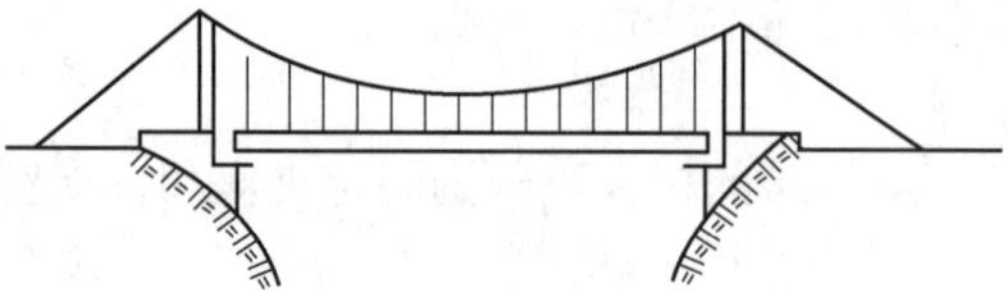

图 1–25 悬索桥

（3）按桥面所在位置分类。

按桥面所在位置不同可分为以下 2 类：

① 上承桥：桥面位于主梁上面，如图 1–20 中的两端桥跨结构。

② 下承桥：桥面位于主梁下部，如图 1–20 中的中部桥跨结构。

（4）按桥梁跨越的障碍分类。

按桥梁跨越的障碍不同可分为以下 3 类：

① 跨河桥：跨越江河、湖泊的桥。

② 跨线桥：又称立交桥，通常指铁路、公路相互交叉时所建的桥梁，如图 1–26 所示。

③ 高架桥：又称栈桥或旱桥，跨越宽谷、深沟，如图 1–27 所示。

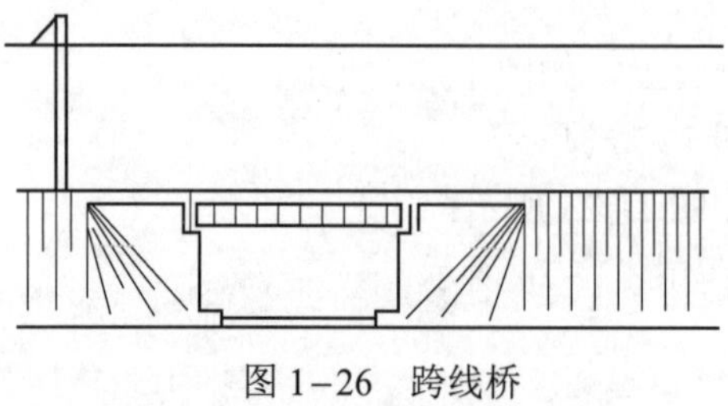

图 1–26 跨线桥

图 1–27 高架桥

2. 隧道的组成及类型

隧道是修建在地层内的建筑物。在山区修建铁路时，为避免开挖深路堑或修建过长的迂回线，开凿隧道往往会改善线路条件，提高运输效率，节省运营费用。

关村坝站：中国第一个隧道中的火车站

1）隧道的构造组成

隧道一般由洞身、衬砌、洞门、避车洞和避人洞几部分组成。

洞身是隧道的主体部分，是列车运行的通道。为保证行车安全，洞身应有一定的净空高度，按规定的隧道建筑限界确定横断面。

衬砌指沿隧道周边用石料、混凝土等砌筑的支撑结构。它的作用是用来承受地层压力，阻止坑道周围地层的变形，防止岩石的风化、坍塌，维护坑道轮廓不侵入建筑限界的范围，以保证行车安全。衬砌通常由拱圈、边墙、仰拱等组成，如图 1–28 所示。

洞门指隧道进出口的建筑装饰结构，如图 1–29 所示。它的作用是用来保持洞口上方及两侧坡面的稳定，并将洞口上方流下的水通过洞门处的排水沟引离隧道，保证隧道的正常使用。常见的洞门有普通洞门和带翼墙的洞门。

避车洞与避人洞指设于隧道内两侧边墙上交错排列的附属建筑物，它是为列车通过时便于工作人员、行人及运料小车躲避而修建的。避车洞每隔 300 m 设一个，避人洞在相邻避车洞之间每隔 60 m 设一个。

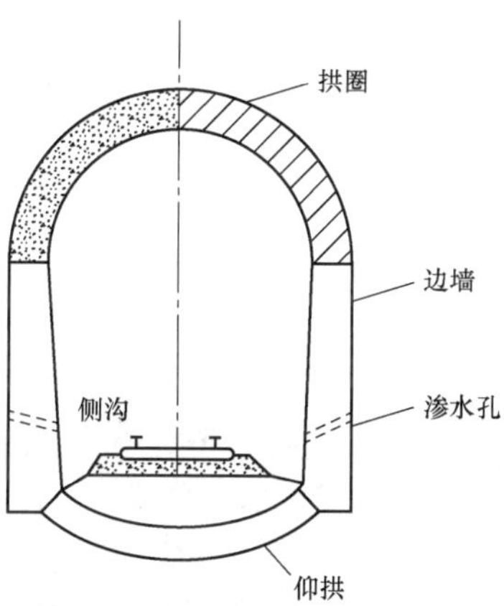

图 1–28　隧道内部衬砌

图 1–29　隧道洞门

2）隧道的类型

（1）按隧道长度分类。

按隧道长度不同可分为以下 4 类：

① 短隧道：隧道长≤500 m。

② 中隧道：500 m＜隧道长≤3 000 m。

③ 长隧道：3 000 m＜隧道长≤10 000 m。

④ 特长隧道：隧道长＞10 000 m。

（2）按跨越障碍不同分类。

按跨越障碍不同可分为以下 4 类：

① 傍山隧道：沿着山体前进，不穿越山体的隧道，如图 1–30 所示。

图 1-30 傍山隧道

② 水底隧道：穿越河流或海峡的隧道。

③ 越岭隧道：穿越山岭的隧道。

④ 地下铁道：修建在人口稠密的大城市地下，用以行驶轨道列车的隧道。

（3）按隧道开挖后的力学特点分类。

按隧道开挖后的力学特点可分为以下 2 类：

① 浅埋隧道：隧道开挖后，将承受其上面的全部上覆土所产生的土压力。

② 深埋隧道：隧道开挖后，仅承受其上面一定范围内的土所产生的土压力。

（4）按洞内行车线路的多少分类。

按洞内行车线路的多少可分为以下 3 类：

① 单线隧道：内设一条铁路正线的隧道，如图 1-31 所示。

② 双线隧道：内设两条铁路正线的隧道，如图 1-32 所示。

③ 多线隧道：内设两条以上铁路正线的隧道。

图 1-31 单线隧道

图 1-32 双线隧道

3. 涵洞的组成及分类

涵洞是埋设在路堤下部填土中，用以通过水流或行人的建筑物，是一种横穿路堤的建筑物。

1）涵洞的构造

涵洞主要由洞身、基础、端墙等组成，如图 1-33 所示。洞身埋在路基中，从进口向出口有一定的纵向坡度，以利排水。两端进出口处，可砌端墙和翼墙，便于水流进出涵洞，还可以保护路堤边坡免受水流冲刷。

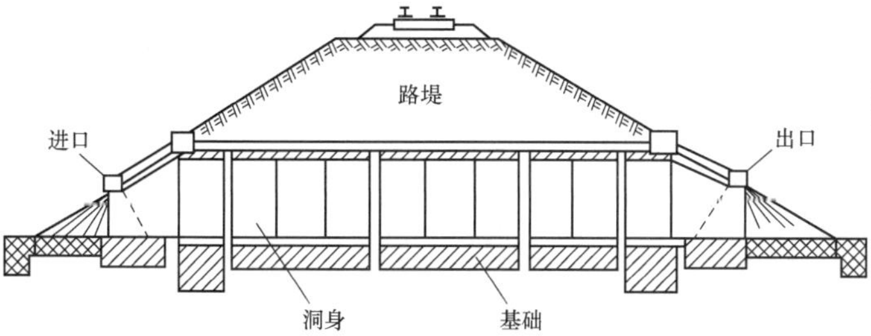

(a) 涵洞的组成

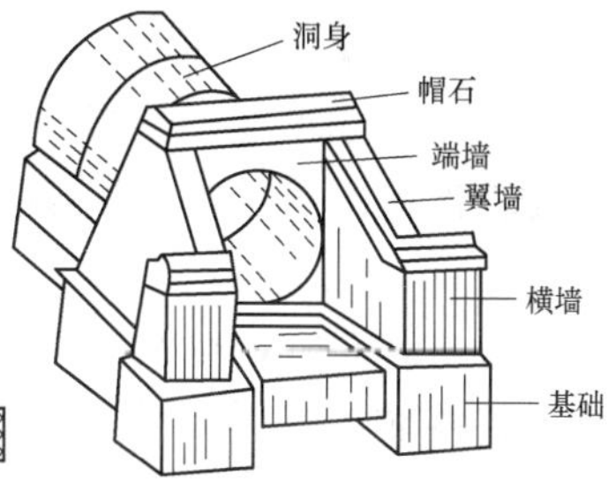

(b) 涵洞的洞口

图 1–33　涵洞

2）涵洞的类型

涵洞按其使用的建筑材料不同，可分为石涵、混凝土涵、钢筋混凝土涵及铁涵等；按其结构形式不同可分为管涵、箱涵及拱涵等。

涵洞的类型应根据水流情况、排水量、地质条件、材料来源及施工期限等因素综合考虑确定。管涵施工快、工程量小，但它的过水能力小、易淤积；拱涵过水能力大，还可就地取材，但它施工较复杂；箱涵的特点介于管涵和拱涵之间。

涵洞与桥的区别是：桥的上部一般无填土，而涵洞顶部则有一定厚度的填土。涵洞的孔径一般为 0.75～6.00 m，孔径在 6.00 m 以上时，无论顶部有无填土均称为桥。而孔径在 0.50 m 左右则常修筑明渠。

知识点 3　铁路道口与线路接轨

1. 铁路道口

铁路道口指的是道路与铁路平面相交处，分为有人看守道口和无人看守道口两种。铁路道口和人行过道均应设置道口标志、道口路段标线、司机鸣笛标及护桩，根据需要设置栅栏或其他安全防护设施。

有人看守道口根据需要修建道口看守房，设置照明灯、警示灯、遮断色灯信号机和道口自动通知设备，并督促地方道路管理部门设置齐全道口警示标志。根据需要设置列车无线调度通信设备。

站内平过道必须与站外道路和人行道路断开，禁止社会车辆、非工作人员通行，平过道不得设在车站两端咽喉区内。

在电气化铁路上，铁路道口通路两面应设限高架，其通过高度不得超过 4.5 m。道口两侧不宜设置接触网锚段关节，不应设置锚柱。

栏杆（门）以对道路开放为定位。特殊情况下需要以对道路关闭为定位时，由铁路局集团公司规定。

一切车辆、自动走行机械和牲畜，均须在立体交叉或平交道口处通过铁路。铁路工作人员发现有违反上述情况时，应予制止。特别笨重、巨大的物件和可能破坏铁路设备、干扰行车的物体通过道口时，应提前通知铁路道口管理部门，采取安全和防护措施，并在其协助指导下通过。

2. 线路接轨

“接轨”专指把两条或两条以上的铁路线路并轨连接起来。

新建的岔线，不准在区间内与正线接轨；特殊情况必须在区间内与正线接轨时，须经国铁集团批准，在接轨地点应开设车站（线路所）或设辅助所管理。因路内施工临时性的区间出岔，应按期拆除。站内铺设及拆除道岔、线路时，由铁路局集团公司批准。

各种建筑物、电线路、管道及渡槽跨越铁路，横穿路基，或在桥梁上下、涵洞内通过铁路时，应提出设计、施工方案和安全措施等文件，征得铁路局集团公司同意，在铁路有关单位派人协助指导下进行施工，不得妨碍铁路运输。

列车运行速度 120 km/h 及以上线路和重载运煤专线等线路应全封闭、全立交，线路两侧按标准进行栅栏封闭，并设置相应的警示标志。

1.2.3 知识拓展

序号	二维码	内容描述
1		世界首条时速 350 km 海底隧道中国开建！
2		守护世界海拔最高铁路 隧道 16 载（上）
3		守护世界海拔最高 铁路隧道 16 载（下）

1.2.4 任务工单

任务名称	路基横断面识认和绘制	姓名	
		日期	

操作方法：画出路基横断面的 6 种形式

操作中存在的问题及解决方法：

项目	赋分	自评得分	互评得分	教师评分
正确理解知识	25			
业务分析处理方法得当	20			
表达清晰准确	20			
业务处理结果正确	35			
综合得分	（自评得分 10%，互评得分 30%，教师评分 60%）			

1.2.5　任务考核

（1）常见的路基横断面形式有_______、_______、_______、_______、_______及_______。

（2）隧道一般由_______、_______、_______、_______和_______几部分组成。

（3）涵洞主要由_______、_______、_______组成。

（4）何为路堤式路基？试绘出路堤式路基横断面示意图。

（5）何为路堑式路基？试绘出路堑式路基横断面示意图。

（6）常用的路基排水设施有什么？

（7）为何要对路基进行防护加固？

（8）常见的路基防护加固措施有哪些？

（9）路基常见的病害有哪些？

（10）桥隧建筑物主要有哪些？

（11）铁路桥梁由哪几部分组成？桥梁如何分类？

工作任务 1.3　轨道认知

1.3.1　工作任务

任务名称	认识轨道及线路	工单号	
姓名		专业	
日期		班级	
拟完成工作任务： （1）通过多媒体教学资源，掌握轨道的组成结构。 （2）参观教学沙盘，熟悉车站线路、站场布置图			
任务目标： 1. 知识目标： （1）熟悉轨道组成及各部分的作用。 （2）掌握铁路线路的种类。 2. 能力目标： （1）认识轨道各部分的结构。 （2）会对线路及道岔进行编号。 3. 思政目标： （1）能认识到轨道在铁路运输中的重要作用。 （2）了解工务系统、车务系统工作人的专业素养。 （3）培养学生铁路施工和运输组织的安全意识			
学习重点：线路及道岔的编号原则			
学习难点：线路及道岔的编号			
教学所需设备：教学沙盘、车站线路、站场平面布置图			

1.3.2 相关配套知识

知识点1 轨道的组成结构

在路基、桥隧建筑物修成之后，就可以在上面铺设轨道，轨道由钢轨、轨枕、联结零件、道床、道岔及防爬设备等组成。它引导机车车辆的运行方向，并将列车的巨大压力通过车轮首先作用在钢轨顶面，再依次传到轨枕、道床和路基或桥隧建筑物，使单位面积受力逐渐减小，直到能适应路基或桥隧建筑物的承载力。轨道的基本组成如图 1–34 所示。

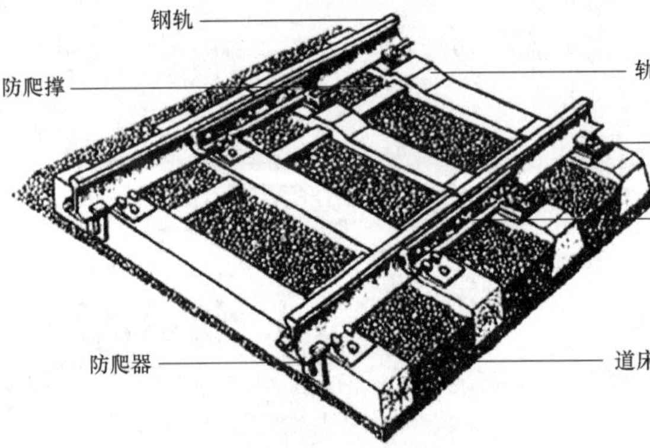

图 1–34 轨道的基本组成

轨道是一个整体性工程结构，经常处于列车运行的动力作用下，所以它的各组成部分均应具有足够的强度和稳定性，以便保证列车按照规定的最高速度安全、平稳和不间断地运行。

1. 钢轨

钢轨是轨道结构的重要部件，主要作用是支承并引导机车车辆的车轮，直接承受来自车轮的荷载和冲击，并将其传递于轨枕，因而它应当具备足够的强度、稳定性和耐磨性。在电气化铁路或自动闭塞区段，钢轨还兼作电流回路或轨道电路。

为使钢轨具有最佳的抗弯性能，钢轨的断面形状采用“工”字形，由轨头、轨腰、轨底三部分组成，如图 1–35 所示。

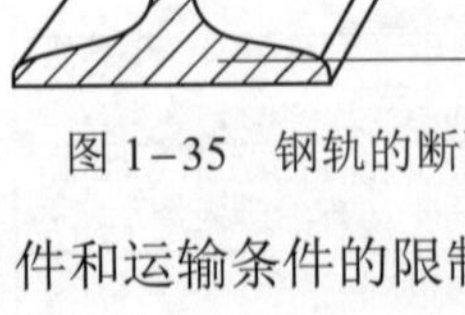

图 1–35 钢轨的断面形式

在我国，钢轨类型或强度以每米长度的大致质量表示，现行的标准钢轨类型主要有 75 kg/m、60 kg/m、50 kg/m、43 kg/m 等几种。新线、改建线路正线应采用 60 kg/m 钢轨的跨区间无缝线路（重载运煤专线线路可采用 75 kg/m 钢轨轨道结构）。

钢轨长一些，可以减少接头的数量，列车运行更加平稳，并可节省接头零件和线路的维修费用，但由于加工条件和运输条件的限制，一根钢轨的轧制长度是有限的。目前我国钢轨的标准长度有 25 m 和 12.5 m 两种。对于 75 kg/m 钢轨只有 25 m 一种。另外，为适应铁路中长期发展规划，消灭普通钢轨接头，大力修建无缝铁路，国内钢铁企业已研制生产了 100 m 长钢轨，并投入高速铁路与重载铁路的运营使用。此外，还有专供曲线地段铺设内轨用的标准缩短轨若干种。长度有 12.46 m、12.42 m、12.38 m、24.96 m、24.92 m、24.84 m 等。

普通钢轨有热胀冷缩的性能，为适应钢轨伸缩，铺轨时在两根钢轨的接头处，应留有适当的轨缝。

在列车长期运行作用下，钢轨会不可避免地产生各种伤损，如折断、裂纹及磨耗过限等。为保证列车运行安全，出现钢轨伤损应及时更换。

2. 轨枕

轨枕的作用是承受钢轨传来的作用力，将其传递于道床，同时又能有效地保持钢轨轨距和方向几何形位的轨道部件。因此，轨枕应具有一定的坚固性、弹性和耐久性。

轨枕按材料分主要有木枕、钢筋混凝土枕、钢枕三种，如图 1–36 所示；按构造的种类和铺设方式分为横向轨枕与纵向轨枕（见图 1–37）、短轨枕与长轨枕（见图 1–38）、宽轨枕（见图 1–39）三种；按铺设位置分主要有普通轨枕、岔枕（见图 1–40）和桥枕（见图 1–41）三种。

(a) 木枕

(b) 钢筋混凝土枕

(c) 钢枕

图 1–36　轨枕

注：钢枕主要在德国轨道交通中使用，新中国成立前在我国的某些铁路中曾使用过。

(a) 横向轨枕

(b) 纵向轨枕

图 1–37　横向轨枕与纵向轨枕

(a) 短轨枕

(b) 长轨枕

图 1-38 短轨枕与长轨枕

图 1-39 宽轨枕

图 1-40 岔枕

图 1-41 桥枕

3. 联结零件

联结零件分为接头联结零件和中间联结零件两种。

1）接头联结零件

普通钢轨接头联结零件由夹板、螺栓和垫圈等组成，如图 1-42 所示，通过它们把钢轨连接起来，使钢轨接头部分具有与钢轨一样的整体性，以抵抗弯曲和移位，并满足热胀冷缩的要求。

2）中间联结零件

中间联结零件又称轨枕扣件，它的主要功用是将钢轨固定在轨枕上，并保持其稳固位置，防止钢轨做相对于轨枕的纵、横向移动。

木枕扣件主要是道钉、垫板。其连接方式为先用道钉将垫板与木枕扣紧，再另用道钉将钢轨、垫板与木枕一同钉在一起，如图 1–43 所示。

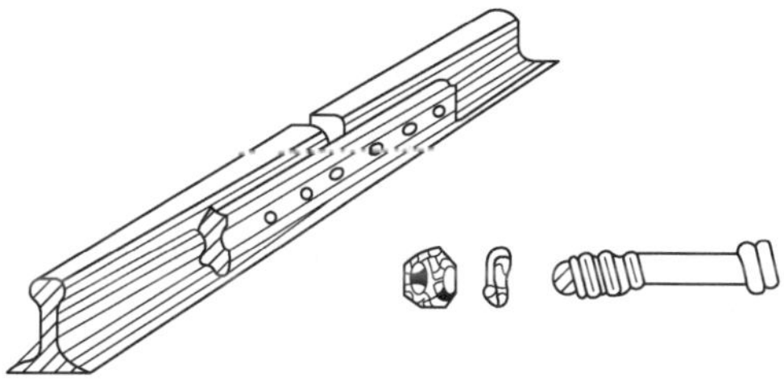

图 1–42　普通钢轨接头联结零件

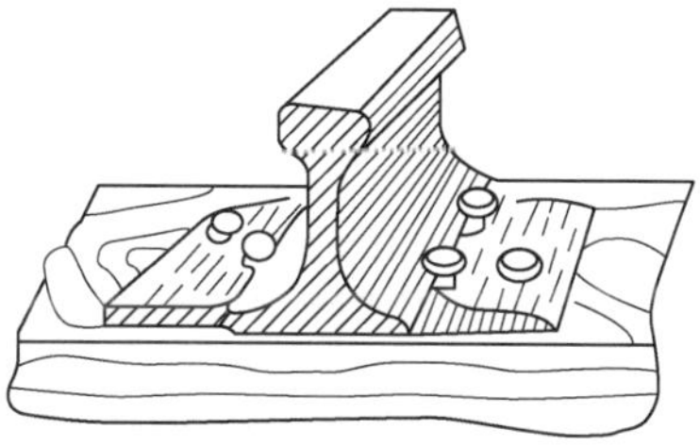

图 1–43　木枕扣件

混凝土轨枕扣件按其结构分为扣板式和弹条式两种，如图 1–44 和图 1–45 所示。

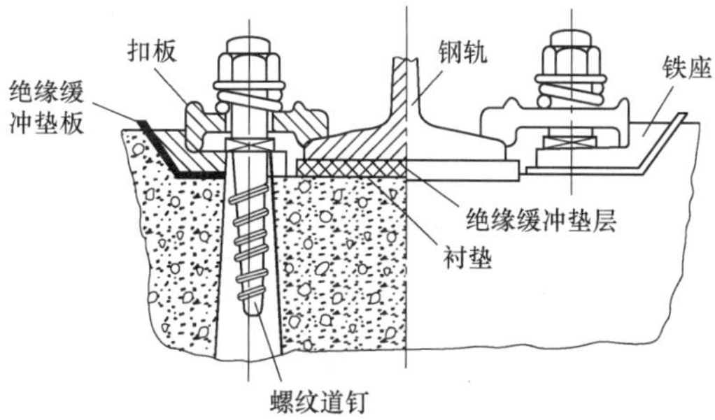

图 1–44　扣板式混凝土轨枕扣件

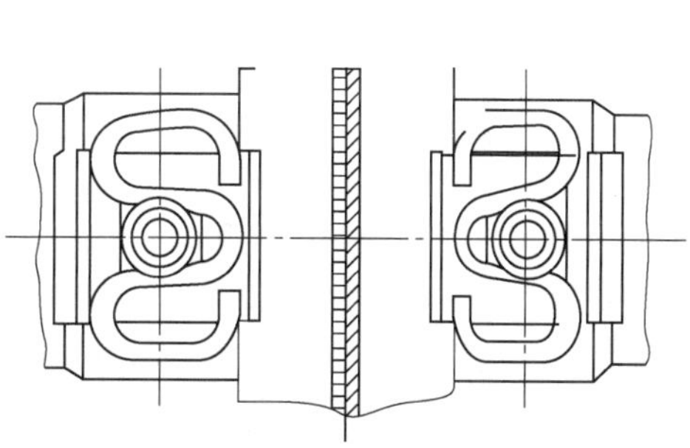

图 1–45　弹条式混凝土轨枕扣件

4. 道床

道床是指铺设在路基顶面上的道砟层，它的主要作用是均匀地传递轨枕压力于路基上、保持轨枕位置、排除地面雨水、使轨道具有足够的弹性、减缓列车的冲击震动。

我国铁路采用的道床材料主要是碎石和筛选的卵石。道床分为碎石道床和混凝土整体道床两种，如图 1–46 和图 1–47 所示。

图 1–46　碎石道床

图 1–47　混凝土整体道床

5. 道岔

道岔是一种使列车车辆从一股道转入另一股道的线路连接设备，通常在车站、车辆段中大量使用。由于道岔具有数量多、构造复杂、使用寿命短、限制列车速度、行车安全性低和养护维修投入大等缺点，所以它与曲线、接头并称为轨道的三大薄弱环节。

道岔是个大家族，最常见的是普通单开道岔。单开道岔主要由转辙器、连接导轨、辙叉及护轨三大部分组成，如图 1–48 所示。

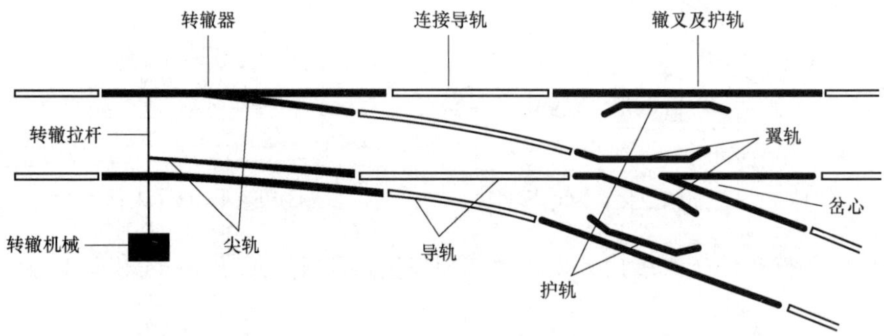

图 1–48　单开道岔

6. 其他附属设备

除上述钢轨、轨枕、扣件、道床、道岔等轨道结构和设施外，还有一些在轨道系统中起着加固和连接作用的设备，如防爬设备、轨距杆和轨撑等。

① 防爬设备：防爬设备主要由防爬器和防爬撑组成，其作用主要是防止轨道纵向和横向爬行，如图 1–49 所示。

② 轨距杆和轨撑：用于限制轨距动态扩大的轨道框架加强设备，两者往往配合使用，如图 1–50 和图 1–51 所示。

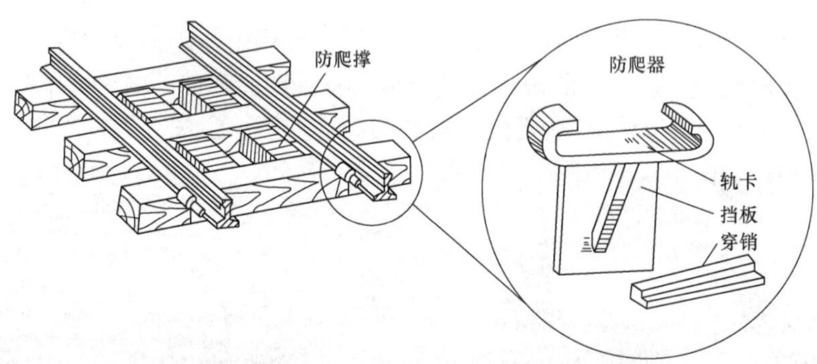

图 1–49　防爬器与防爬撑

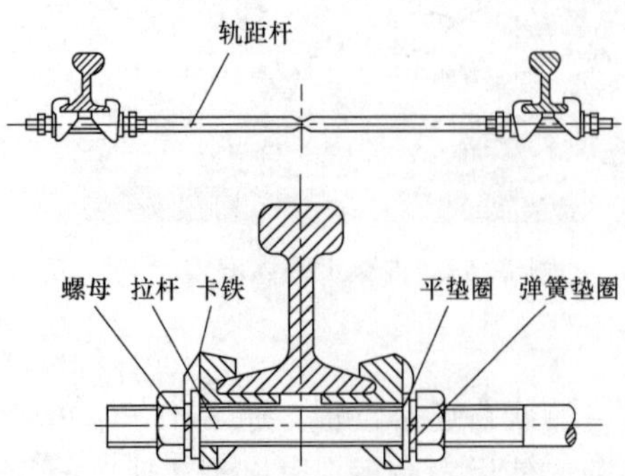

图 1–50　轨距杆

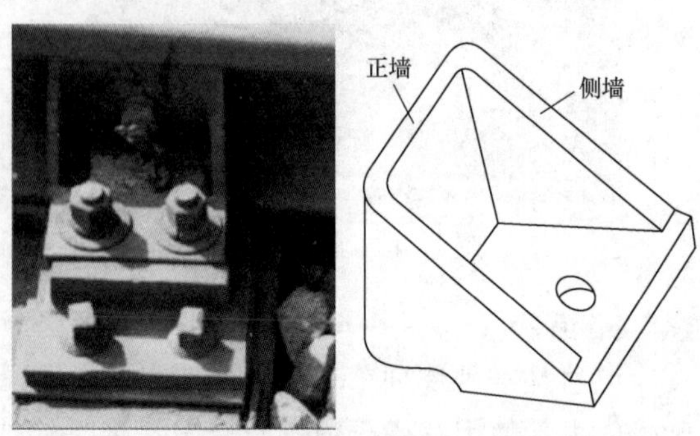

图 1–51　轨撑

知识点2 车站线路及道岔编号

为了便于车站作业和设备管理、维修，线路和道岔应统一编号。在同一车站或同一站场内，线路和道岔不得有相同编号。

1）线路编号方法

车站线路的编号，正线用罗马数字，其他线路用阿拉伯数字。

① 单线区段内的车站线路，从靠近站房的线路起，向站房对侧依次顺序编号（包括正线在内）。位于站房左、右或后方的线路，在站房前的线路编号后，再由正线起，向远离正线的方向顺序编号，如图1–52所示。

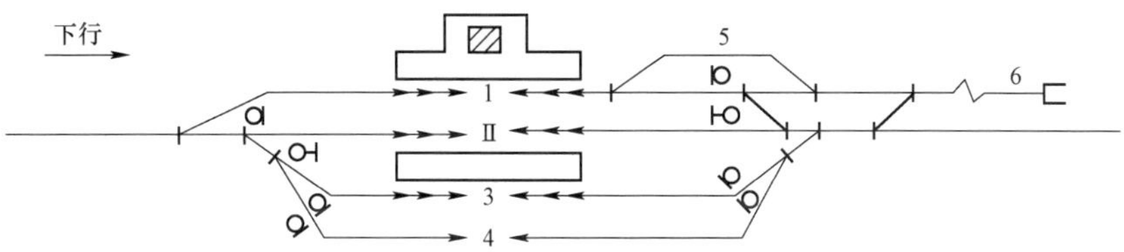

图1–52 单线铁路车站线路编号示意图

② 双线区段内的车站线路，从正线起按列车运行方向向外顺序编号，上行为双号，下行为单号，如图1–53所示。

双线铁路横列式区段站的线路，不适宜按列车运行方向分别编号，可比照单线铁路车站的线路编号方法编号。

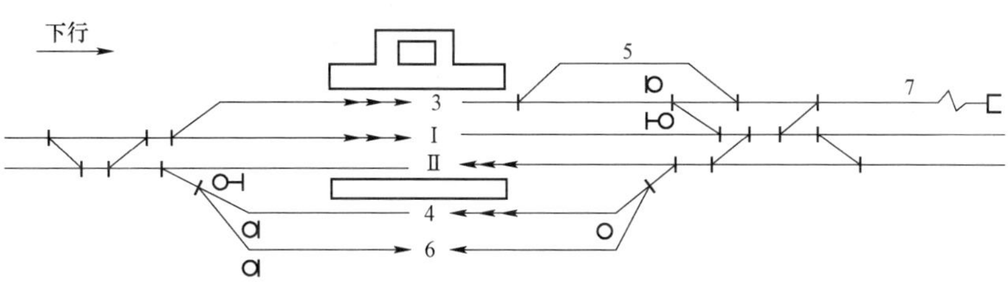

图1–53 双线铁路车站线路编号示意图

③ 尽端式车站，站房位于线路一侧时，由靠近站房的线路起，向站房对侧由近向远顺序编号，如图1–54（a）所示。站房位于线路终点处时，线路号码应向终点方向由左向右顺序编号，如图1–54（b）所示。

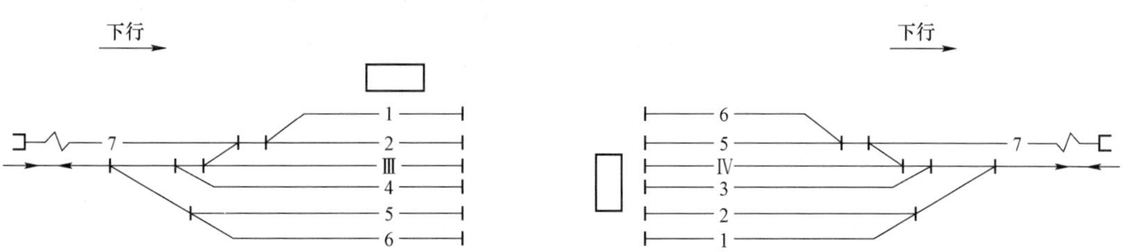

(a) 站房位于线路一侧　　(b) 站房位于线路终点处

图1–54 尽端式车站线路编号示意图

④ 大型车站有数个车场时，应分别按车场从靠近站房（信号楼）的线路起，向站房（信号楼）对侧由近向远顺序编号。车场线路编号用阿拉伯数字，在线路编号前冠

以罗马数字表示车场，如三场五道，应记为Ⅲ5道。对于无站房（信号楼）的车场，则顺公里标增加方向从左向右编号。

2）道岔编号方法

① 从车站两端开始，由外向内、由主（主要进路）到次（次要进路）依次用阿拉伯数字编号。上行列车进站一端用双号，下行列车进站一端用单号，站内道岔一般以站房为中心划分上、下行区域，若站房远离车站中心时，以车站或车场中心线划分，对图1–52和图1–53中的道岔编号后如图1–55和图1–56所示。

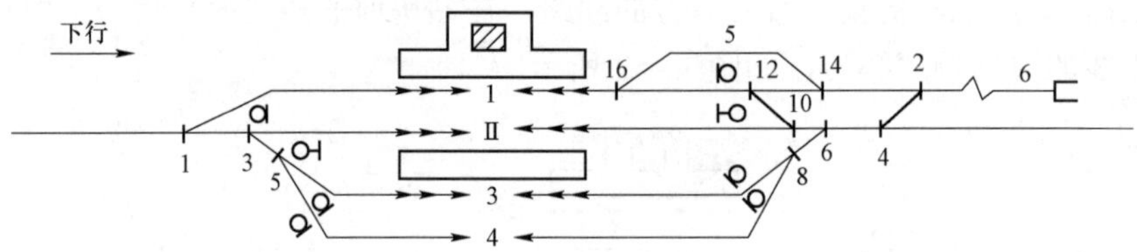

图1–55 单线铁路车站线路及道岔编号示意图

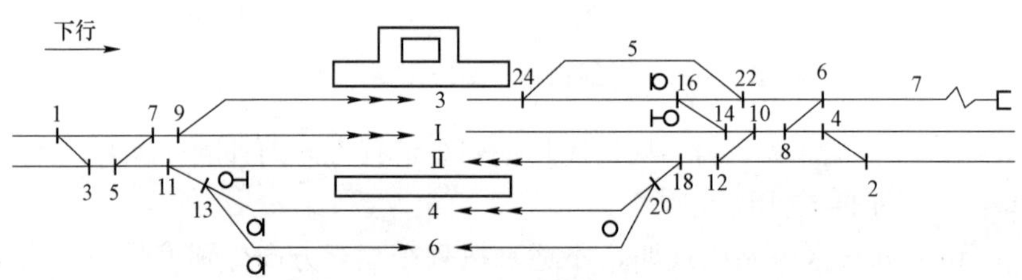

图1–56 双线铁路车站线路及道岔编号示意图

② 同一渡线或梯线上的道岔，应编为连续的双号或单号。

③ 尽端式车站的道岔向线路终端方向顺序编号，如图1–57所示。

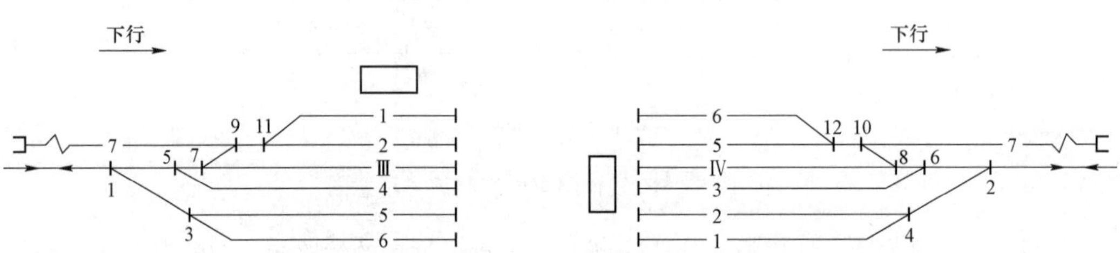

(a) 站房位于线路一侧　(b) 站房位于线路终点处

图1–57 尽端式车站线路及道岔编号示意图

车站一端衔接两个及以上方向，有上行又有下行时，应按主要方向编号。

④ 大型车站有数个车场时，每个车场的道岔必须单独编号。为区别车场，道岔号码使用三位数字，百位数字表示车场号码，如101～199或201～209。不包括在各车场内的道岔，用个位数及十位数（1～99）编号。

一个车场的道岔数超过100时，道岔编号仍继续往下编。如Ⅰ场的第100副道岔编为1100号，第101副道岔编为1101号；Ⅲ场的第101副道岔编号为3101号。这里的千位数表示车场号码。

知识点3 铁路线路的种类

铁路线路按用途可分为正线、站线、段管线、岔线及特别用途线，如图1–58所示。

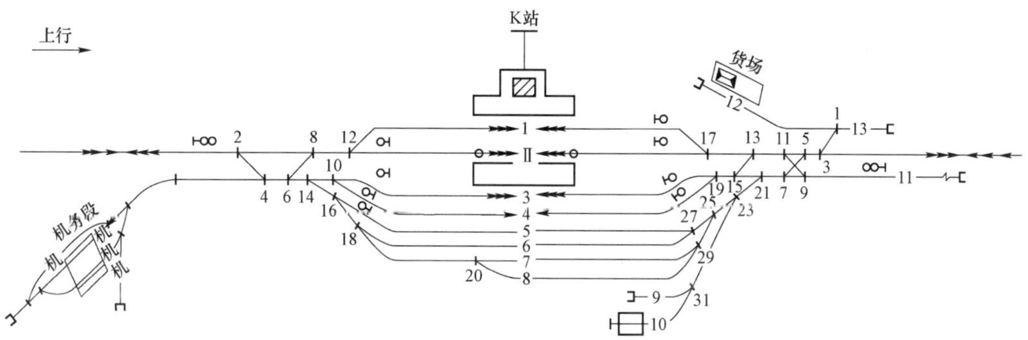

Ⅱ—正线；1，3，4—到发线；5，6，7，8—调车线；9，10—检修线；11，13—牵出线；12—货物线。

(a) 上行线

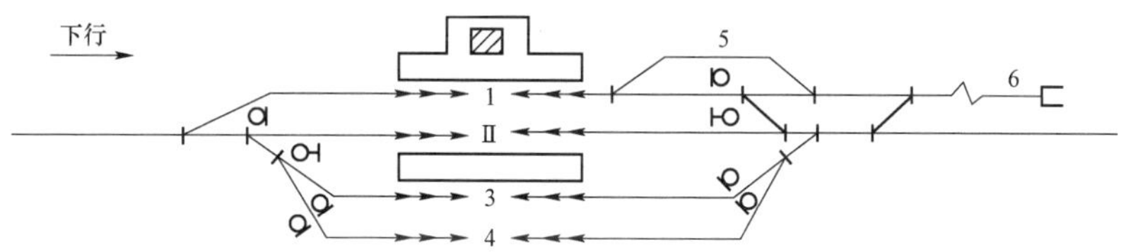

(b) 下行线

图1－58　车站线路详图

（1）正线是指连接车站并贯穿或直股伸入车站的线路。

（2）站线分以下几类：

① 供接发旅客列车或货物列车用的到发线；

② 供解体或编组货物列车用的调车线和牵出线；

③ 办理货物装卸作业的货物线；

④ 办理其他各种作业的线路，如机车走行线、存车线、检修线等。

（3）段管线是指机务、车辆、工务、电务、供电等段专用并由其管理的线路。

（4）岔线是指在区间或站内接轨，通向路内外单位的专用线路，如支线、专用线、工业企业线等。

（5）特别用途线是指为保证行车安全而设置的安全线和避难线。

1.3.3　知识拓展

常用道岔的种类

知识拓展

1.3.4　相关规范、规程与标准

《铁路技术管理规程（普速铁路部分）》相关规定

相关规范、规程与标准

1.3.5 任务工单

<table>
<tr><td rowspan="2">任务名称</td><td rowspan="2">线路及道岔编号</td><td>姓名</td><td></td></tr>
<tr><td>日期</td><td></td></tr>
<tr><td colspan="4">操作方法：
（1）根据所学知识，对任务图中的线路、道岔进行编号。
（2）能识别车站线路、站场布置图</td></tr>
<tr><td colspan="4">操作中存在的问题及解决方法：</td></tr>
</table>

项目	赋分	自评得分	互评得分	教师评分
正确理解知识	25			
业务分析处理方法得当	20			
表达清晰准确	20			
业务处理结果正确	35			
综合得分	（自评得分 10%，互评得分 30%，教师评分 60%）			

1.3.6 任务考核

（1）轨道由_______、_______、_______、_______、_______及防爬设备等组成。

（2）简述普通单开道岔的组成，并画图标注。

（3）简述常见道岔的类型。

（4）简述道岔及线路的编号原则。

（5）简述铁路线路的种类。

工作任务 1.4 限界认知

1.4.1 工作任务

<table>
<tr><td>任务名称</td><td>限界认知</td><td>工单号</td><td></td></tr>
<tr><td>姓名</td><td></td><td>专业</td><td></td></tr>
<tr><td>日期</td><td></td><td>班级</td><td></td></tr>
<tr><td colspan="4">拟完成工作任务：
（1）通过铁路运输事故案例认识限界的重要性。
（2）掌握铁路限界的定义和种类</td></tr>
</table>

续表

任务目标： 1. 知识目标： （1）理解限界的含义。 （2）掌握限界的种类。 2. 能力目标： （1）能说出设置限界的意义。 （2）熟悉限界的种类。 （3）能识认各类限界图。 3. 思政目标： （1）能认识到设置限界的重要意义。 （2）了解作业人员的职业素养。 （3）培养学生正确的安全观、责任意识
学习重点：设置限界的意义及限界的种类
学习难点：认识各类限界图
教学所需设备：教学多媒体资源、铁路运输案例材料

1.4.2 相关配套知识

为了确保机车车辆在铁路线路上运行的安全，防止机车车辆撞击邻近线路的建筑物和设备，而对机车车辆和接近线路的建筑物、设备所规定的不允许超越的轮廓尺寸线，称为限界。铁路基本限界可分为机车车辆限界和建筑限界两种。

知识点1 机车车辆限界

机车车辆限界是机车车辆横断面的最大极限，它规定了机车车辆不同部位的宽度、高度的最大尺寸和底部零件至轨面的最小距离。机车车辆限界是和桥梁、隧道等限界起相互制约作用的，当机车车辆在满载状态下运行时，也不会因产生摇晃、偏移等现象而与桥梁、隧道及线路上其他设备相接触，以保证行车安全。机车车辆上部限界图如图1–59所示，机车车辆下部限界图如图1–60所示。

单位：mm　　　　单位：mm

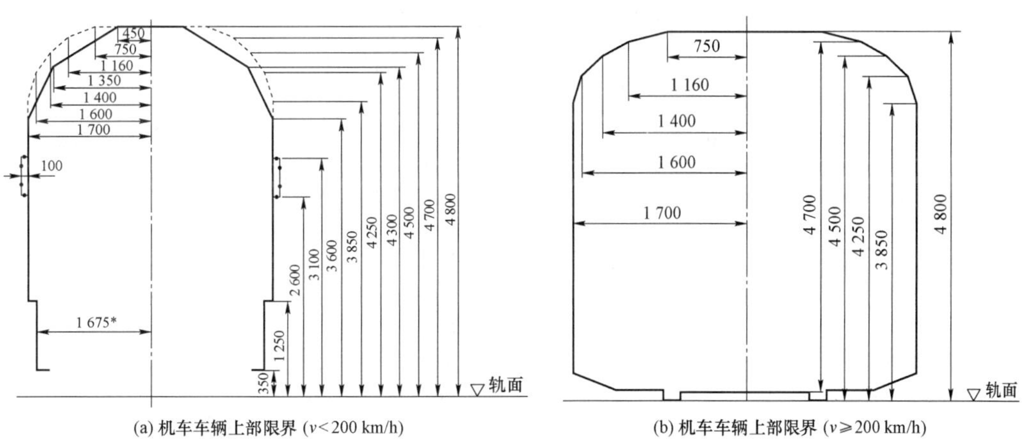

(a) 机车车辆上部限界 (v<200 km/h)　　(b) 机车车辆上部限界 (v≥200 km/h)

—— 机车车辆限界基本轮廓；- - - - - 电力机车限界轮廓；

—•—•— 列车信号装置限界轮廓；＊—电力机车在距轨面高350~1 250 mm范围内为1 675 mm。

图1–59 机车车辆上部限界图

机车车辆的任何部位，在任何情况下（除特殊情况）都不得超出机车车辆限界规定的尺寸。

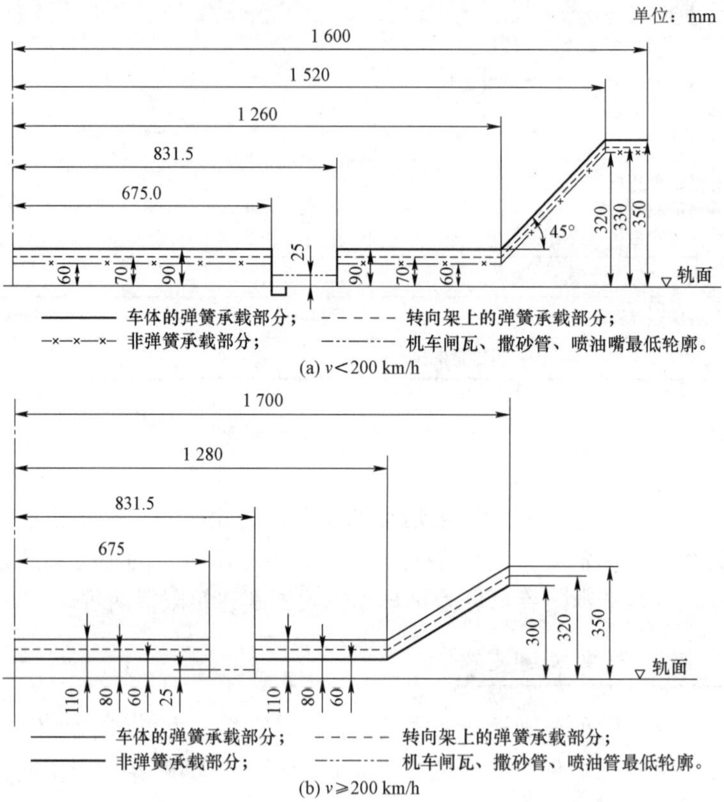

图 1-60　机车车辆下部限界图

客运专线铁路机车车辆限界图如图 1-61、图 1-62 所示。

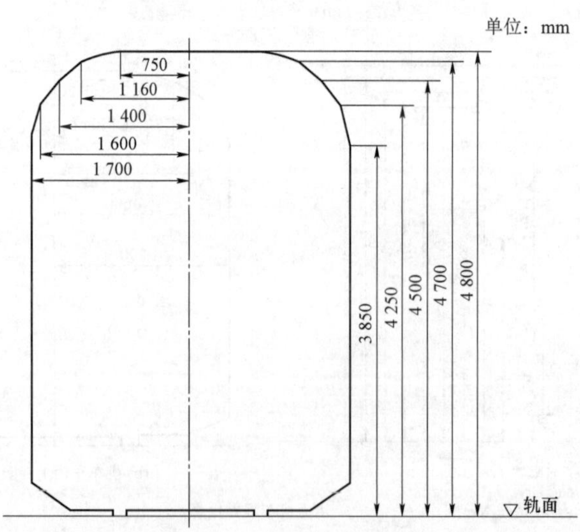

图 1-61　客运专线铁路机车车辆上部限界图

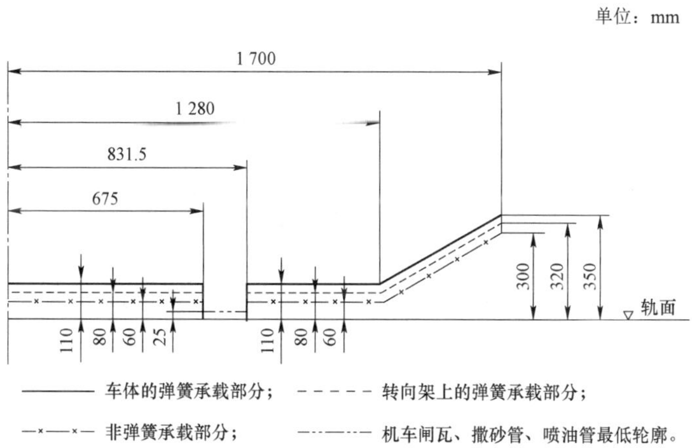

图 1-62　客运专线铁路机车车辆下部限界图

知识点 2　建筑限界

建筑限界是一个和线路中心线垂直的横断面，它规定了保证机车车辆安全通行所必需的横断面的最小尺寸。凡靠近铁路线路的建筑物及设备，其任何部分（和机车车辆有相互作用的设备除外）都不得侵入限界之内。建筑限界与机车车辆限界之间的空间为安全空间。留有安全空间的目的：一是为组织“超限货物列车”运行；二是为适应运行中的列车横向晃动偏移和竖向上下振动，防止与邻近的建筑物或设备发生碰撞。铁路限界与安全空间如图 1-63 所示。图 1-64 是几种铁路建筑限界图。

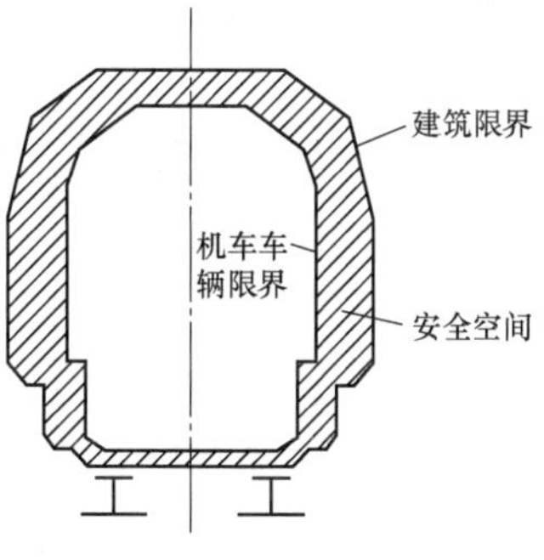

图 1-63　铁路限界与安全空间

机车车辆限界在装载货物时作为货物的装载限界。随着经济的发展，经由铁路运输的长大货物不断增加，当货物装车后，货物任何部分的高度和宽度超过机车车辆限界时，称其为超限货物。按货物超限的程度，分为一级超限、二级超限和超级超限三个级别。对于超限货物运输，需要采取特殊的组织方法。

单位：mm

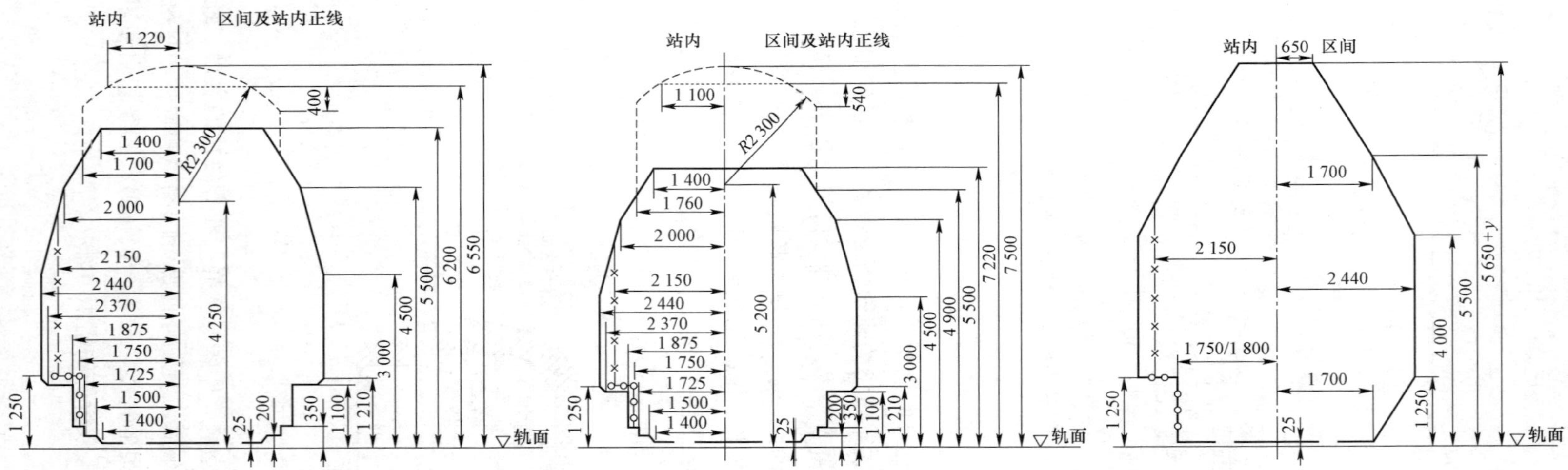

—×—×— 信号机建筑限界（正线不适用）；
—○—○—○— 站台建（构）筑限界（正线不适用）；
——— 各种建（构）筑物的基本限界；
- - - - - - 适用于电力牵引区段的跨线桥、天桥及雨棚等建筑物；
·········· 电力牵引区段的跨线桥在困难条件下的最小高度。

(a) 客货共线基本建筑限界图($v \leqslant 160$ km/h)

—×—×— 信号机建筑限界（正线不适用）；
—○—○—○— 站台建（构）筑限界（正线不适用）；
——— 各种建（构）筑物的基本限界；
- - - - - - 适用于电力牵引区段的跨线桥、天桥及雨棚等建筑物；
·········· 电力牵引区段的跨线桥在困难条件下的最小高度。

(b) 客货共线基本建筑限界图($160 < v < 200$ km/h)

—×—×— 信号机建筑限界（正线不适用）；
——— 各种建（构）筑物的基本限界，也适用于桥梁和隧道。

(c) 客货共线基本建筑限界图($200 \leqslant v \leqslant 350$ km/h)

图1–64 几种铁路建筑限界图

1.4.3　相关规范、规程与标准

1.《铁路技术管理规程（普速铁路部分）》相关规定

2.《铁路技术管理规程（高速铁路部分）》相关规定

相关规范、规程与标准

1.4.4　任务工单

<table>
<tr><td rowspan="2">任务名称</td><td rowspan="2" colspan="2">限界图认知</td><td>姓名</td><td></td></tr>
<tr><td>日期</td><td></td></tr>
<tr><td colspan="5">操作方法：将学生分组，根据给出的限界图进行分析，组别之间进行互问互答</td></tr>
<tr><td colspan="5">操作中存在的问题及解决方法：</td></tr>
<tr><td>项目</td><td>赋分</td><td>自评得分</td><td>互评得分</td><td>教师评分</td></tr>
<tr><td>正确理解知识</td><td>25</td><td></td><td></td><td></td></tr>
<tr><td>业务分析处理方法得当</td><td>20</td><td></td><td></td><td></td></tr>
<tr><td>表达清晰准确</td><td>20</td><td></td><td></td><td></td></tr>
<tr><td>业务处理结果正确</td><td>35</td><td></td><td></td><td></td></tr>
<tr><td>综合得分</td><td colspan="4">（自评得分 10%，互评得分 30%，教师评分 60%）</td></tr>
</table>

1.4.5　任务考核

（1）何为限界？

（2）何为机车车辆限界？

（3）何为建筑限界？分为哪几种？

（4）何为安全空间？设置安全空间的目的是什么？

项目 2　铁路信号认知

【项目描述】

信号机和信号表示器是用于指示列车运行的设备，本项目主要介绍常用信号机和信号表示器的作用、设置位置、显示意义等内容，是进一步学习车站联锁设备、区间闭塞设备等知识的基础。

【教学目标】

① 能够识别信号机、信号表示器等设备。

② 熟练掌握常用信号机的作用、显示意义。

③ 在实际应用的信号平面图上，能正确识别图中的信号机，准确说明其名称和作用。

④ 正确理解《铁路技术管理规程》（以下简称《技规》）、《铁路行车组织规则》（以下简称《行规》）、《车站行车工作细则》（以下简称《站细》）等规章相关内容。

【案例导入】

【案例概况】××××年×月×日 19 时 45 分××××次旅客列车运行在哈大线新城子—新台子间，违章越过关闭的 4333 号通过信号机，于 19 时 49 分与前行的×××××次货物列车追尾冲突脱轨，旅客列车的机车和机次 1 至 3 位颠覆，4、5 位脱轨，其中 1、2 位脱轨车辆侵入上行线，中断上行线行车 9 小时 57 分，中断下行线行车 16 小时 59 分。造成旅客死亡 5 人，重伤 3 人，轻伤 42 人，机车大破 1 台，客车报废 2 辆、大破 1 辆、中破 2 辆，货物列车报废 1 辆、中破 6 辆，构成旅客列车冲突较大事故。

【原因分析】

（1）车站值班员放弃联控、互控职责，提示信号机故障时，严重不负责任，联控用语混乱，示意不明，有时呼叫“注意运行”，有时呼叫“按规定运行”，有时呼叫“按规定速度运行”，导致机车乘务员违章通过故障信号机。

（2）列车调度员没有严格执行《技规》的规定，没能及时监控列车运行、发现和制止列车运行中的违章行为。对故障信号机前有的列车停、有的列车不停的情况，未及时掌握和处理，在有的列车请求发令解除监控功能通过故障信号机时发令，有的又不发令，列车运行一片混乱，最终导致货物列车因没有要到调度命令而停车，旅客列车又违章解锁越过故障信号机盲目运行，造成追尾事故的发生。

（3）调度员发令时，存在只给命令号，不给命令内容，或口头发布命令没有拟写调度命令的情况，也没有做任何登记。

（4）机车乘务员进行监控装置解锁时，未按《技规》要求操纵列车。

【经验教训】

（1）安全隐患处理不果断，酿成大祸。

（2）忽视了安全生产的重要性，行车指挥人员违章指挥，严重失职，具体表现如下：

① 车站值班员联控把关严重失职。

② 调度人员违章指挥。司机因解不了锁而请求调度命令以通过故障信号机，列车调度员违反有关规定，不仅没有及时处理、制止违章行为，反而又违反规定，下达允许关闭监控的命令，纵容机车乘务员违章关机通过故障信号机。

③ 信号设备维护管理不到位。

④ 规章制度管理混乱。

⑤ 基本规章不落实。列车调度员下达允许关机调度命令时，先是只给命令号、不给命令内容，后又口头发布调度命令，没有拟写调度命令，也没有做任何登记。

课前思考：如何摆正安全与效率之间的关系，牢固树立“安全第一”的思想？

工作任务2.1 信号机认知

2.1.1 工作任务

<table>
<tr><td>任务名称</td><td>信号机认知</td><td>工单号</td><td></td></tr>
<tr><td>姓名</td><td></td><td>专业</td><td></td></tr>
<tr><td>日期</td><td></td><td>班级</td><td></td></tr>
<tr><td colspan="4">拟完成工作任务：
（1）参观设备实物，观看相关视频及图片，认识各种类型的信号。
（2）参观教学沙盘，掌握地面固定信号机设置的基本要求</td></tr>
<tr><td colspan="4">任务目标：
1. 知识目标：
（1）了解铁路信号在铁路运输中的作用和信号的含义。
（2）掌握铁路信号显示的基本要求，能识别、使用铁路信号常用颜色及信号机的图形符号。
（3）掌握地面固定信号机的分类及设置要求。
2. 能力目标：
（1）能准确说出信号在铁路运输中的作用，并理解。
（2）能准确绘制铁路信号常见颜色和图形、文字符号。
3. 思政目标：
（1）能认识到信号的重要作用。
（2）了解行车作业人员的职业素养。
（3）培养学生正确的铁路安全观、安全意识</td></tr>
<tr><td colspan="4">学习重点：信号显示的颜色、图形符号规定</td></tr>
<tr><td colspan="4">学习难点：固定信号机的分类</td></tr>
<tr><td colspan="4">教学所需设备：编组站教学沙盘、地面信号机实物</td></tr>
</table>

2.1.2 相关配套知识

知识点 1 信号的含义

《铁路技术管理规程（普速铁路部分）》规定：“信号是指示列车运行及调车作业的命令，有关行车人员必须严格执行。”

铁路信号有广义和狭义两种含义。广义的铁路信号是在铁路运输系统中，保证行车安全、提高区间和车站通过能力的手动控制、自动控制及远动控制技术的总称，包括车站信号、区间信号、运输调度指挥、列车运行控制系统、驼峰信号、道口信号等。狭义的铁路信号是在行车、调车作业中，对行车有关人员指示运行条件而规定的物理特征符号，包括固定信号、移动信号、手信号等。

知识点 2 信号的分类

铁路信号分为听觉信号和视觉信号两大类。

听觉信号又称音响信号，以发出不同强度、频率和时间长短的音响来表达信号的含义，如机车、自轮运转特种设备的鸣笛声，以及号角、口笛、响墩等发出的音响。其中，鸣笛、鸣示方式参照《铁路技术管理规程（普速铁路部分）》第 460～462 条；响墩设置如图 2–1 所示，其含义参见《铁路技术管理规程（普速铁路部分）》第 438 条。

图 2–1 响墩设置

视觉信号是以颜色、形状、位置、显示数目和灯光状态等表达的信号。如地面信号机、手信号灯（旗）、信号牌、火炬及信号表示器等显示的信号。

视觉信号可分为固定信号、移动信号和手信号。固定信号是固定安装在一定位置，用于防护固定地点的信号，如地面信号机、道岔表示器等，机车信号也属于固定信号。移动信号是在地面临时设置的、可以移动的信号，如用于防护线路施工地点的圆形黄牌、方形红牌。火炬信号是遇到紧急情况时的视觉求救信号。手信号是手持信号旗、信号灯发出的信号。扫描下面的二维码，可在手机上查看各种视觉信号。

地面信号机　　道岔表示器　　机车信号

防护线路施工地点的信号　火炬信号　手信号

知识点3 信号的显示

1. 颜色规定

我国铁路信号的基本显示系统由基本颜色和辅助颜色组成。

基本颜色包括红色、黄色、绿色，其显示意义如下：

① 红色——停车。

② 黄色——注意或减速运行。

③ 绿色——按规定速度运行。

基本颜色及其灯光组合构成的信号主要构成列车信号，用于指示列车运行。

除基本颜色外，以蓝色、月白色、白色、紫色作为铁路信号的辅助颜色。其中，蓝色和月白色主要用于调车信号，分别表示禁止调车和允许调车。白色用于信号表示器，紫色目前仅用于道岔表示器。

要求停车的信号，如红色灯光、蓝色灯光，称为禁止信号，又称为信号的关闭状态；允许按规定速度运行的信号，如绿色灯光、黄色灯光、双黄灯光、白色灯光，称为允许信号，又称为信号的开放状态。

2. 亮灯状态

信号机一般以显示稳定灯光（例如红灯、黄灯、绿灯）及稳定灯光的组合（例如绿黄、双黄灯、引导信号）表示相应行车命令。

闪光信号是能够增加信号显示意义的一种简便、有效的手段。除原有驼峰信号外，我国铁路在车站的进站信号、机车信号及无线调车灯显设备中引入了闪光信号，如进站信号机的“黄闪黄”显示。

闪光信号既能满足增加信号显示信息量的要求，又可以克服由过多颜色灯光组合构成信号带来的不足，如不便于记忆、远距离难以辨认等。目前闪光信号虽未构成一个完整的信号显示系统，但已有一定的实践和使用经验，是解决信号显示数目不足问题的一个有效且比较容易实现的手段。

信号的显示方式及使用方法必须严格按照《铁路技术管理规程（普速铁路部分）》要求执行。《铁路技术管理规程（普速铁路部分）》第 408 条规定：“信号显示方式及使用方法，应按本规程规定执行。本规程以外的信号显示方式，须经铁路总公司批准，方可采用。”

3. 图形符号

铁路信号常用颜色及信号机的图形符号、文字符号如表 2-1 所示。

表 2-1 铁路信号常用颜色及信号机的图形符号、文字符号

名称	图形符号	文字符号	名称	图形符号	文字符号
红色灯光	●	H	稳定绿灯		
黄色灯光	⊘	U	稳定黄灯		
绿色灯光	○	L	绿灯闪光		
蓝色灯光	⊙	A	黄灯闪光		
月白灯光	◎	B	一般高柱信号		
紫色灯光	Ⓩ	Z	一般矮型信号		
白色灯光	⦶		接车性质信号		
空灯位	⊗				

4. 基本要求

信号显示直接关系到行车安全和运输效率，因此应满足以下基本技术要求：

① 显示简单明了，易于辨认。

② 有足够的显示数目，能反映各种不同运行条件。

③ 有足够的显示距离，便于司乘人员确认。

④ 具有较高的可靠性，保证不间断使用。

⑤ 符合“故障—安全”原则，当信号设备发生故障后，能自动给出最大限制的信号显示。

知识点 4 固定信号机

1. 分类

按用途可将固定信号机分为进站、出站、通过、进路、预告、接近、遮断、驼峰、驼峰辅助、复示、调车信号机。按信号机构和形式，可将固定信号机分为色灯信号机、臂板信号机、机车信号机及信号表示器。本部分重点介绍色灯信号机和各种类型的信号表示器。色灯信号机按照安装方式的不同，主要有高柱信号机和矮型信号机两种形式。

高柱信号机的信号机构安装在信号机柱上，如图 2-2（a）所示，具有显示距离远等优点。为保证安全和提高效率，进站、正线出站、接车进路、通过、接近、预告等信号机必须采用高柱信号机，设置在岔线入口处、牵出线上的调车信号机等也应采用高柱信号机。除此之外，进站复示信号机及所有臂板信号机均应采用高柱信号机。

矮型信号机设置在位于建筑限界下部外侧的信号基础上，如图 2-2（b）所示，应用于显示距离要求不远的信号机上，一般情况下到发线出站、发车进路及调车信号机等采用矮型信号机。

2. 设置要求

1）地面固定信号机应设置于行车方向线路的左侧

我国铁路采用左侧行车制，机车司机座位统一设在驾驶室左侧，为便于瞭望信号，

规定固定信号机应设置在行车方向线路的左侧。如果两线路之间不足以装设信号机，可采用信号桥或信号托架，如图 2–2 所示。装设在信号桥或信号托架上的信号机，可设置于线路左侧，也可设于所属线路的中心线上方。

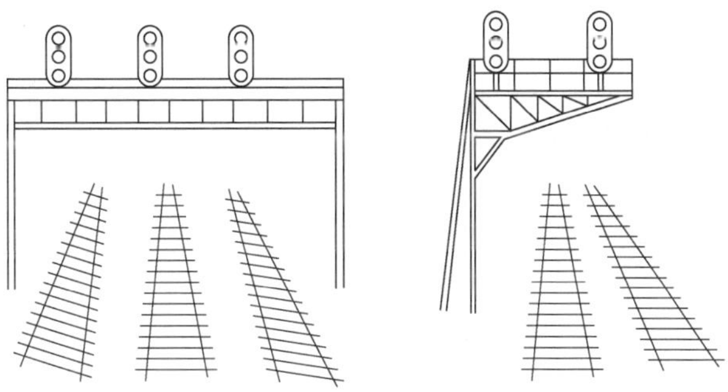

(a) 信号桥　　(b) 信号托架

图 2–2　信号桥与信号托架

若遇有因曲线、隧道、桥梁等影响瞭望信号的情况，在确保司机不误认信号的条件下，经铁路局集团公司批准，可设在线路右侧。

2）任何信号机不得侵入铁路建筑限界

高柱信号机突出边缘距离正线和允许通过超限货物列车的站线中心线 2 440 mm，距离其他站线中心线 2 150 mm；矮型信号机距离线路中心线 1 875 mm。在曲线上设置信号机时，要根据规定适当加宽尺寸。

3）信号机的设置地点应避免影响行车安全和运输效率

信号机设置地点不当，对信号显示距离、行车安全和运输效率都有较大影响，因此应避免将信号机设置在造成机车乘务员误认信号的弯道、货物列车停车后起动困难的上坡道及凹形有害坡道等地点。此外，信号机设置的地点还与轨道电路有关，所以装设信号机的地点要由电务（设计和施工）部门会同运输、机务及工务等有关部门共同研究确定。

2.1.3　知识拓展

1. 透镜式信号机
2. 组合式信号机
3. LED 信号机

知识拓展

2.1.4　相关规范、规程与标准

1.《铁路技术管理规程（普速铁路部分）》相关规定
2.《铁路技术管理规程（高速铁路部分）》相关规定

相关规范、规程与标准

2.1.5 任务工单

<table>
<tr><td rowspan="2">任务名称</td><td rowspan="2">认识铁路信号</td><td>姓名</td><td></td></tr>
<tr><td>日期</td><td></td></tr>
<tr><td colspan="4">操作方法：
（1）绘制铁路信号常用颜色及信号机的图形、文字符号。
（2）能说出信号的分类及铁路信号对颜色规定的显示意义</td></tr>
<tr><td colspan="4">操作中存在的问题及解决方法：</td></tr>
</table>

项目	赋分	自评得分	互评得分	教师评分
正确理解知识	25			
业务分析处理方法得当	20			
表达清晰准确	20			
业务处理结果正确	35			
综合得分	（自评得分 10%，互评得分 30%，教师评分 60%）			

2.1.6 任务考核

（1）铁路信号分为________和________两大类。

（2）我国铁路信号颜色显示的规定：红色代表________________；黄色代表____________；绿色代表____________。

（3）简述铁路信号的含义及作用。

（4）地面信号机按照用途分为哪两大类？各包括哪些？

（5）哪些信号机应采用高柱信号机？哪些信号机应采用矮型信号机？

（6）固定信号机的设置要求有哪些？

工作任务 2.2 车站内信号机及信号表示器认知

2.2.1 工作任务

<table>
<tr><td>任务名称</td><td>车站内各类信号机及信号表示器认知</td><td>工单号</td><td></td></tr>
<tr><td>姓名</td><td></td><td>专业</td><td></td></tr>
<tr><td>日期</td><td></td><td>班级</td><td></td></tr>
<tr><td colspan="4">拟完成工作任务：
（1）参观教学沙盘，掌握车站范围常用信号机的设置原则。
（2）观察既有线车站、客运专线（或高速铁路）信号平面布置图的车站部分，掌握各信号机的名称、作用。
（3）熟练画出典型车站的信号平面布置图（线路、信号机部分）</td></tr>
<tr><td colspan="4">任务目标：
1. 知识目标：
（1）掌握进站、出站、调车、复示等信号机的作用、设置要求、显示意义。
（2）能够看懂车站信号平面布置图中各类信号机。
2. 能力目标：
（1）掌握进站、出站、调车、复示等信号机的作用、设置要求、显示意义。
（2）能够根据要求在车站信号平面布置图（车站部分）中标出信号机显示情况。
（3）能够根据车站线路图正确布置信号机。
3. 思政目标：
（1）能认识到车站信号机的重要作用。
（2）了解行车、调车作业人员的职业素养。
（3）培养学生正确的铁路意识、责任意识</td></tr>
<tr><td colspan="4">学习重点：车站内信号机的设置及显示含义</td></tr>
<tr><td colspan="4">学习难点：车站内信号机的显示含义</td></tr>
<tr><td colspan="4">教学所需设备：教学沙盘、车站信号平面布置图</td></tr>
</table>

2.2.2 相关配套知识

知识点 1 进站信号机

1. 作用及设置

进站信号机设置于车站的入口处，用于防护车站、指示列车进站条件，并表示接车进路是否安全可靠。

单线和双线区间车站进出站信号机示意分别如图 2–3 和图 2–4 所示，车站每一个接车方向必须设置一架进站信号机。规定进站信号机安装在距离进站第一组道岔尖轨尖端（顺向道岔为警冲标）不小于 50 m 的地方。这是为了满足车站调车作业的需要，允许一台机车挂一节或两节货车。

在站内进行转线作业。车站办理越出站界调车有严格的限制条件，并有可能影响区间通过能力。因此，根据车站实际作业情况，该距离可以适当延长，从而减少越出站界调车。但该距离不宜超过 400 m，否则影响车站通过能力，而且不便于设备的管理。

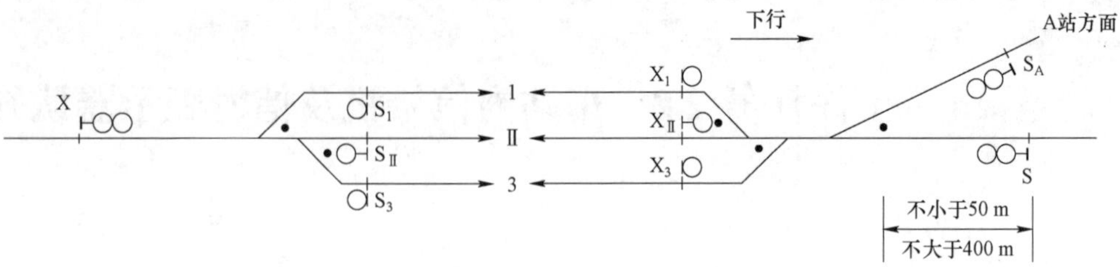

图 2–3　单线区间车站进出站信号机设置示意图

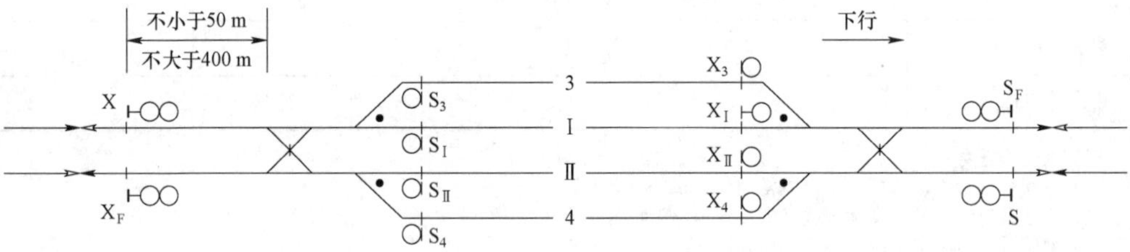

图 2–4　双线区间车站进出站信号机设置示意图

2. 名称及显示

进站信号机的名称是按运行方向命名的，用于指示上行列车运行的称为上行进站信号机，用 S 表示，下行进站信号机用 X 表示。在设有双向闭塞设备的自动闭塞区间，用 S_F（或 S_N）、X_F（或 X_N）表示车站的反方向进站信号机。

若同一咽喉有几个方向的线路接入车站，则根据该信号机所属区间线路连接的相邻车站，以其名称的汉语拼音头字母作为 S 或 X 的下标，如附图 1 中东郊方面的进站信号机表示为 X_D。

进站信号机的灯光配列及四显示自动闭塞区段显示如表 2–2 所示，其余可参见《铁路技术管理规程（普速铁路部分）》第十六章。

表 2–2　进站信号机灯光配列及四显示自动闭塞区段显示

信号名称	灯光配列	信号显示	信号显示意义
进站信号机		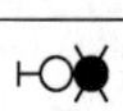	不准列车越过该信号机
		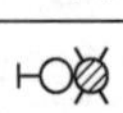	准许列车按限速要求越过该信号机，经道岔直向位置进入站内正线准备停车
		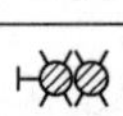	准许列车按限速要求越过该信号机，经道岔侧向位置进入站内准备停车
		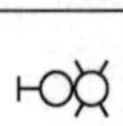	准许列车按规定速度经道岔直向位置进入或通过车站，表示运行前方至少有三个闭塞分区空闲
		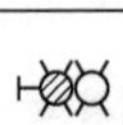	准许列车按规定速度经道岔直向位置进入站内，表示次一架信号机经道岔直向位置开放一个黄灯
		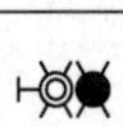	准许列车在该信号机前方不停车，以不超过 20 km/h 速度进站或通过接车进路，并须准备随时停车
		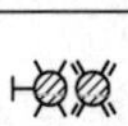	准许列车经过 18 号及以上道岔侧向位置进入站内，越过次一架已经开放的信号机，且该信号机防护的进路，经道岔的直向位置或 18 号及以上道岔的侧向位置

进站色灯信号机灯光配列及其主要显示参考《铁路技术管理规程（普速铁路部分）》第 415 条。

信号机的外形是识别信号机类型的重要标志。当根据实际情况需要减少灯位时，应以空位停用方式处理，但不允许改变信号机外形。例如附图 1 东郊方向进站信号机 X_D，由于没有绿灯和绿黄灯显示，对其绿灯采用封闭方式处理，但应保留进站信号机的外形。

知识点 2　出站信号机

1. 作用及设置

出站信号机的作用是防护区间，其允许显示作为列车占用区间的凭证，指示列车能否由车站进入区间。当显示禁止灯光时，指示列车在站内的停车位置。

出站信号机应设置在车站有发车作业的正线和到发线端部的适当地点，其设置位置应尽量不影响股道的有效长。具体要求如下：

① 在设有轨道电路的车站，出站信号机应与股道轨道电路绝缘同一坐标，如图 2–3 和图 2–4 所示，以实现列车及调车车列越过信号机后信号能够自动关闭；

② 在无轨道电路的车站，出站信号机在不侵入限界的情况下，尽量缩短与警冲标的距离，以增加股道有效长度。

2. 名称及显示

出站信号机的名称按照运行方向命名，用于指示上行列车运行的称为上行出站信号机，用 S 表示，下行出站信号机用 X 表示，并以所属股道号码作为 S 或 X 的下标，如图 2–3 和图 2–4 所示。当有数个车场时，下标应先加车场号，再缀以股道号码，例如 $S_{Ⅲ3}$、$X_{Ⅰ1}$。

四显示自动闭塞区段和半自动闭塞区段（简称半自闭区段），出站信号机灯光配列及其主要显示见表 2–3，其余见《铁路技术管理规程（普速铁路部分）》第十六章。出站色灯信号机灯光配列及其主要显示参考《铁路技术管理规程（普速铁路部分）》第 417 条。在有两个方向出口且次要方向为非自动闭塞区间的车站，出站信号机显示两个绿灯表示向非自动闭塞区间发车。

表 2–3　四显示自动闭塞区段和半自闭区段出站信号机灯光配列及其主要显示

信号名称		灯光配列	信号显示	信号显示意义
出站信号机	自动闭塞区段	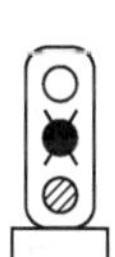		不准列车越过该信号机
			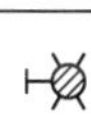	准许列车由车站出发，表示运行前方有一个闭塞分区空闲
			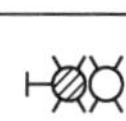	准许列车由车站出发，表示运行前方有两个闭塞分区空闲
			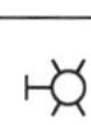	准许列车由车站出发，表示运行前方至少有三个闭塞分区空闲
	半自闭区段			不准列车越过该信号机
				准许列车由车站出发

3. 进路表示器

当一架出站信号机需要指示两个及其以上的发车方向，而信号显示本身不能分别表示运行方向时（包括两个自动闭塞方向或双线区段反方向发车），为使有关行车人员在信号开放后知道列车开往方向，在该信号机上应装设进路表示器。进路表示器采用小型白色灯光，显示距离不大于 200 m，不能单独构成信号命令，只有在出站信号机开放后才能显示白色灯光表示开往方向。例如，一架出站信号机需要指示三个发车方向时，应在信号机下方装设并排三个白色灯光的表示器，用左、中、右三个灯光分别表示运行方向。

双线区段仅用于区分反方向发车时，办理正方向发车进路，表示器不着灯；办理反方向发车进路且出站信号机开放后，表示器显示一个白灯。

指示四个及以上发车方向的进路表示器参见《铁路技术管理规程（普速铁路部分）》第十八章。

知识点 3 调车信号机

1. 作用及设置

1）作用

采用集中联锁的车站，在经常进行调车作业的线路上（如车站咽喉区、到发线）及非联锁区 （如调车场、机务段、货场、牵出线、专用线等）到联锁区的入口处应装设调车信号机，用于指示调车机车本列能否越过调车信号机进行调车作业。

调车信号机是根据车站调车作业的实际需要而设置的，其设置原则是最大限度满足调车作业需要，尽量缩短机车车辆走行距离，最大限度满足车站内平行作业的要求，以提高车站作业效率。

2）常见设置

调车信号机的设置一般有以下几种情况：

① 调车起始信号机。设置于一个完整的调车作业的起点，由股道、牵出线、专用线、机待线、调车场及机务段等处向咽喉区调车时，都需要在调车进路始端设调车起始信号机，如附图 1 中 D_2。

② 调车阻拦信号机。用于增加平行作业，以提高车站通过能力，一般显示面向站内，如附图 1 中 D_5、D_7、D_4。

③ 调车折返信号机。用于指示调车车列折返作业，应设置在咽喉区折返道岔岔尖前，一般显示面向站外，如附图 1 中 D_9、D_{15}、D_{14}。

3）咽喉区设置

按照设置情况，咽喉区调车信号机可以分为单置、并置、差置三种。

① 单置：在线路一侧单独设置的为单置调车信号机，如附图 1 中的 D_{11}、D_{13} 等。

② 并置：在线路两侧并列设置，坐标相同，并且显示方向相反的为并置调车信号机，如附图 1 中的 D_7 与 D_9、D_{10} 与 D_{12}。

③ 差置：在线路两侧设置，显示方向相对，并且两调车信号机之间有不少于 50 m 的无岔区段时，为差置调车信号机，如附图 1 中的 D_5 与 D_{15}、D_4 与 D_{14}。差置调车信号机之间的无岔区段，可以用来进行增减轴、机车待避等调车作业。

2. 名称及显示

1）名称

调车信号机的名称以 D 表示，以数字序号作为下标，从列车到达方向起顺序编号，下行咽喉用单号，上行咽喉用双号，例如附图 1 中的 D_1、D_3、D_5。当车站包括几个车场时，每个车场的调车信号机用三位数表示，其中百位数表示场别，例如 Ⅰ 场的 D_{101}、Ⅱ 场的 D_{201}。

2）显示

调车信号机有蓝色和月白色两种灯光，蓝色灯光表示不准越过该信号机调车，月白色灯光表示准许越过该信号机调车。

不办理闭塞的站内岔线，在岔线入口处设置的调车信号机，可用红色灯光代替蓝色灯光。

集中联锁车站出站信号机或进路信号机上一般增设一个月白灯光，该信号机即为出站兼调车信号机或进路兼调车信号机。其中显示红色灯光时禁止列车及调车车列越过该信号机，黄色、绿色等灯光用于指示列车运行，月白色灯光表示允许越过信号机进行调车作业。

调车色灯信号机灯光配列及其主要显示参照《铁路技术管理规程（普速铁路部分）》第 426 条。

知识点 4　复示信号机

1. 作用及设置

进站、出站、进路、调车等信号机因受地形、地物影响达不到规定的显示距离时，应在其前方适当地点设置复示信号机，以保证信号的连续显示，复示信号机设置示意图如图 2–5 所示。特殊情况下，进站信号机及其复示信号机的显示距离之和不足 200 m 时，可增设第二架复示信号机。

2. 名称及显示

复示信号机名称的第一个字母为 F，后面缀以主体信号的名称，如图 2–5 中的 FX 和 $FX_{Ⅱ}$。

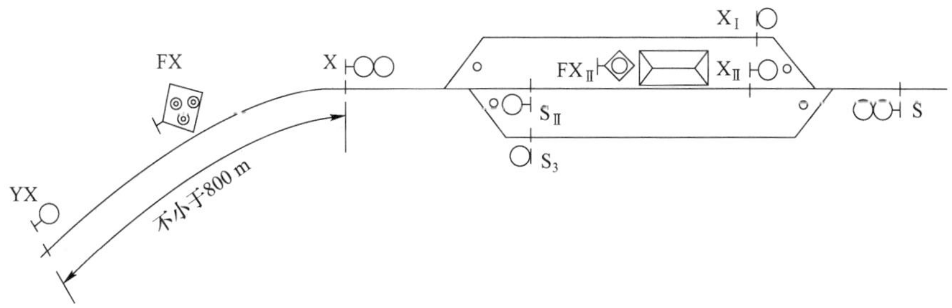

图 2–5　复示信号机设置示意图

复示信号机均采用方形背板，主体信号关闭时复示信号机处于灭灯状态，不起信号作用。进站、接车、接发车进路信号机的复示信号机采用灯列式结构，由三个排成等边三角形的月白色灯光组成；出站及发车进路信号机的复示信号机只有一个绿色灯光；调车进路信号机的复示信号机只有一个月

复示信号机

白色灯光，扫描二维码，在手机上观看各种复示信号机。

复示信号机灯光配列及其主要显示见表 2–4，参见《铁路技术管理规程》（普速铁路部分）第 429 条。

表 2–4　复示信号机灯光配列及其主要显示

<table>
<tr><th colspan="2">信号名称</th><th>信号结构</th><th>信号显示</th><th>信号显示意义</th></tr>
<tr><td rowspan="7">复示
信号机</td><td rowspan="3">进站复示</td><td rowspan="3">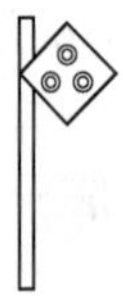</td><td>无显示</td><td>表示进站信号机在关闭状态</td></tr>
<tr><td>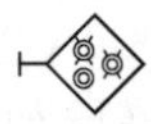</td><td>表示进站信号机显示列车经道岔直向位置向正线接车信号</td></tr>
<tr><td>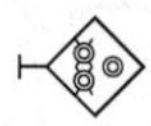</td><td>表示进站信号机显示列车经道岔侧向位置接车信号</td></tr>
<tr><td rowspan="2">出站复示</td><td rowspan="2"></td><td>无显示</td><td>表示出站信号机在关闭状态</td></tr>
<tr><td>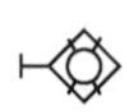</td><td>表示出站信号机在开放状态</td></tr>
<tr><td rowspan="2">调车复示</td><td rowspan="2"></td><td>无显示</td><td>表示调车信号机在关闭状态</td></tr>
<tr><td></td><td>表示调车信号机在开放状态</td></tr>
</table>

知识点 5　信号表示器

信号表示器是对行车人员传达行车或调车意图或对信号进行某些补充说明所用的设备，没有防护意义。除前面介绍的进路表示器之外，信号表示器还包括道岔表示器、脱轨表示器、发车表示器和车挡表示器。

1. 道岔表示器

道岔表示器设置于道岔旁，用于反映道岔开通位置。凡非集中操纵的联锁道岔都应设道岔表示器，以便有关行车人员确认道岔位置。

道岔开通直向时，道岔表示器昼间无显示，夜间显示紫色灯光；道岔开通侧向位置时，表示器昼间显示为中央划有黑线的黄色鱼尾形牌，夜间显示为黄色灯光。在调车区为集中联锁时，进行连续溜放作业的分歧道岔应有道岔表示器，平时无显示，当进行溜放作业时，表示道岔开通直向时为紫色灯光，开通侧向时为黄色灯光。参照《铁路技术管理规程（普速铁路部分）》第 446 条。扫描二维码，在手机上观看道岔表示器。

道岔表示器

2. 脱轨表示器

脱轨表示器设置于集中联锁以外的脱轨器及安全线、避难线的道岔上，用来表示线路在开通或遮断状态。当线路在遮断状态时，脱轨表示器昼间显示带白边的红色长方牌，夜间为红色灯光；当线路在开通状态时，脱轨表示器昼间显示带白边的绿色圆牌，夜间为月白色灯光。参照《铁路技术管理规程（普速铁路部分）》第 447 条。扫描二维码，在手机上观看脱轨表示器。

脱轨表示器

3. 发车表示器

当车站设置于弯道上或车站客流量较大，辨认发车指示信号有困难时，可根据需要在便于司机瞭望的地点设置发车表示器，用于反映列车出发时助理值班员是否向司机发出了发车信号。发车表示器平时无显示，只有出站信号开放后，助理值班员操纵专用按钮使其显示一个白灯，表示准许发车。扫描二维码，在手机上观看发车表示器。

发车表示器

4. 车挡表示器

车挡表示器设置于线路终端的车挡上，昼间为一红色方牌，夜间显示一红色灯光。扫描二维码，在手机上观看车挡表示器。

此外，信号表示器还包括发车线路表示器、调车表示器、水鹤表示器等。各种信号表示器灯光及显示参照《铁路技术管理规程（普速铁路部分）》第十八章第 446～452 条。

车挡表示器

2.2.3　知识拓展

1. 进路信号机

有几个车场的车站，应设置进路信号机，指示列车由一个车场开往另一个车场，如图 2-6 所示。进路信号机按用途可分为接车进路信号机、发车进路信号机、接发车进路信号机。

进路信号机的分类

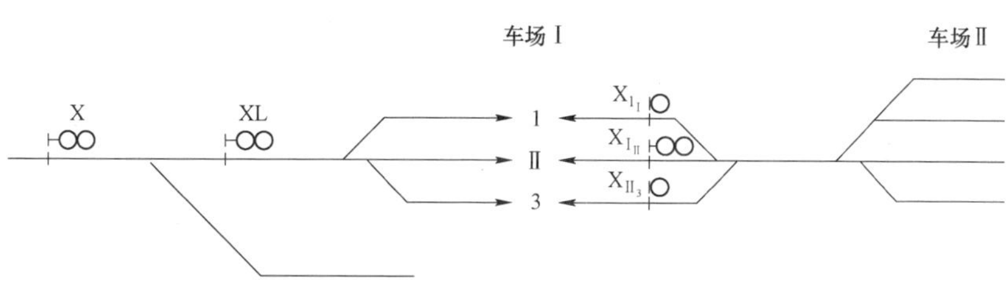

图 2-6　设置于车场之间的进路信号机

2. 高速铁路车站内信号

高速铁路（客运专线、城际铁路）的车站应设置进站信号机、出站信号机、进站预告标等，信号机有常态点灯和常态灭灯两种类型。在信号机常态灭灯区段，当车载设备故障或开行未安装 ATP 车载设备的列车时，经人工执行“点灯”操作后，点亮相应信号机灯光，列车越过信号机后灯光自动熄灭。

高速铁路信号机相关知识

2.2.4　相关规范、规程与标准

1.《铁路技术管理规程（普速铁路部分）》相关规定

2.《铁路技术管理规程（高速铁路部分）》相关规定

相关规范、规程与标准

2.2.5 任务工单

<table>
<tr><td rowspan="2">任务名称</td><td rowspan="2">车站内各类信号机及信号表示器认知</td><td>姓名</td><td></td></tr>
<tr><td>日期</td><td></td></tr>
<tr><td colspan="4">操作方法：
（1）学习《铁路技术管理规程》中关于固定信号机的内容。
（2）说出各种色灯信号的显示意义</td></tr>
<tr><td colspan="4">操作中存在的问题及解决方法：</td></tr>
</table>

项目	赋分	自评得分	互评得分	教师评分
正确理解知识	25			
业务分析处理方法得当	20			
表达清晰准确	20			
业务处理结果正确	35			
综合得分	（自评得分 10%，互评得分 30%，教师评分 60%）			

2.2.6 任务考核

（1）画图说明进站信号机的设置位置，并说明其作用及显示意义。

（2）画图说明出站信号机的设置位置，并说明其作用及显示意义。

（3）画图说明复示信号机的设置位置，并说明其作用及显示意义。

（4）画图说明调车信号机的设置位置，并说明其作用及显示意义。

（5）说明信号机和信号表示器的不同。

（6）简述《铁路技术管理规程》对各种信号机显示距离的规定。

工作任务 2.3　区间信号机认知

2.3.1　工作任务

<table>
<tr><td>任务名称</td><td>区间信号机认知</td><td>工单号</td><td></td></tr>
<tr><td>姓名</td><td></td><td>专业</td><td></td></tr>
<tr><td>日期</td><td></td><td>班级</td><td></td></tr>
<tr><td colspan="4">拟完成工作任务：
（1）掌握区间常用信号机的设置位置。
（2）画自动闭塞区间通过信号机布置示意图。
（3）对比单线自动闭塞、双线自动闭塞、高铁区间信号平面图</td></tr>
<tr><td colspan="4">任务目标：
1. 知识目标：
（1）掌握通过信号机、预告信号机的作用、设置要求。
（2）掌握通过信号机、预告信号机的显示意义。
2. 能力目标：
（1）参观教学沙盘，掌握区间常用信号机的设置位置。
（2）画自动闭塞区间通过信号机布置示意图。
（3）能看懂单线自动闭塞、双线自动闭塞、高铁区间信号平面图。
3. 思政目标：
（1）能认识到区间信号在指挥行车中的重要作用。
（2）了解行车作业人员的职业素养。
（3）培养学生正确的安全观、安全意识</td></tr>
<tr><td colspan="4">学习重点：常用区间信号机设置位置</td></tr>
<tr><td colspan="4">学习难点：看懂区间信号平面图</td></tr>
<tr><td colspan="4">教学所需设备：教学沙盘</td></tr>
</table>

2.3.2　相关配套知识

知识点 1　通过信号机

1. 自动闭塞通过信号机

自动闭塞区段的闭塞分区入口设置通过信号机，用于指示列车能否进入该信号机防护的闭塞分区。

自动闭塞区段通过信号机的设置位置是根据机车牵引重量、列车运行速度、列车运行间隔时间、线路条件，并考虑列车制动距离等多种因素，由牵引计算确定的，并应满足列车运行速度规定的制动距离和线路通过能力的要求。目前我国双线区段多采用四显示自动闭塞，闭塞分区的长度一般在 1 000 m 以上，四显示自动闭塞区段信号机设置示意图如图 2-7 所示。

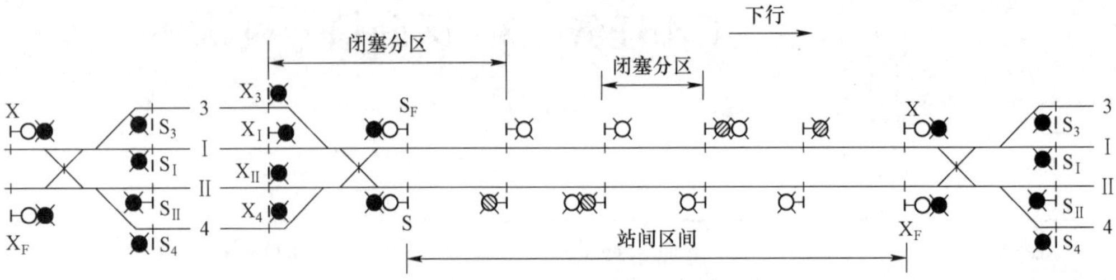

图 2-7 四显示自动闭塞区段信号机设置示意图

2. 线路所通过信号机

为了提高区间通过能力，非自动闭塞区段的站间区间可设置线路所。当区间有分歧道岔时，无论是否是自动闭塞区段，均应设置线路所，办理列车经过分歧道岔的运行作业。

线路所一般无管辖地段，只有正线，没有侧线，不办理客货运业务，只办理列车的通过，所以应设置通过信号机。设置于线路所的通过信号机，具有进站和出站信号机的双重性质，即兼起指示接车和发车双重作用。

当线路所设有分歧道岔时，其通过信号机应采用进站信号机的机构外形，但应封闭其引导灯光，不允许办理引导接车。显示红灯作为绝对停车信号，不准越过该信号机；显示两个黄色灯光，表示允许列车通过分歧道岔侧向运行；显示一个黄色闪光和一个黄灯，表示分歧道岔为 18 号及以上道岔，允许列车通过分歧道岔侧向运行。

在非自动闭塞区段没有分歧道岔的线路所，通过信号机可以采用只有红色和绿色两种显示的信号机构，如图 2-8 所示。

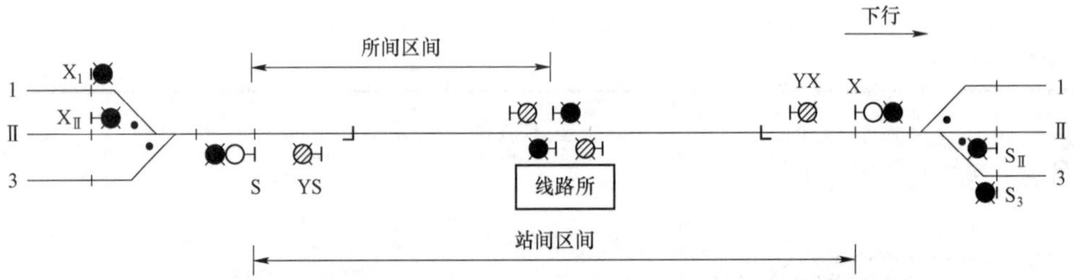

图 2-8 单线非自动闭塞区段无道岔线路所的信号机构示意图

3. 通过信号机的编号及灯光配列显示

为便于维修和节省投资，上、下行通过信号机在不影响行车效率和司机瞭望的条件下，尽可能并列设置，通过信号机的编号由其所在地点的坐标公里数和百米数组成，下行通过信号机编为奇数，上行通过信号机编为偶数。例如在“K100+350”处设置的通过信号机，下行方向的编号为 1003，上行方向的编号为 1004。

区间正线有分歧道岔的通过信号机，以 T 命名，并以 S 或 X 作为下标表示指示列车运行方向，例如 T_S、T_X。

线路所通过信号机灯光配列及其主要显示如表 2-5 所示，其余可参见《铁路技术管理规程（普速铁路部分）》第十六章第 419 条。

表 2-5　线路所通过信号机灯光配列及其主要显示

<table>
<tr><th colspan="2">信号名称</th><th>灯光配列</th><th>信号显示</th><th>信号显示意义</th></tr>
<tr><td rowspan="6">通过
信号机</td><td rowspan="4">四显示
自动闭塞</td><td rowspan="4"></td><td></td><td>准许列车按规定速度运行，表示运行前方至少有三个闭塞分区空闲</td></tr>
<tr><td>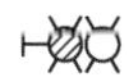</td><td>准许列车按规定速度运行，要求注意准备减速，表示运行前方有两个闭塞分区空闲</td></tr>
<tr><td></td><td>要求列车减速运行，按规定限速要求越过该信号机，表示运行前方有一个闭塞分区空闲</td></tr>
<tr><td></td><td>列车应在该信号机前停车</td></tr>
<tr><td rowspan="2">半自动闭塞</td><td rowspan="2"></td><td></td><td>不准列车越过该信号机</td></tr>
<tr><td></td><td>准许列车按规定速度运行</td></tr>
</table>

4. 容许信号

《铁路技术管理规程（普速铁路部分）》规定：“自动闭塞区段的通过信号机，不应设在停车后可能脱钩、牵引供电分相的处所，也不宜设在起动困难的地点。”

在自动闭塞区段，当货物列车在设置于上坡道上的通过信号机前停车后起动困难时，该信号机应装设容许信号。当信号机显示红灯，同时容许信号显示蓝色灯光，准许列车在通过信号机显示红灯的情况下不停车，以不超过 20 km/h 的速度通过，运行到次一架通过信号机，并随时准备停车。扫描二维码，在手机上观看带有容许信号的通过信号机。

带有容许信号的通过信号机

进站信号机前方第一架通过信号机不得装设容许信号，以免前方列车机外停车时发生追尾事故。

知识点 2　预告信号机和接近信号机

1. 作用及设置

在非自动闭塞区段的进站信号机、线路所通过信号机及遮断信号机前方应装设预告信号机，如图 2-9 所示，其作用是预告主体信号的显示。为满足列车制动距离要求，预告信号机与其主体信号机间的距离不得少于 800 m，预告信号机的显示距离不足 400 m 时，规定与其安装距离不得少于 1 000 m，确保列车司机有足够确认信号的时间。

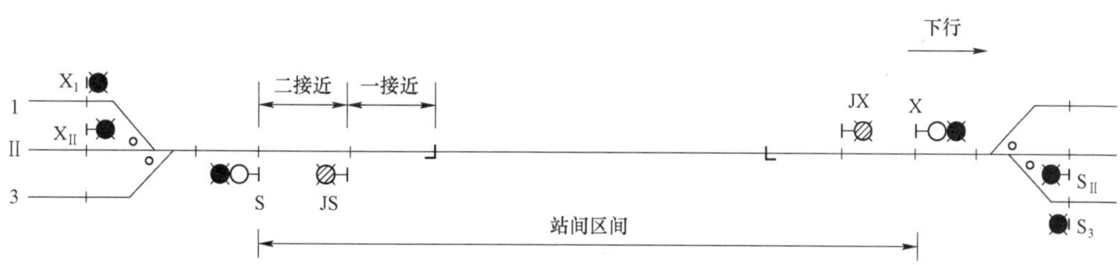

图 2-9　接近信号机设置示意图

在列车运行速度超过 120 km/h 的非自动闭塞区段，车站进站信号机外方设置两段轨道电路，分别称为第一接近区段和第二接近区段，两接近区段的分界处设置接近信号机，如图 2-9 所示，用于预告进站信号机显示。

自动闭塞区段进站信号前方的第一架通过信号机已经起到预告信号的作用，不再设预告信号机。为区别于其他通过信号机，该信号机机柱上涂三道黑色斜线。

2. 名称及显示

预告信号机名称的第一个字母为Y，后面缀以主体信号的名称，如图2–8中的YX和YS。接近信号机名称的第一个字母为J，后面缀以主体信号的名称，如图2–9中的JX和JS。预告信号机只有黄灯和绿灯两种显示，接近信号机增加了“绿黄灯”显示，而且其显示意义与预告信号机相比也有所不同。

预告信号机、接近信号机的灯光配列及其主要显示如表2–6所示。

表2–6 预告信号机、接近信号机灯光配列及其主要显示

信号名称	信号结构	信号显示	信号显示意义
预告信号机			表示主体信号机在关闭状态
			表示主体信号机在开放状态
	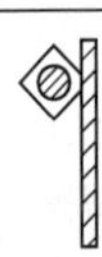	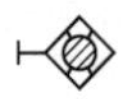	表示遮断信号机显示红色灯光
		无显示	不起信号机作用
接近信号机			表示进站信号机开放一个绿色灯光
		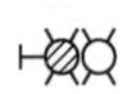	表示进站信号机开放一个黄色灯光或一个黄色闪光和一个黄色灯光
			表示进站信号机在关闭状态或显示两个黄色灯光

2.3.3 知识拓展

序号	二维码	内容描述
1		遮断信号机
2		区间信号标志牌

2.3.4 相关规范、规程与标准

1.《铁路技术管理规程（普速铁路部分）》相关规定

2.《铁路技术管理规程（高速铁路部分）》相关规定

相关规范、规程与标准

2.3.5　任务工单

任务名称	区间信号机认知	姓名	
		日期	
操作方法： （1）参观教学沙盘，掌握常用区间信号机的设置。 （2）画自动闭塞区间通过信号机布置示意图			
操作中存在的问题及解决方法：			

项目	赋分	自评得分	互评得分	教师评分
正确理解知识	25			
业务分析处理方法得当	20			
表达清晰准确	20			
业务处理结果正确	35			
综合得分	（自评得分 10%，互评得分 30%，教师评分 60%）			

2.3.6　任务考核

（1）画图说明通过信号机的设置位置，并说明其作用及显示意义。

（2）画图说明预告信号机的设置位置，并说明其作用及显示意义。

（3）简述《铁路技术管理规程》对各种信号机显示距离的规定。

项目3　信号基础设备认知与应用

【项目描述】

铁路信号基础设备包括继电器、轨道电路、转辙机等，本项目介绍各基础设备的基本结构、工作原理及其应用。通过本项目的学习，了解设备正常状态与故障现象，能够结合规章要求执行设备正常状态与故障时的作业方法。

【教学目标】

（1）了解继电器、轨道电路与转辙机在铁路信号中的作用。

（2）掌握轨道电路、继电器与转辙机的设备组成。

（3）理解继电器、轨道电路的工作原理。

（4）能够有效地辨别轨道电路、转辙机及继电器等设备。

（5）会根据现象正确识别轨道电路的状态。

（6）会根据控制台道岔表示灯颜色正确判断其所在位置。

（7）牢固树立安全意识、责任意识，严格落实作业标准。

【案例导入】

【案例1】××××年×月×日，×××××次单机因机车列车管防撞塞门与截断塞门间接头脱落发生紧急制动，于21:47停于××线K42 + 303处。由于机车非常制动大量撒砂，造成轨道电路分路不良，闭塞分区无占用显示，后续×××××次货物列车于21:58发现前方区间有车，采取非常制动措施后仍以68 km/h的速度与停留单机发生冲突。

【原因分析】

（1）机车乘务员未及时向车站汇报。×××××次单机的列车管防撞塞门与截断塞门间接头脱落，造成机车在区间非正常停车后，机车乘务员没有按规定先向就近车站汇报，没有及时与后方站、后续列车联控，而是先处理机车活件，耽误了时间，是事故发生的主要原因。

（2）机车乘务员业务不精、处理故障不及时。机车运行中发生故障非正常停车后，机车乘务员检查机车和处理故障时间过长，没有及时恢复正常运行，是事故发生的重要原因。

（3）机车乘务员未按规定防护。列车在区间停车后不能及时移动，没有按规定进行后部防护（短接轨道电路、拦截后续列车），也是造成事故的重要原因。

（4）规章制度落实不到位。在自动闭塞区间非正常停车没有按规定移动机车和向就近车站报告。

【经验教训】

（1）安全意识不牢。机车乘务员安全意识不牢，对运行途中非正常停车信息的报告十分不重视，日常作业中简化作业现象十分突出，特别是在山区车机联控方面，由于地理条件的影响，心理上存在“重监控、轻联控”的思想，认为只要 LKJ 不动作，车机联控不呼叫、不应答无关紧要，造成机车乘务员对车机联控标准的执行长期得不到提高。

（2）机车乘务员业务素质不高。×××××次单机运行途中发生列车管接头脱落，现象明显，故障处理简单（关闭防撞塞门即可），但是故障出现后，4 名乘务员均未及时处理，耽误时间，造成单机在区间停留时间过长，给事故埋下了隐患。暴露日常对职工的业务培训针对性不强，职工日常应急故障处理水平不高；未认真分析职工业务素质上存在的共性问题和关键问题，关键点排查分析不认真，职工业务帮教措施不具体，造成职工素质滑坡，应急故障处理能力低下。

（3）未严格落实作业标准。×××××次货物列车值乘司机运行中瞭望不彻底；×××××次机班作业中除不按规定联控外，机班还存在多个违章现象，如：单机区间停车不按规定进行防护、单机区间停车不按规定及时移动机车等，暴露出该机班作业标准不高的问题长期存在却没有得到有效的整治。

【案例 2】××××年×月×日，长沙电务段荣家湾信号工区信号工×××，未经联系要点，于 8:30 打开 12 号道岔变压器箱，用二极管封电缆端子，然后开始整理 12 号道岔变压器箱内配线。10:22 车站办理上行 4G 接车进路，12 号道岔转到反位，818 次列车随后进入 4G。10:42，车站办理昆明开往郑州的 324 次旅客列车ⅡG（经 12 号道岔定位）通过进路，控制台显示 12 号道岔定位和ⅡG 通过白色光带，进站信号机显示绿灯。10:48，本应从ⅡG 通过的 324 次列车经 12 号道岔反位进入 4G，与停在 4G 的 818 次发生追尾冲突，构成旅客列车特别重大事故。

【原因分析】长沙电务段荣家湾信号工区信号工×××当日在 12 号道岔变压器箱中整理配线作业时，瞒过车站值班员，将 12 号道岔 XB 变压器箱内 1 号端子电缆线甩开，致使 12 号道岔在反位时不向定位转动；又擅自使用二极管将 1、3 号端子封连，造成 12 号道岔定位假表示，破坏了 12 号道岔与 2 道通过信号的联锁关系。在 818 次列车进站后及发现 324 次旅客列车将要进站时，既不将二极管卸下，恢复 1 号端子电缆线，又不拦停列车，导致本应从 2 道通过的 324 次旅客列车进入 4 道，与停在该道的 818 次列车尾部相撞。

【经验教训】事故的发生反映了荣家湾信号工区现场作业失控，信号联锁设备缺乏有效的监测手段，当设备遭受人为破坏时，不能得到有效的监测。同时，也暴露出长沙电务段管理不严，防范不力。把投机取巧当成“经验”，缺乏基本的安全意识、责任意识和职业道德意识。在铁路交通中，不论身处何种岗位，安全责任无小事，要从思想认识上牢固树立安全第一的观念；要从技术手段上采取防范措施，最大限度地提高设备的监控水平，防止人为因素造成的事故；要从强化管理上加强现场作业控制，堵塞安全管理上的漏洞，切实落实各项安全措施；加强铁路治安保卫和安全重点部位的防范，严格关键工种的人员审查和把关，提高广大职工的政治敏锐性和警惕性，严防破坏，特别要警惕生产作业过程中的破坏。

工作任务 3.1 信号继电器认知与应用

3.1.1 工作任务

任务名称	信号继电器认知	工单号	
姓名		专业	
日期		班级	
拟完成工作任务： 正确识别不同类型的信号继电器，明确其工作原理及在铁路信号中的应用			
任务目标： 1. 知识目标： （1）熟悉继电器在信号系统中的作用及工作原理。 （2）了解继电器的分类及应用。 （3）掌握无极、有极、偏极、整流、交流二元继电器的特性。 2. 能力目标： 会识别不同型号的继电器。 3. 思政目标： （1）提高学生的安全意识。 （2）培养学生的细节意识			
学习重点：继电器的组成，工作原理			
学习难点：不同类型继电器的识别			
教学所需设备：无极继电器、有极继电器、偏极继电器、整流继电器及交流二元继电器等			

3.1.2 相关配套知识

知识点 1 继电器的组成

继电器是一种电磁开关，是实现自动控制和远程控制的逻辑部件。

继电器能以较小的电信号控制执行电路中的大功率设备，是自动控制和远程控制系统中常见的元器件，用于接通和断开电路、发布控制命令、反映设备状态以及进行逻辑运算，以构成自动控制和远程控制电路。

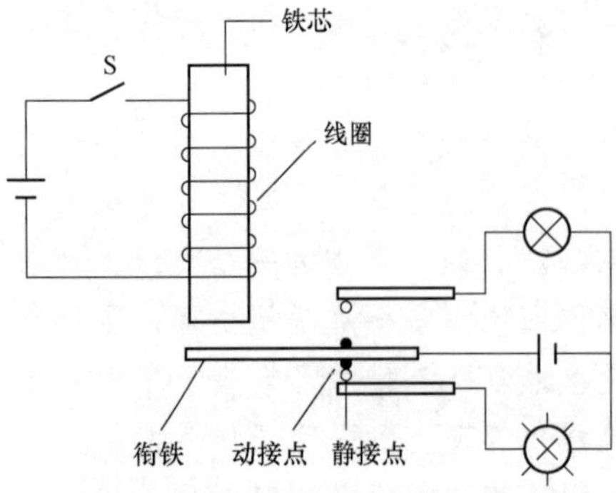

图 3-1 继电器的组成

继电器类型很多，但性能各不相同，结构形式多种多样，但都由电磁系统和接点系统两部分组成。电磁系统是继电器的感受机构，主要包括线圈、固定的铁芯和轭铁，以及可动的衔铁等；接点系统是继电器的执行机构，由动接点、静接点组成。继电器的组成如图 3-1 所示。

由衔铁带动的动接点（随衔铁一起动作的接点），与动合接点（常称为前接点）接通。此状态称为继电器励磁吸起（简称吸起）。

衔铁带动动接点与前接点断开，与动断接点（常称为后接点）接通。此状态称为继电器失磁落下（简称落下）。

知识点 2　继电器的工作原理

最简单的继电器是一个带接点的电磁铁，其动作原理也与电磁铁相似。当线圈中通以规定的电流后，在衔铁和铁芯之间就产生一定数量的磁通，该磁通经铁芯、衔铁、轭铁和气隙形成闭合磁路，铁芯对可动衔铁就产生了吸引力。吸引力的大小取决于所通电流的大小。

当电流增大到一定值，吸引力增大到能克服衔铁向铁芯运动的阻力时，衔铁就被吸向铁芯，继电器励磁吸起。当线圈中电流变小，直至消失时，吸引力随电流的减小而减小，继电器失磁落下。

继电器具有开关特性，通过接点接通或断开电路，用以发布控制命令和反映设备状态。

继电器具有继电特性，当继电器线圈输入量达到一定值时，输出量发生突变，继电器通过其接点接通电路，实现自动控制和远程控制。

综上所述，继电器原理总结如下：当线圈中通入规定的电流后，根据电磁原理，线圈中产生磁性，衔铁被吸引；当线圈中没有电流时，衔铁由于重力（或弹力）作用被释放。这样随着衔铁的动作，动接点与静接点接通或断开，从而连通了不同的电路，进而实现对其他设备的控制。

知识点 3　继电器的应用

继电器具有开关特性和继电特性，利用电磁原理对设备进行自动控制和远程控制，其控制对象可以是单个设备，也可以是多个设备，还可以是多个回路。继电器广泛应用于国民经济众多部门的生产过程控制和国防系统的自动化和远动化之中，也广泛应用于铁路信号的各个方面。

“故障—安全”原则是铁路信号设备必须遵循的原则，当系统任何部分发生故障时，应确保系统的输出导向安全状态。随着电子技术的迅速发展，电子器件尤其是计算机以其速度快、体积小、容量大、功能强等技术优势，在相当大程度上逐渐取代继电器构成自动控制和远程控制系统，使技术水平大大提高。但与电子器件相比，继电器仍存在一定优势，尤其是具有“故障—安全”性能。因此，不仅现在，而且在未来一定时期内，继电器在铁路信号领域仍将起着重要作用。

目前，在以继电技术构成的系统中，如继电集中联锁、继电半自动闭塞等，继电器起着核心作用，这些系统仍然大量存在，还将使用相当长的时期。而在以电子元件和微型计算机构成的系统中，如计算机联锁、多信息自动闭塞、通用机车信号、驼峰自动化等系统中，继电器作为其接口部件，将系统主机与信号机、轨道电路、转辙机等执行部件结合起来。

目前，铁路信号设备中继电器的应用主要表现在以下几个方面。

① 表示功能。利用不同继电器表示线路的占用和空闲、信号的开放和关闭、道岔是否在规定位置、区间是否闭塞等状态。例如，车站每组联锁道岔均设置定位表示继电器（DBJ）和反位表示继电器（FBJ），当有关继电器吸起时，表示该道岔在定位或在

反位，进而利用继电器接点接通控制台或显示屏的相关表示灯，并实现有关设备间的相互控制关系。

② 驱动功能。目前铁路信号设备中的主要被控对象是信号机和转辙机，不论车站是采用继电器联锁还是计算机联锁，均利用继电器控制相应设备。例如，车站的联锁道岔控制电路中设置有定位操纵继电器（DCJ）和反位操纵继电器（FCJ），当条件满足，有关继电器吸起时，能够驱动道岔向定位或反位转换。

③ 实现逻辑电路。在继电式车站联锁设备以及继电式区间半自动闭塞设备中，利用继电电路实现有关逻辑关系，以保证正线列车运行和车辆段内调车作业的安全。例如，在 6502 电气集中联锁电路中，完全利用继电电路判断道岔位置是否正确、进路是否空闲等条件，从而确定能否开放信号；信号开放后，利用继电电路锁闭与之相敌对的信号，并实时检查联锁条件，必要条件下及时关闭有关信号，保证行车安全。

知识点 4 继电器的分类

1. 按动作原理分类

按动作原理不同，继电器可分为电磁继电器和感应继电器。

① 电磁继电器：利用电流通过线圈产生的磁场来实现动作的继电器，铁路信号设备中使用的大多是这类继电器。

② 感应继电器：利用电流通过线圈产生的交变磁场与其翼板中的另一交变磁场所感应的电流相互作用，使翼板转动而动作的继电器，例如用于电化区段的 25 Hz 相敏轨道电路所使用的交流二元继电器即为感应继电器。

2. 按动作电流分类

按动作电流不同，继电器分为直流继电器和交流继电器。

① 直流继电器：由直流电源供电的继电器，大部分信号继电器都是直流继电器。

② 交流继电器：由交流电源供电的继电器，例如信号机点灯电路中用于监督信号机是否灭灯的灯丝继电器，用于信号机灯泡主、副灯丝转换的灯丝转换继电器等，均属于这类继电器。

3. 按动作时间分类

按动作时间不同，继电器分为正常动作继电器和缓动继电器。

① 正常动作继电器：衔铁动作时间为 0.1～0.3 s，大部分信号继电器属于此范围。

② 缓动继电器：包括缓吸和缓放两种，衔铁动作时间超过 0.3 s。

4. 按照输入物理量的物理性质分类

按输入量的物理性质不同，继电器分为电流继电器和电压继电器。

① 电流继电器：反映电流的变化，它的线圈必须串联在所反映的电路中。该电路中必有被反映的器件，如电动机绕组、信号灯泡等。

② 电压继电器：反映电压的变化，它的线圈励磁电路单独构成。

5. 按接点结构分类

按接点结构不同，继电器分为普通接点继电器和加强接点继电器。

① 普通接点继电器：具有开、断功率较小的接点的能力，可满足一般信号电路的要求，多数继电器为普通接点继电器。

② 加强接点继电器：具有开、断功率较大的接点的能力，可满足电压较高、电流较大的信号电路的要求。

6. 按工作可靠程度分类

按工作可靠程度不同，继电器分为安全型继电器和非安全型继电器。

① 安全型继电器（N 型）：靠自身结构满足系统的安全要求，依靠重力作用释放衔铁即能满足一切安全条件的继电器，即为安全型继电器。由于完全型继电器主要是依靠重力保证继电器落下，所以无须对其接点在电路中的工作状态进行监督检查。

② 非安全型继电器（C 型）：又称弹力式继电器，断电后依靠弹力保证继电器落下，因此必须监督检查接点在电路中的工作状态，才能保证安全条件。

知识点 5　认识常用的信号继电器

铁路信号系统大多使用安全型继电器，以确保设备具有“故障—安全”特性。安全型继电器一般为电磁继电器，可采用直流电，也可采用交流电，根据需要还可使继电器具有缓动功能。

无极继电器

1. 直流无极继电器

我国铁路信号系统中应用较多的继电器是 AX 系列继电器，其基本结构属于直流无极继电器，其他类型继电器由无极继电器派生而出。这种继电器使用直流电，继电器的动作与通入线圈的电流方向无关。

安全型直流无极继电器的外观如图 3-2 所示，其结构示意图如图 3-3 所示。安全型直流无极继电器由直流电磁系统和接点系统两大部分组成。电磁系统由铁芯、线圈、轭铁、衔铁等组成。线圈通电后产生磁场，衔铁吸起；线圈断电时依靠重力作用使衔铁可靠释放。接点系统包括拉杆和接点组，接点组分为静止的前接点、后接点和固定在拉杆上的动接点。接点的接通情况可以反映继电器的状态，用于控制其他设备。直流无极继电器一般共有 8 组接点，彼此独立，但是动作一致。

图 3-2　安全型直流无极继电器外观

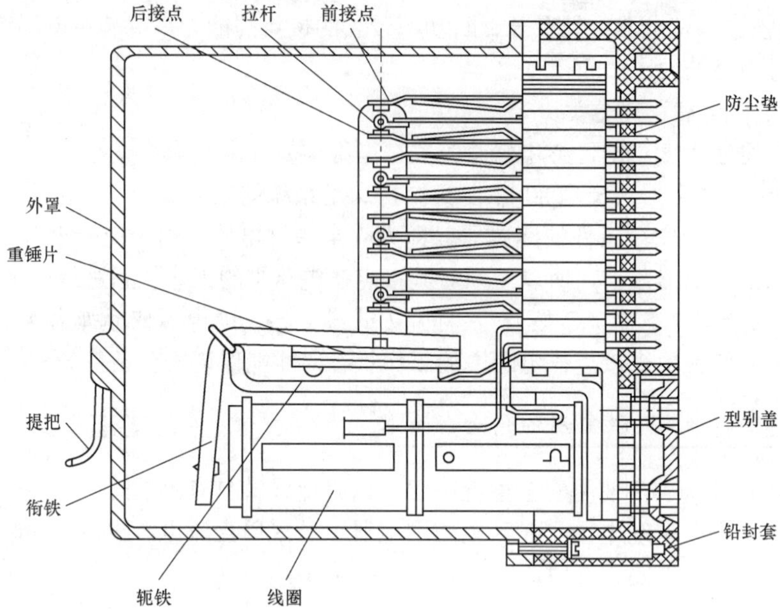

图 3–3 安全型直流无极继电器结构示意图

2. 整流式继电器

整流式继电器应用于交流电路中，其电磁系统、接点系统、动作原理与直流无极继电器相同，差别是在直流无极继电器的基础上增加了一个整流电路，一般采用 4 个二极管组成的桥式整流电路，将交流电源整流后输入继电器线圈。整流式继电器与无极继电器的外观对比如图 3–4 所示。

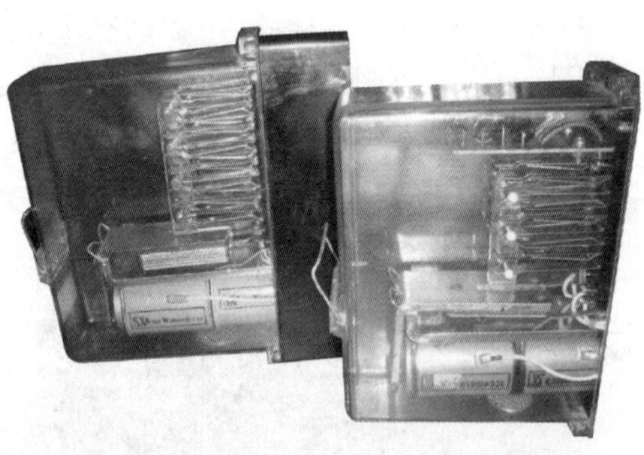

(a) 无极继电器　　(b) 整流式继电器

图 3–4 整流式继电器与无极继电器外观对比

整流式继电器的动作原理与无极继电器相同，但由于交流电源通过整流后动作，继电器在线圈中通入的是全波或半波脉动直流电，其中存在交变成分，会使电磁吸引力产生脉动，工作时会发出响声，从而给继电器的正常工作带来不利影响。

有极继电器

3. 有极继电器

有极继电器根据线圈中电流极性不同而具有定位和反位两种稳定状态，在线圈中电流消失后，这两种稳定状态仍能继续保持，故又称极性保持继电器。它的特点是电磁系统中增加了永久磁钢，用一块端部呈刃形的长条形永久磁钢代替无极继电器的部分轭铁，如图 3-5、图 3-6 所示。在线圈中通以规定极性的电流时，继电器吸起，断电后仍保持在吸起位置；通以反方向电流时，继电器落下，断电后保持在落下的位置。

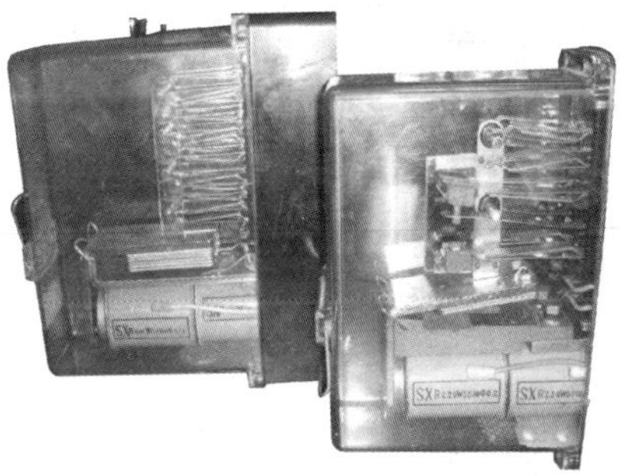
(a) 无极继电器　　(b) 有极继电器

图 3-5　有极继电器与无极继电器外观对比

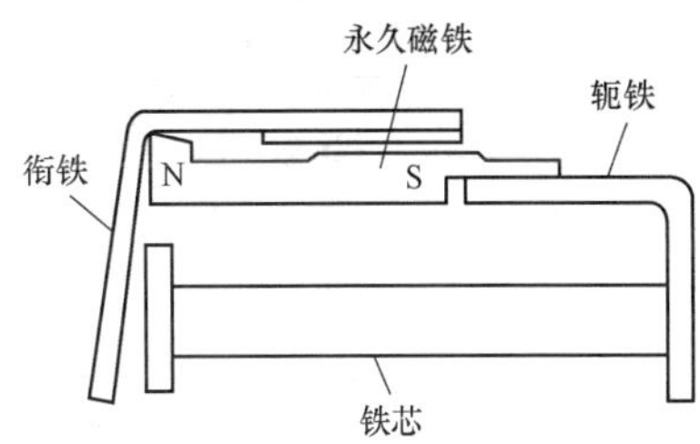

图 3-6　有极继电器电磁部分

4. 偏极继电器

偏极继电器是为了满足信号电路中鉴别电流极性的需要而设计的。它与无极继电器不同，衔铁的吸起与线圈中电流的极性有关，只有通过规定方向的电流时，衔铁才被吸起；电流方向与要求的方向相反时，衔铁不动作。它只有一种稳定状态，衔铁靠电磁力吸起，若断电立即落下。

偏极继电器

偏极继电器的两组线圈串联使用，接线方式与无极继电器相同。偏极继电器的接点系统与无极继电器完全相同，具有 8 组接点；偏极继电器的电磁系统与无极继电器基本相同，在方形极靴下方用两个螺钉固定永久磁钢，使衔铁处于极靴和永久磁钢之间，受永磁力的作用偏于落下位置，如图 3-7、图 3-8 所示。

(a) 无极继电器　　(b) 偏极继电器

图 3-7　偏极继电器与无极继电器外观对比

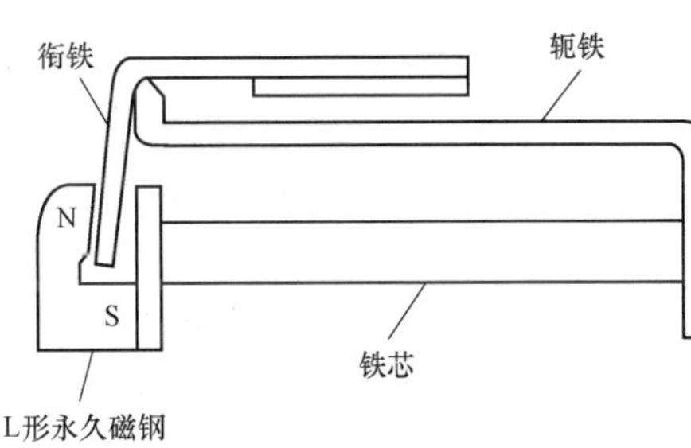

图 3-8　偏极继电器电磁部分

5. 交流二元继电器

交流二元继电器属于交流感应式继电器，具有两个既相互独立又相互作用的交变电磁系统，故称二元继电器，有吸起和落下两种状态。根据不同频率，交流二元继电器分为 25 Hz 和 50 Hz 两种。

交流二元继电器的外观如图 3-9 所示，其结构示意图如图 3-10 所示。它由电磁系统、翼板、接点等组成。交流二元继电器的电磁系统包括局部电磁系统和轨道电磁系统。局部电磁系统由局部线圈和局部铁芯组成，轨道电磁系统由轨道线圈和轨道铁芯组成。

图 3-9　交流二元继电器外观

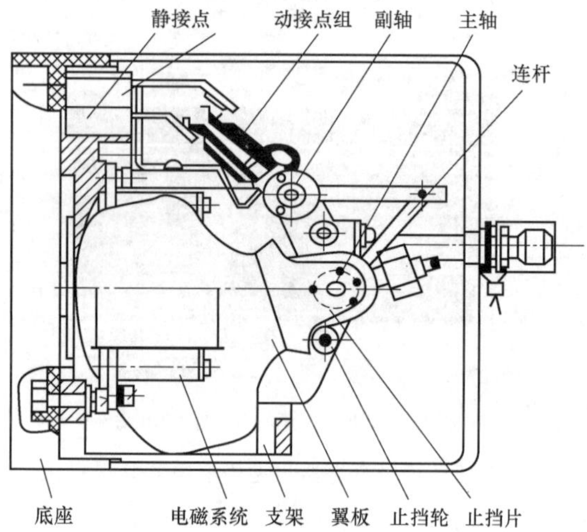

图 3-10　交流二元继电器结构示意图

交流二元继电器与前面介绍的继电器工作原理完全不同，只有在其局部线圈和轨道线圈中输入电流频率相同，且局部线圈中电流相位超前轨道线圈中电流相位 90° 时，翼板中才能产生正方向的转矩，接通前接点；其他情况下，翼板不产生转矩，继电器将保持在原来的位置不动作。交流二元继电器具有以下两个方面的特性。

① 频率选择特性。当交流二元继电器局部线圈中电流频率为 50 Hz 时，只有在轨道线圈接收到 50 Hz 电流时，继电器才可能动作；除此之外，翼板中平均转矩为零，继电器不动作。

② 相位选择特性。即使轨道线圈与局部线圈中的电流频率相同，继电器也并不一定吸起；只有局部线圈电流相位超前轨道线圈相位 0° ～180° 时，翼板中才产生正转矩，使继电器能够吸起。通过计算可知，当相位超前 90° 时，正转矩最大。

交流二元继电器应用于相敏轨道电路，它的这种“故障—安全”特性，不仅能够解决轨道电路轨端绝缘的破损防护问题，还能防止牵引电流及其他频率的干扰。通过计算可以知道，当轨道线圈的电流频率为局部线圈电流频率的 n 倍时，不论电压多高，翼板均不能产生转矩使继电器误动。

3.1.3　知识拓展

1. 继电器的名称符号。
2. 继电器的定位。
3. 继电器的图形符号。
4. 继电器型号表示法。
5. 继电器基本电流。

知识拓展

3.1.4　任务工单

<table>
<tr><td rowspan="2">任务名称</td><td rowspan="2">识别继电器的类型及内部结构</td><td>姓名</td><td></td></tr>
<tr><td>日期</td><td></td></tr>
</table>

1. 正确识别下列继电器类型。

继电器	类型

2. 指出下列继电器型号的含义。

继电器型号	含义

3. 标出图中继电器各组成部分的名称。

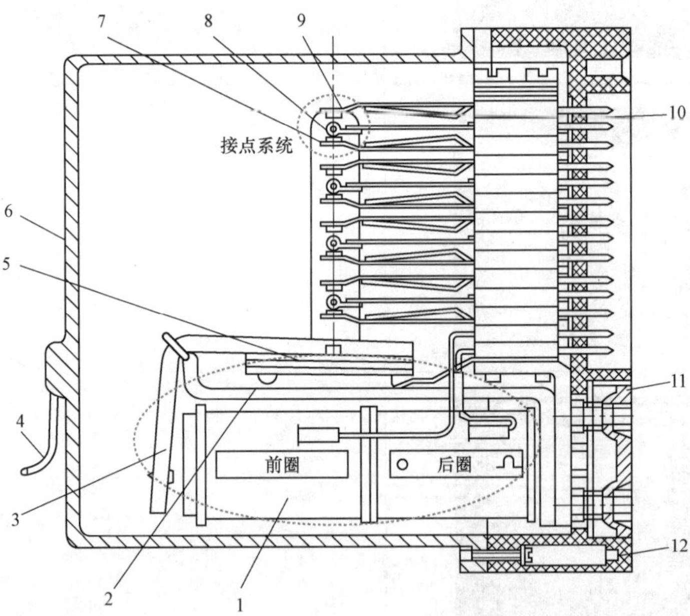

4. 向《新时代·铁路榜样》系列人物学习，讲出他们的故事，谈谈你的体会和认识。

操作中存在的问题及解决方法：				
项目	赋分	自评得分	互评得分	教师评分
正确理解知识	25			
业务分析处理方法得当	20			
表达清晰准确	20			
业务处理结果正确	35			
综合得分	（自评得分 10%，互评得分 30%，教师评分 60%）			

3.1.5　任务考核

一、填空题

（1）继电器是一种电磁开关，主要由_______和_______两大部分组成，电磁系统由_______、_______、_______及_______构成。

（2）继电器按工作可靠程度可分为_______和_______。

（3）安全型继电器是一种不对称器件，在故障情况下，使前接点闭合的概率，小于后接点闭合的概率。这样就可以用________接点代表危险侧信息，用_______接点代表安全侧信息。

二、选择题

（1）下列哪一项属于有极继电器特有的工作特性（　　）。

A. 极性保持性　　B. 频率选择性

C. 相位选择性　　D. 故障—安全性

（2）偏极继电器是为了满足信号电路中鉴别（　　）的需要而设计的。

A. 电路通断　　B. 电流强弱

C. 电流频率　　D. 电流极性

（3）继电器接点编号 142 中的百位 1 的含义是（　　）。

A. 第 1 组接点　　B. 前接点

C. 后接点　　D. 有极继电器

三、简答题

（1）简述继电器的组成。

（2）什么是安全型继电器？

（3）简述继电器在铁路信号中的作用。

（4）简述继电器的工作原理。

（5）简述有极继电器、偏极继电器、整流式继电器与无极继电器在结构和工作特性方面的不同。

（6）写出以下安全型信号继电器的型号：

① JWXC－1000 ② JWJXC－H$\frac{125}{80}$ ③ JYJXC－$\frac{135}{220}$ ④ JZXC－480

工作任务 3.2 轨道电路认知与应用

3.2.1 工作任务

<table>
<tr><td>任务名称</td><td>认识轨道电路及其工作状态</td><td>工单号</td><td></td></tr>
<tr><td>姓名</td><td></td><td>专业</td><td></td></tr>
<tr><td>日期</td><td></td><td>班级</td><td></td></tr>
<tr><td colspan="4">拟完成工作任务：
在控制台或显示器上，根据界面显示正确识别轨道电路的状态，合理建立进路，指示和监督列车运行</td></tr>
<tr><td colspan="4">任务目标：
1. 知识目标：
（1）了解轨道电路的基本结构，掌握轨道电路的工作原理。
（2）理解轨道电路的作用。
（3）掌握轨道电路的划分原则及命名。
（4）理解轨道电路常见故障的原因及对车站作业的影响。
2. 能力目标：
（1）能识别轨道电路室内外各组成部件，并知道各部件的作用及工作原理。
（2）会根据控制台、显示器的显示正确地识别轨道电路状态。
3. 思政目标：
（1）树立安全意识。
（2）培养学生遵章守纪和刻苦务实、认真负责的职业精神</td></tr>
<tr><td colspan="4">学习重点：轨道电路的工作原理、常见故障</td></tr>
<tr><td colspan="4">学习难点：轨道电路工作状态的正确识别</td></tr>
<tr><td colspan="4">教学所需设备：轨道电路，6502 仿真控制台，以及包含铁路车站的教学沙盘</td></tr>
</table>

3.2.2 相关配套知识

轨道电路是由钢轨作为导体，两端加上机械绝缘（或电气绝缘），接上送电和受电设备构成的电路。轨道电路是实现铁路信号设备自动化、现代化的重要基础设施。图 3-11 为轨道电路实物图。

图 3－11　轨道电路实物图

知识点 1　轨道电路的组成

轨道电路的组成示意图如图 3－12 所示。

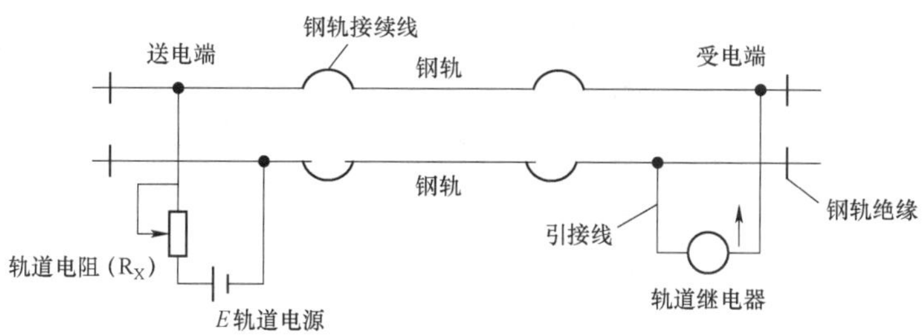

图 3－12　轨道电路的组成示意图

1. 钢轨与钢轨接续线

在轨道电路中，两条钢轨是传输轨道电流的导体，每两条钢轨接头处，用钢轨接续线连接，可以减少钢轨与钢轨夹板间的接触电阻。目前，现场运用最广泛的是塞钉式钢轨接续线，如图 3－13 所示。引接线用于送电设备、受电设备与钢轨的连接，如图 3－14 所示。

图 3－13　钢轨与钢轨接续线

图 3-14 引接线

2. 钢轨绝缘

如图 3-15 所示，钢轨绝缘安装在相邻两个轨道电路衔接处，以保证相邻轨道电路在电气上的可靠隔离。钢轨绝缘多采用机械强度高、绝缘性能好的材料，在钢轨与夹板间垫有槽形绝缘板，夹板螺栓与夹板之间装有绝缘套管和绝缘垫圈。在两根钢轨衔接的断面间还夹有与钢轨断面相同的轨端绝缘。

图 3-15 钢轨绝缘

按照有关要求，道岔区段设置于警冲标内方的钢轨绝缘，其安装位置距离警冲标不得小于 3.5 m。当不得已钢轨绝缘只能设置于警冲标内方小于 3.5 m 处时，则构成了“侵限绝缘”，又称为“超限绝缘”，如图 3-16 所示。侵限绝缘的存在影响有关信号、道岔、轨道电路的联锁关系，有关工作人员，如调车人员、车站操作人员、信号维修人员等，应熟悉现场侵限绝缘位置，当涉及侵限绝缘的作业时，应严格执行有关规定，避免由于停车位置不当造成行车事故或影响列车运行。

图 3-16 侵限绝缘

3. 送电设备

轨道电路的送电设备可以是轨道电源，用于向轨道电路供电；也可以是能够发送一定信息的电子设备，通过轨道电路向列车传递行车信息。

4. 受电设备

轨道电路的受电设备可以是轨道继电器，用于反映轨道电路范围内有无列车、车辆占用和钢轨是否完整；或者当轨道电路中包含有控制信息时，轨道电路的受电设备也可以是能够接收并鉴别电流特性的电子设备，能够根据接收到的不同特性的电流，使有关继电器动作。

5. 轨道电阻（又称限流电阻）

轨道电阻是一个可调电阻器，连接在轨道电路电源端，用来调整轨道电路的电压。等轨道电路被列车、车辆的轮对分路时，能够防止输出电流过大而损坏电源。

知识点 2　轨道电路工作原理

轨道电路有三种工作状态：调整状态、分路状态、断轨状态。

轨道电路的工作原理

1. 调整状态

当轨道电路设备、线路完好，又没有列车、车辆占用时，轨道电路的电流从轨道电源正极经钢轨、轨道继电器线圈回到负极而构成闭合回路，继电器处于吸起状态，表示轨道区段内无车占用，此状态称为轨道电路的调整状态，如图 3–17 所示。

调整状态下的最不利工作条件是：道砟电阻最小、钢轨阻抗最大、电源电压最低，同时轨道电路长度为极限长度。在最不利条件下，轨道电路接收设备应能可靠工作，反映轨道电路的空闲状态。

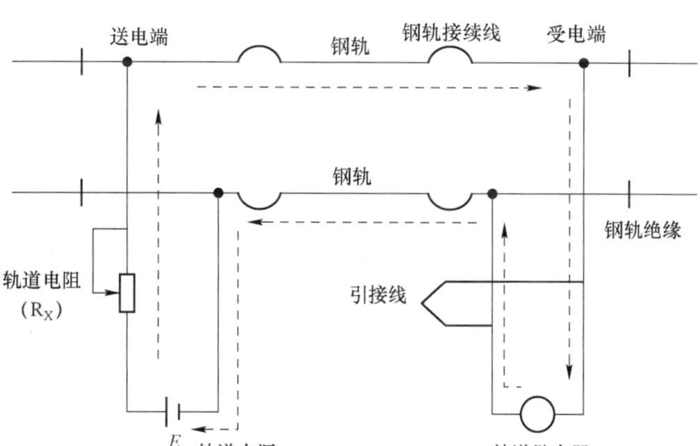

图 3–17　轨道电路的调整状态

2. 分路状态

当轨道电路设备、线路完好，但是有列车、车辆占用时，因为车辆的轮对电阻比轨道继电器线圈电阻小，所以轨道电路被轮对分路后，流经轨道继电器线圈的电流急剧变小，不足以使衔铁保持吸起状态，致使轨道继电器失磁落下，表示轨道区段有车占用，此状态称为轨道电路的分路状态，如图 3–18 所示。

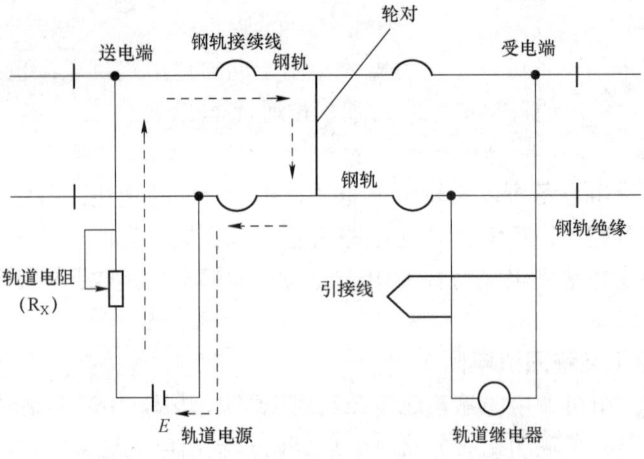

图 3-18 轨道电路的分路状态

分路状态下的最不利工作条件是：道砟电阻最大、钢轨阻抗最小、电源电压最高、列车分路电阻也最大（车轻、轮对少、轮对与钢轨接触面不洁）。在最不利条件下，轨道电路接收设备应能可靠停止工作，反映轨道电路区段有车占用。

3. 断轨状态

当轨道区段内发生轨道或线路断裂时，流经轨道继电器的电流中断，使继电器失磁落下，此状态称为轨道电路的断轨状态，如图 3-19 所示。

断轨状态下的最不利工作条件是：断轨时轨道电路的参数变化使轨道接收设备中获得最大电流。它除了与钢轨阻抗最小、发送电压最大有关外，断轨地点和道砟电阻的大小也有一定影响，存在一个使接收设备中电流最大的最不利数值——临界断轨点和临界道砟电阻。

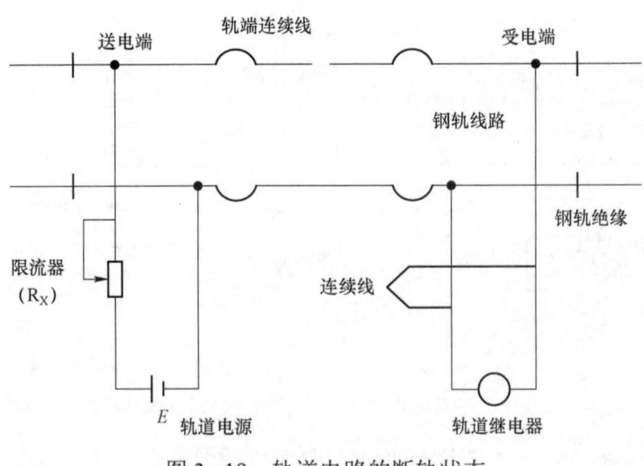

图 3-19 轨道电路的断轨状态

知识点 3 轨道电路的作用

1. 监督列车占用

利用轨道电路监督列车、调车车列在站内及区间的占用，是最常用的方法。当站内轨道电路处于调整状态时，车站控制台上相应轨道区段光带熄灭，办理好进路时显示“白光带”；当轨道电路处于分路状态或断轨状态时，控制台上相应轨道区段显示“红光带”。

利用轨道电路反映线路是否空闲，轨道继电器的接点既可作为开放信号、建立进路、构成闭塞等的控制条件，又可用于实现信号开放后随着列车、调车车列的运行而自动关闭，从而把信号显示、线路状态、列车及调车车列位置结合起来。

2. 传递行车信息

在区间轨道电路中，根据前行列车的位置而传输不同频率的信息以控制通过信号机显示，并传输至机车上控制机车信号显示。随着信号设备的进一步发展，行车信息中还会包括运行前方线路条件、当前允许运行速度、列车运行目标速度等，为利用设备控制列车运行提供了支持。

知识点 4　轨道电路的分类

1. 按动作电源分类

根据动作电源不同，轨道电路分为直流轨道电路和交流轨道电路。

直流轨道电路一般采用蓄电池浮充供电方式，目前已很少使用。

目前使用的交流轨道电路种类很多，除站内常用的 50 Hz 轨道电路、应用于电气化区段的 25 Hz 相敏轨道电路外，还有应用于区间的国产移频轨道电路、UM71 轨道电路、ZPW−2000A 轨道电路等。

轨道电路的类型

2. 按工作方式分类

根据工作方式不同，轨道电路分为闭路式轨道电路和开路式轨道电路。

① 闭路式轨道电路：平时构成回路，轨道继电器保持吸起状态，利用轨道继电器的落下及时反映轨道区段车列占用情况，以及是否发生了断轨、断线故障。

② 开路式轨道电路：平时处于开路状态，有车占用时通过车辆轮对构成回路，使继电器吸起。开路式轨道电路的缺点是不能进行断轨检查，而且断轨后即使有车占用轨道，继电器也不能可靠吸起，不符合“故障—安全”原则。除特殊位置外，此类轨道电路已基本不用。开路式轨道电路如图 3−20 所示。

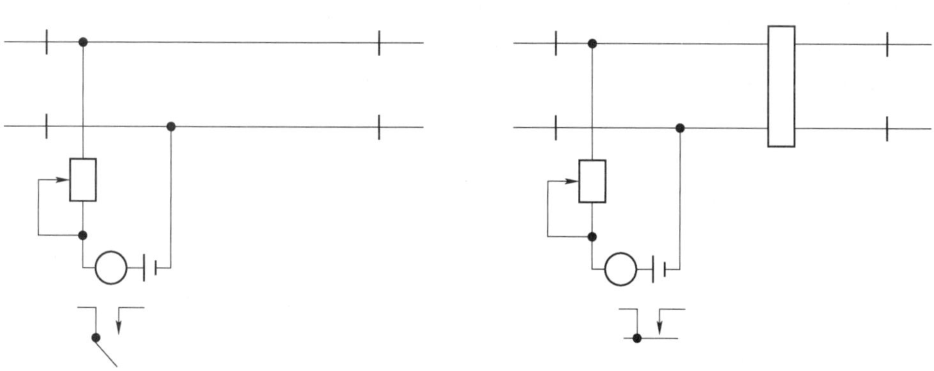

(a) 调整状态　　(b) 分路状态

图 3−20　开路式轨道电路

3. 按分割方式分类

根据分割方式不同，轨道电路分为有绝缘轨道电路和无绝缘轨道电路。

① 有绝缘轨道电路：利用钢轨绝缘将相邻的轨道电路相互隔离。

② 无绝缘轨道电路：应用于无缝线路，目前国内采用谐振方式实现相邻轨道电路间的隔离。ZPW-2000A 是国内应用比较广泛的无绝缘轨道电路。

4. 按使用处所分类

根据使用处所不同，轨道电路分为站内轨道电路和区间轨道电路。

① 站内轨道电路：用于车站内，主要用于监督轨道区段是否空闲，一般不发送控制信息。站内轨道电路分为无岔区段轨道电路和道岔区段轨道电路。道岔区段轨道电路见拓展知识。

② 区间轨道电路：主要用于自动闭塞区段，不仅监督区间是否空闲，而且能够传输包含有信号显示、线路状态、限制速度等内容的信息。

知识点5 轨道电路区段的划分原则

轨道电路之间利用钢轨绝缘把两个轨道电路划分为互不干扰的独立电路单元，称为轨道电路区段。其划分原则如下：

① 凡有信号机的地方，均装设钢轨绝缘，将信号机的内、外方划分为不同区段。

② 凡能平行运行的进路，其间应设钢轨绝缘，例如渡线道岔上的钢轨绝缘。

③ 在一个轨道电路区段内包含的道岔原则上不应超过三组。

④ 为了提高咽喉区的使用效率，应将轨道区段适当划短，使道岔区段能及时解锁，以便允许办理其他进路。

知识点6 轨道电路的命名

1. 道岔区段的轨道电路命名

道岔区段轨道电路根据所包含的道岔名称来命名，分以下 3 种情况。

轨道电路区段的命名

① 包含一组道岔：以道岔名命名，如图 3-21 中包含 1 号道岔的轨道电路区段为 1DG。

② 包含两组道岔：以两个道岔名命名，如图 3-21 中包含 15 号、17 号道岔的轨道电路区段名称为 15-17DG。

③ 包含三组道岔：当轨道区段中包含三组道岔时，取其中最大和最小道岔号命名，如图 3-21 中包含 11 号、23 号、27 号道岔的道岔区段名称为 11-27DG。

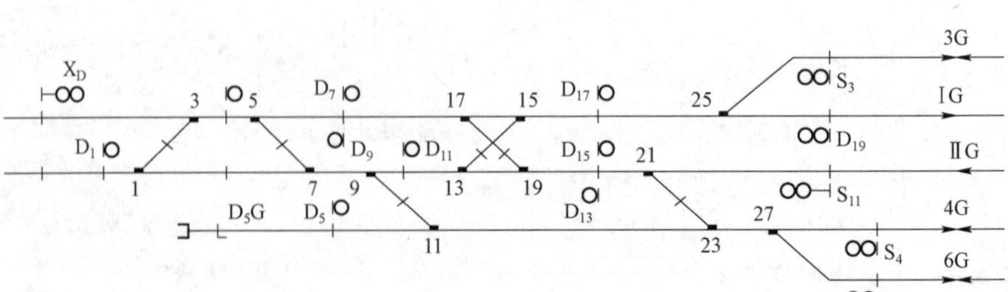

图 3-21 道岔区段轨道电路示例

2. 无岔区段的轨道电路命名

车站咽喉区内不包含道岔的轨道电路称为无岔区段轨道电路，主要有以下几种命名方式。

① 进站口、出站口处的无岔区段。根据衔接的股道编号加上 AG（下行咽喉）或 BG（上行咽喉）表示，例如图 3-21 中站界内方的无岔区段为ⅡAG。

② 牵出线、机待线等处调车信号机外方的接近区段。在调车信号机名称后加 G 表示，例如图 3-21 中牵出线 D_5 信号机前方的轨道电路为 D_5G。

③ 位于咽喉区的无岔区段，以两端道岔编号写成分数形式加 WG 表示，例如附图 1 中 D5 与 D15 间的无岔区段为 1/15 WG。

④ 半自动闭塞进站信号机外方的接近区段，以进站信号机名称加 JG 表示，例如附图 1 中进站信号机 X_D 外方的接近区段为 X_DJG。

除上述外，股道轨道电路以股道编号命名，例如图 3-21 中的 3G、IG、ⅡG。

知识点 7　轨道电路常见故障

1. 红光带故障

红光带故障是指轨道区段没有列车（车辆）占用时，在控制台或显示器相对应的区段显示红色光带。造成红光带故障的主要原因如下：

① 钢轨接头连接和固定的螺栓松动，导致绝缘损坏。

② 电气绝缘材质老化，造成轨道电路短路。

③ 不良天气等，使得道床泄漏电流超标。

④ 轨道电路有断线或断轨情况等。

由于显示红光带相当于车站或区间有列车占用，因此，红光带故障发生后会影响车站及区间的行车工作效率。故障区间的行车安全完全需要人工来进行保障，相关工作人员必须按照非正常情况下的行车作业办法组织开行列车。

2. 分路不良

分路不良故障指的是轨道区段有车占用时，有关轨道继电器吸磁不落下，控制台或显示器相对应的区段不显示红光带。造成分路不良故障的主要原因有轨道电路本身到“分路状态最不利条件”，即分路电阻大于标准分路电阻、钢轨面生锈、钢轨面不洁、轻车等。

分路不良对车站作业安全的影响较大。由于不能利用轨道继电器检查出轨道区段有车占用，因此会使得区段联锁关系失效，直接危及行车安全。具体危害如下：

① 列车驶入区段，控制台或显示器相对应区段无红光带显示，极易造成该区段无车假象，从设备上无法保证后续列车检测到前方轨道区段有列车占用，从而导致后续列车驶入故障区段，与前行列车发生追尾事故；

② 若分路不良区段为岔区，则当后续列车接近时，系统将可能自动扳动道岔，排列进路，造成道岔上的列车脱轨或颠覆。

因此，发生轨道电路分路不良故障时，要立即停止作业，及时上报相关部门进行检查确认。相关作业人员必须按照非正常情况下的作业办法确认列车位置，锁闭相关道岔，确保办理列车作业和调车作业的安全。

分路不良也会影响车站的作业效率。由于不能可靠地分路有关轨道区段，造成列车出清轨道区段过程中，进路不能正常解锁，控制台遗留有白光带，需人工操作才能解锁有关区段；在区间内，造成车次号丢失，通过车站计算机或调度终端不能监控列车的运行状态。

3.2.3 知识拓展

1. 钢轨绝缘节的设置。
2. 道岔区段的轨道电路。
3. 极性交叉。

知识拓展

3.2.4 相关规范、规程与标准

1.《铁路技术管理规程（普速铁路部分）》相关规定
2.《铁路技术管理规程（高速铁路部分）》相关规定

相关规范、规程与标准

3.2.5 任务工单

<table>
<tr><td rowspan="2">任务名称</td><td rowspan="2">认识轨道电路及其工作状态</td><td>姓名</td><td></td></tr>
<tr><td>日期</td><td></td></tr>
<tr><td colspan="4">操作方法：
（1）现场识别各轨道电路区段及其室内外组成部件。
（2）通过控制台或显示器的显示判定轨道电路区段的占用、空闲、故障状态，合理建立进路，指示和监督列车运行。
（3）讨论轨道电路出现故障时会对列车运行带来什么影响。
（4）向《新时代·铁路榜样》系列人物学习，讲出他们的故事，谈谈你对新时期铁路精神的认识</td></tr>
<tr><td colspan="4">操作中存在的问题及解决方法：</td></tr>
</table>

项目	赋分	自评得分	互评得分	教师评分
正确理解知识	25			
业务分析处理方法得当	20			
表达清晰准确	20			
业务处理结果正确	35			
综合得分	（自评得分 10%，互评得分 30%，教师评分 60%）			

3.2.6　任务考核

一、选择题

（1）侵限绝缘节是指（　　）。

A. 绝缘节距警冲标的距离大于 4 m

B. 绝缘节距警冲标的距离小于 3.5 m

C. 两根钢轨的绝缘节不在同一坐标处

D. 绝缘节与信号机不在同一坐标处

（2）轨道电路有调整状态、（　　）状态、断轨状态三种。

A. 开路　　B. 断路　　C. 短路　　D. 分路

（3）轨道电路的作用有（　　）。

A. 列车占用检查　　B. 传输行车信息

C. 断轨检测　　D. 带动道岔动作

（4）轨道电路区段无车占用，轨道继电器落下（开路式）或吸起（闭路式），轨道电路这种状态就是（　　）状态。

A. 调整　　B. 开路　　C. 分路　　D. 短路

（5）（　　）安装在相邻两个轨道电路衔接处，以保证相邻轨道电路在电气上的可靠隔离。

A. 钢轨绝缘　　B. 轨道电阻　　C. 引接线　　D. 接续线

（6）轨道电路按工作方式可分为（　　）。

A. 有绝缘轨道电路　　B. 开路式轨道电路

C. 无绝缘轨道电路　　D. 闭路式轨道电路

二、判断题

（1）极性交叉是轨道电路的分路不良故障的防护措施之一。（　　）

（2）“红光带”故障主要影响车站及区间的行车效率。（　　）

（3）轨道电路的工作原理是：轨道区段有车 GJ 吸起，无车 GJ 落下，断轨 GJ 落下。（　　）

（4）分路不良故障指轨道区段有车占用时，有关轨道继电器不落下，控制台或显示器相对应的区段不显示红光带。（　　）

（5）轨道电路空闲时，设备完整，轨道继电器可靠地工作，我们称轨道电路的这种状态为分路状态。（　　）

（6）轨道电路的基本工作主要受道砟电阻、钢轨阻抗、电源电压等因素的影响最大。（　　）

三、简答题

（1）简述轨道电路的工作原理。

（2）绘图说明轨道电路的组成，在图中标注各组成部分。

（3）轨道电路的作用是什么？

（4）站内轨道电路区段的划分原则是什么？

（5）简要说明轨道电路的“红光带”及“分路不良”故障对行车的影响。

（6）何为超限绝缘？

（7）何为极性交叉？

工作任务 3.3 转辙机认知与应用

3.3.1 工作任务

<table>
<tr><td>任务名称</td><td>认识和操作转辙机</td><td>工单号</td><td></td></tr>
<tr><td>姓名</td><td></td><td>专业</td><td></td></tr>
<tr><td>日期</td><td></td><td>班级</td><td></td></tr>
<tr><td colspan="4">拟完成工作任务：
根据道岔状态表示灯颜色正确判断道岔所处位置，熟练运用道岔的各种操纵方式。</td></tr>
<tr><td colspan="4">任务目标：
1. 知识目标：
（1）掌握转辙机的作用和基本要求。
（2）熟悉转辙机的操纵方法。
（3）掌握控制台或显示器上道岔的表示状态。
2. 能力目标：
（1）正确识别现场道岔位置及控制台或显示器上道岔的表示状态。
（2）能识别转辙机的各部件，并能手动操作转辙机转换道岔位置。
3. 思政目标：
（1）培养学生的安全意识和团队合作精神。
（2）培养学生的规范意识和动手能力</td></tr>
<tr><td colspan="4">学习重点：转辙机的作用和基本要求</td></tr>
<tr><td colspan="4">学习难点：转辙机各部件的识别及手动操作转辙机转换道岔位置</td></tr>
<tr><td colspan="4">教学所需设备：ZD_6 型转辙机实物、6502 仿真控制台，以及包含铁路车站的教学沙盘</td></tr>
</table>

3.3.2 相关配套知识

知识点 1 道岔的定义

道岔是机车车辆从一股道转入或越过另一股道的线路设备，是轨道的一个重要组成部分。由于道岔具有数量多、构造复杂、使用寿命短、限制列车速度、行车安全性低、养护维修投入大等特点，因而是轨道的三大薄弱环节之一。

道岔

知识点 2 道岔的结构

道岔由转辙部分、连接部分和辙叉部分组成，图 3-22 为普通单开道岔的基本结构。

1. 转辙部分

由尖轨、基本轨、连接零件（包括连接杆、垫板、滑床板、轨撑、顶铁、尖轨根端结构等）及转辙机械组成。操作转撤机械，可改变尖轨位置，设定道岔开通方向。

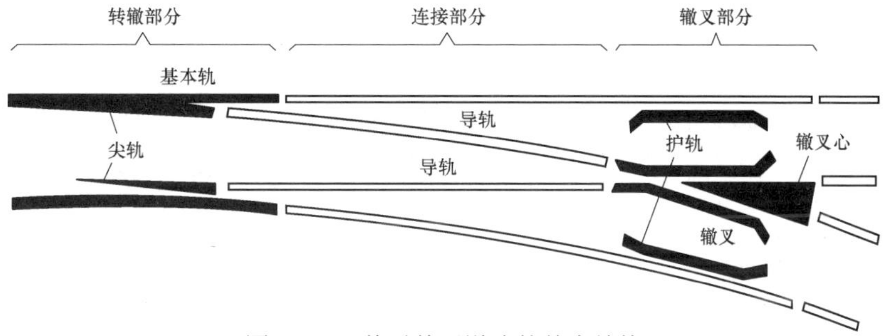

图 3-22　普通单开道岔的基本结构

2. 连接部分

由两根曲线导轨、两根基本轨组成，其作用是将转辙部分和辙叉部分连接在一起成为完整的道岔。

3. 辙叉部分

由辙叉心、翼轨、护轨等组成，其作用是保证车轮安全通过两股轨线的交叉处。

单开道岔实物图如图 3-23 所示，它有两根可以移动的尖轨（1），尖轨的外侧是两根固定的基本轨（2），与尖轨和基本轨相连接的是四根合拢轨，其中两根合拢轨（3）是直的，两根合拢轨（4）是弯的，与内侧合拢轨相连的是辙叉，由两根翼轨（5），一个岔心（6），两根护轨（7）组成，护轨、翼轨是为了固定车轮运行方向的，如图 3-24 所示。

图 3-23　单开道岔实物图

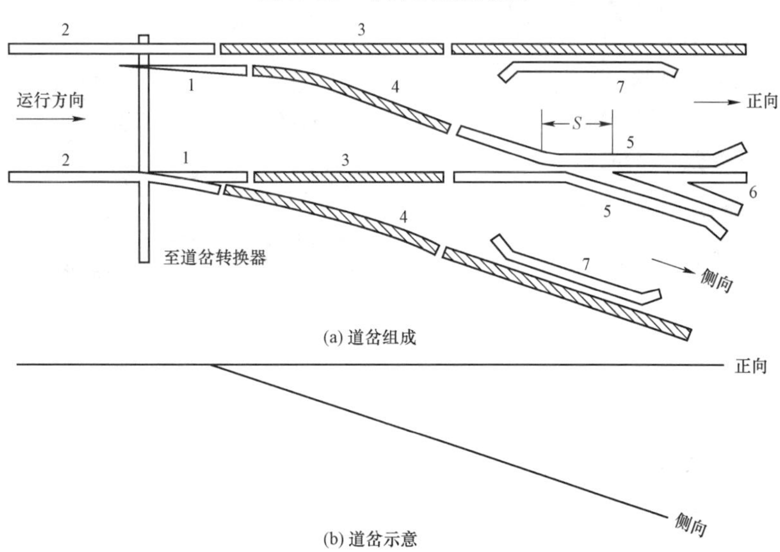

图 3-24　普通单开道岔的组成

知识点3 道岔的位置

道岔有两根可以移动的尖轨，一根密贴于基本轨，另一根离开另一基本轨。如果同时改变两根尖轨的位置，则原来密贴的分离，原来分离的密贴。可见，道岔有可以改变的两个位置。

改变道岔的位置是通过转辙机或人手扳动尖轨改变其与基本轨的相对位置，以达到改变列车运行方向的目的。通常把道岔经常所处的位置叫作定位，根据需要临时改变的位置称为反位。开通定位时，左侧尖轨密贴基本轨，右侧尖轨与基本轨有空隙，如图 3–25、图 3–26 所示；开通反位时，右侧尖轨密贴基本轨，左侧尖轨与基本轨有空隙，如图 3–27、图 3–28 所示。

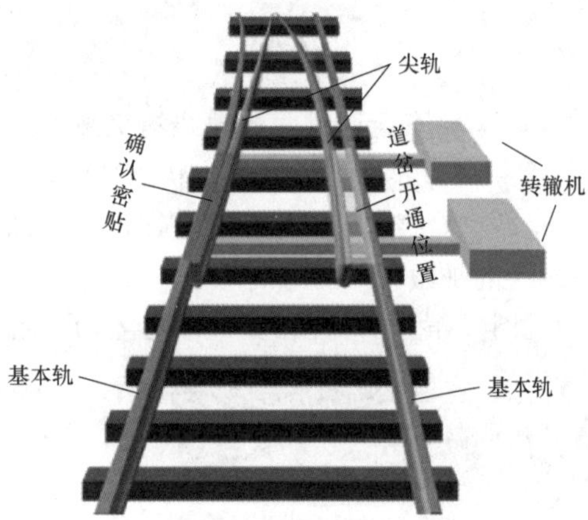

图 3–25 道岔定位示意图

图 3–26 道岔定位实物图

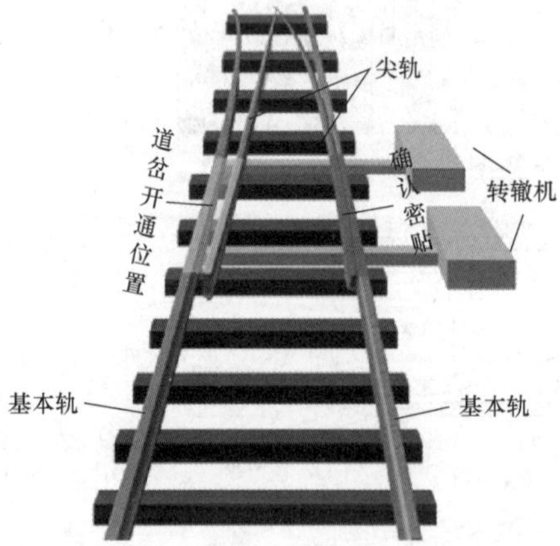

图 3–27 道岔反位示意图

图 3–28 道岔反位实物图

知识点4 道岔的分类

1. 按道岔的辙叉号分类

辙叉心所形成的角叫作辙叉角。道岔号数（N）是代表道岔各部主要尺寸的，习惯上用辙叉角（α）的余切值表示，即 $N=\cot\alpha=FE/AE$，如图 3–29 所示。

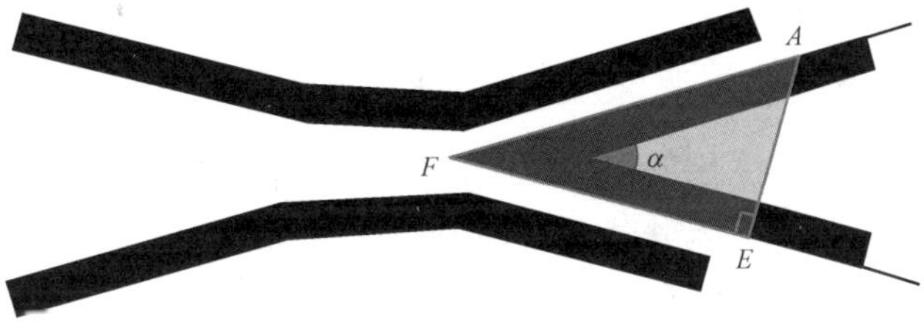

图 3–29　道岔号数计算示意图

由此可见，道岔号数与辙叉角成反比关系。α角越小，N越大，导轨半径也越大，机车车辆通过道岔时越平稳，允许的过岔速度也就越高。所以采用大号码道岔对于列车运行是有利的。

目前，在我国铁路的主要线路上大多使用 9、12、18、38 号四个型号道岔，它们所允许的侧向通过速度分别为 30 km/h、45 km/h、80 km/h，140 km/h。驼峰场用 6 号道岔。

2. 按列车运行方向分类

道岔本身并无顺向和对向之分。根据列车运行方向，当列车迎着道岔尖轨运行时，该道岔就叫对向道岔；反之，列车顺着道岔尖轨运行时，就叫顺向道岔。对向道岔与顺向道岔如图 3–30 所示。

图 3–30　对向道岔与顺向道岔

对向道岔和顺向道岔的不安全因素是不一样的。当列车迎着岔尖运行时，如果道岔位置扳错了，则列车就被接到另一条线路上去了。如果这条线路已停有车辆，就会造成列车冲撞。另外，道岔位置虽然对，但其尖轨与基本轨不密贴（即状态不良），则车轮轮缘有可能将密贴的一根尖轨挤开，造成“四开”，从而造成列车脱轨，甚至引起列车颠覆事故。

当列车顺着岔尖运行（即从辙叉方向开来），这时道岔位置如果不对，车轮轮缘可以从尖轨与基本轨之间挤进去，并推动另一根尖轨靠近基本轨。发生这种情况，叫“挤岔”。挤岔时有可能使道岔和道岔转换器遭到损伤。但应当指出，同一组道岔，根据经过它的列车运行方向不同，有的是对向的，有的却是顺向的。

3. 按照道岔转换时的控制方式分类

当按压一个道岔动作按钮（电动道岔的操纵元件）时，如果仅能使一组道岔转换，则称该道岔为单动道岔；如果按压一个道岔动作按钮能使两组道岔同时或顺序转换，则称为双动道岔。双动道岔有时也称为联动道岔。很明显，使用双动道岔，不但手续简化，而且设备也简单了。在图 3–31 中，1 号道岔为单动道岔，3/5 号道岔为双动道岔。

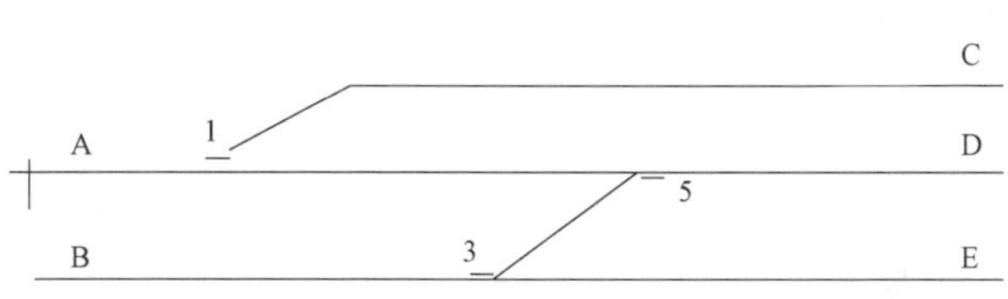

图 3–31　单动道岔与双动道岔

知识点5 转辙机的作用和基本要求

转辙机概述

转辙机是重要的信号基础设备，用于实现对道岔的转换和锁闭，是直接关系行车安全的关键设备。由转辙机转换和锁闭道岔，易于集中操纵、实现自动化，对于保证行车安全、提高运输效率、改善行车人员的劳动强度起着非常重要的作用。

1. 转辙机的作用

在集中联锁设备中，转辙机的作用是接收到命令后带动道岔转换。其主要功能为转换道岔、锁闭道岔尖轨、表示道岔所在位置，具体作用表现为：

① 根据操作要求，将道岔转换至定位或反位。

② 道岔转换至规定位置而且密贴后，自动实行机械锁闭，防止外力改变道岔位置。

③ 当道岔尖轨与基本轨密贴后，正确反映道岔位置，并给出相应表示。

④ 道岔被挤或因故处于“四开”位置时，及时给出报警。

2. 对转辙机的基本要求

① 作为转换器，应具有足够大的拉力，以带动尖轨做直线往返运动；当尖轨受阻不能转换到底时，应随时通过操作使尖轨回复原位。

② 作为锁闭器，当尖轨和基本轨不密贴时，不应进行锁闭；一旦锁闭，则不会由于车辆通过道岔时的振动而错误解锁。

③ 作为监督器，应能正确反映道岔的状态。

④ 道岔被挤后，在未修复前不应再使道岔转换。

知识点6 转辙机的分类

转辙机的类型 1　转辙机的类型 2

我国目前使用的转辙机主要有：ZD_6 系列、S700K 型、ZY 系列、$ZD(J)_9$ 系列、ZK 系列等。

1. 按动作能源和传动方式分类

按动作能源和传动方式分类，转辙机分为电动转辙机、电动液压转辙机、电空转辙机。

① 电动转辙机：由电动机提供动力，采用机械传动方式，例如 ZD_6 型电动转辙机。

② 电动液压转辙机：由电动机提供动力，采用液压传动方式，简称电液转辙机，例如 ZYJ_7 型电液转辙机。

③ 电空转辙机：以压缩空气为动力，由电磁换向阀控制，主要用于驼峰分路道岔。例如 ZK_4 型电空转辙机。

2. 按供电电源分类

按供电电源分类，转辙机分为直流转辙机和交流转辙机。

① 直流转辙机：采用直流电机，目前大量使用的 ZD_6 型电动转辙机就是直流转辙机。

② 交流转辙机：采用 380 V 三相交流电源，电动机为三相异步电机，目前推广的提速道岔转辙机多为交流转辙机，如 ZYJ_7 型、S700K 型、$ZD(J)_9$ 系列等。

3. 按锁闭方式分类

按锁闭方式分类，转辙机分为内锁闭转辙机和外锁闭转辙机。

① 内锁闭转辙机：锁闭机构设置在转辙机内部，尖轨通过锁闭杆与锁闭装置连接，ZD_6 型电动转辙机大多采用内锁闭方式，缺点是锁闭可靠程度较差，列车对转辙机的冲击大。

② 外锁闭转辙机：依靠转辙机外的锁闭装置直接锁闭密贴尖轨和基本轨，锁闭可靠程度较高，列车对转辙机几乎没有冲击。提速道岔大多采用外锁闭方式，例如 ZYJ_7 型转辙机。

4. 按是否可挤分类

按是否可挤分类，转辙机分为可挤型转辙机和不可挤型转辙机。

① 可挤型转辙机：内部设有挤切或挤脱装置，道岔被挤时，动作杆解锁，保护转辙机。

② 不可挤型转辙机：内部不设置挤岔保护装置，道岔被挤时，挤坏动作杆与整机连接结构，只能更换整机。

5. 按动作速度分类

按动作速度分类，转辙机分为普通动作转辙机和快动转辙机。

动作时间在 3.8 s 以上的为普通动作转辙机，动作时间在 0.8 s 以下的为快动转辙机。

知识点 7　转辙机的设置

一般情况下，每组联锁道岔的尖轨处设置一台转辙机，联动道岔的两组尖轨分别由一台转辙机牵引。

提速道岔进一步加长了尖轨，用于提高列车过岔速度。需采用多机牵引方式，以满足多点牵引、多点检查的要求。

12 号提速道岔尖轨采用 2 台转辙机；18 号提速道岔尖轨采用 3 台转辙机；30 号提速道岔尖轨采用 6 台转辙机，38 号以上提速道岔尖轨处可设置 9 台转辙机。

如果提速道岔采用可动心轨，则心轨还需转辙机牵引，如 18 号提速道岔心轨处设 2 台转辙机，30 号及其以上提速道岔心轨处设 3 台转辙机。

知识点 8　转辙机的操纵方式

转辙机有电动转换和人工转换两种操纵方式。

设备正常运行时，操作人员利用控制台（或显示器）上的有关按钮进行集中操纵。停电、转辙机故障及相关轨道电路故障时，可使用手摇方式转换道岔。

手摇转辙机时，先用钥匙打开遮断器盖，露出手摇把插孔，插入手摇把，摇动规定圈数使道岔转换至所需位置。转换完毕抽出手摇把，但安全接点被断开，转辙机电路也被断开，必须由电务维修人员打开机盖，合上安全接点，转辙机电路才能恢复正常。

遇有多动道岔或多台电动转辙机牵引的道岔，必须摇动各台转辙机使道岔至所需位置。它们在集中操纵时是联动的，但手摇转换时必须一一摇动。

由液压转辙机牵引的道岔，转辙机内无齿轮传动装置，各牵引点之间依靠油路连接，手摇道岔时转数不固定，约 200 圈。对于分动外锁闭道岔，由于两尖轨动作不一致，须确认两尖轨均转换到位才能停止摇动。

提示：手摇把关系行车安全，要统一编号、集中管理，建立登记签认制度。

3.3.3 知识拓展

1. ZD_6 型转辙机。
2. S700K 型转辙机。
3. $ZY（J）_7$ 型转辙机。

知识拓展

3.3.4 相关规范、规程与标准

1.《铁路技术管理规程（普速铁路部分）》相关规定
2.《铁路技术管理规程（高速铁路部分）》相关规定

相关规范、规程与标准

3.3.5 任务工单

任务名称	道岔位置判定与转辙机的操作控制	姓名	
		日期	

操作方法：

（1）正确识别现场道岔位置：

道岔	类型	开通位置

续表

道岔	类型	开通位置

（2）转辙机的集中控制方式：

正确识别控制台或显示器上道岔表示状态。利用控制台或显示器（6502 电气集中控制台，或者计算机联锁操纵显示设备）单独操纵道岔。通过办理进路转换道岔，观察控制台（或显示器）上道岔的定位、反位表示。

（3）练习手摇转辙机：

① 正确识别转辙机的组成部件，先用钥匙打开遮断器盖，露出手摇把插孔。

② 插入手摇把，摇动规定圈数，使道岔转换至所需位置。

③ 转换完毕抽出手摇把。

（4）向《新时代·铁路榜样》系列人物学习，讲出他们的故事，谈谈你对工匠精神的理解

操作中存在的问题及解决方法：

项目	赋分	自评得分	互评得分	教师评分
正确理解知识	25			
业务分析处理方法得当	20			
表达清晰准确	20			
业务处理结果正确	35			
综合得分	（自评得分 10%，互评得分 30%，教师评分 60%）			

3.3.6　任务考核

一、选择题

（1）（　　）用于转换道岔。

A. ATS 分机　　B. 维修终端　　C. 转辙机　　D. 联锁设备

（2）道岔的号数或辙叉号码是指道岔辙叉角的（　　）。

A. 正切值　　B. 余切值　　C. 正弦值　　D. 余弦值

（3）排列进路时，几组道岔要定位都要在定位，要反位则都要在反位，这些道岔

称为（　　）。

A. 联合道岔　B. 防护道岔　C. 单动道岔　D. 联动道岔

（4）每组道岔都有两个位置：（　　）。

A. 锁闭和解锁　B. 定位和反位　C. 释放和吸起　D. 连接和断开

二、判断题

（1）足够的拉力带动基本轨做直线往返运动；当基本轨受阻不能运动到底时，应随时通过操纵使基本轨回复原位。（　　）

（2）外锁闭转辙机不仅可以由转辙机内部的锁闭装置锁闭道岔尖轨，也可以用外锁闭装置锁闭道岔，是间接锁闭方式。（　　）

（3）转辙机有电动转换和人工转换两种操纵方式。（　　）

三、简答题

（1）何为道岔的定位与反位？

（2）何为单动道岔和双动道岔？

（3）转辙机有哪些作用？

（4）对转辙机的基本要求有哪些？

项目 4 联锁关系认知与操作

【项目描述】

本项目的内容是车站联锁设备操作的重要基础，学习者通过本项目的学习和训练，应熟练掌握有关联锁关系的概念、各种联锁关系及联锁表的识读方法，认识到联锁关系的重要性，并能根据车站信号平面布置图分析所排列进路（列车进路和调车进路）需要检查的联锁条件，特别是咽喉区的敌对进路、迎面敌对进路、超限绝缘检查，掌握车站操作人员应会的岗位技能。

【教学目标】

（1）理解车站信号联锁的基本概念。

（2）理解车站联锁表中每一栏的各种符号的表示含义。

（3）掌握排列各种进路应检查的联锁条件。

（4）熟练掌握计算机联锁显示屏幕中各显示的含义及操作方法。

【案例导入】

××××年×月×日，京广线×××车站在 461 次列车通过 X 信号机后，前方 X_1 信号机显示两个绿灯，表示经道岔侧向位置开往次要线路，限速 45 km/h。但司机没有认真瞭望和确认信号，仅凭经 X 信号机时驾驶室内机车信号显示一个绿灯臆测行车，没有及时采取制动减速措施，以 110 km/h 的速度通过道岔侧向位置，导致列车脱轨颠覆，造成 9 人死亡、15 人重伤、25 人轻伤的旅客列车重大事故。

【原因分析】

这起事故的主要原因是司机没有认真确认地面信号显示，但信号设计人员联锁设计也有错误，进站信号机显示绿灯、出站信号机显示两个绿灯且发送绿码，造成机车信号错误显示绿灯，导致机车监控对侧向过岔限速不起作用，这也是引发事故的重要原因。

【经验教训】

联锁表是车站联锁设备可靠工作和安全行车的重要保证。联锁表的编制必须严格按信号设备平面布置图进行，不得进行删减和改动，任何条件下必须保证车站联锁关系的绝对正确，能对各种联锁条件进行完整、准确的检查。车站联锁表存在的任何细小的错误或漏洞，都可能造成车站联锁失效，引发车毁人亡的重大事故，给人民的生命和财产造成损失。

课前思考：信号联锁的目的和意义

工作任务 4.1 联锁图表认知

4.1.1 工作任务

<table>
<tr><td>任务名称</td><td>联锁图表认知</td><td>工单号</td><td></td></tr>
<tr><td>姓名</td><td></td><td>专业</td><td></td></tr>
<tr><td>日期</td><td></td><td>班级</td><td></td></tr>
<tr><td colspan="4">拟完成工作任务：
（1）根据指定的教学沙盘，学画对应的信号平面布置图。
（2）根据给定的信号平面布置图，制作简易联锁表。
（3）利用给定的沙盘，找出指定排列进路所需检查的联锁条件</td></tr>
<tr><td colspan="4">任务目标：
1. 知识目标：
（1）掌握联锁的相关概念。
（2）掌握联锁表制作方法。
2. 能力目标：
（1）能够看懂信号平面布置图。
（2）能够按要求排列列车进路和调车进路。
3. 思政目标：
（1）培养认真负责的工匠精神。
（2）树立安全责任意识</td></tr>
<tr><td colspan="4">学习重点：联锁的相关概念、联锁图表</td></tr>
<tr><td colspan="4">学习难点：联锁图表</td></tr>
<tr><td colspan="4">教学所需设备：6502 控制台、联锁仿真模拟盘、计算机联锁仿真教学资料</td></tr>
</table>

4.1.2 相关配套知识

知识点 1 进路

1. 进路的概念

列车或调车车列在车站范围内运行所经过的径路称为进路，分为列车进路和调车进路。

进路的概念

车站内有许多线路，它们用道岔联结着。按各道岔的不同开通方向构成不同的进路。列车和调车车列必须依据信号的开放而通过进路。

进站、出发及通过列车经过的进路，称为列车进路，包括接车进路、发车进路和通过进路。调车车列或单机为完成调车作业所经过的进路，称为调车进路。

2. 进路的范围

进路的范围一般由防护该进路的信号机起至同一方向限制列车或调车车列运行的信号机（或站界标、或车挡表示器）为止的一段线路，如图 4-1 所示。

1）接车进路

接车进路是从进站信号机起至接车线末端出站信号机（或计算该线有效长的警冲标）止的一段线路。如图 4-1 中所示的接车进路，起始端信号机为 X 信号机，终端信号机为 X_3 信号机。

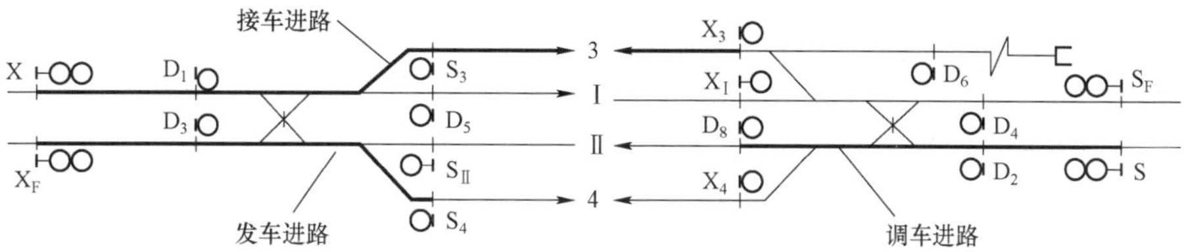

图 4-1　进路的范围

2）发车进路

单线车站的发车进路是从出站信号机起至相对方向进站信号机止的一段线路。如在附图 1 中，排列 S_5 至东郊方向的进路，其起始端信号机为 S_5 信号机，终端信号机为 X_D 信号机。

双线车站的发车进路是从出站信号机起至站界标止的一段线路。在如图 4-1 所示的发车进路中，其进路始端信号机为 S_4 信号机，终端信号机为 X_F 信号机。

3）通过进路

通过进路是列车经正线不停车通过车站所经过的进路，由同方向的正线接车进路和正线发车进路组成。如用图 4-1 排列通过进路，其包括以 X 信号机为始端、$X_Ⅰ$ 信号机为终端的接车进路和以 $X_Ⅰ$ 信号机为始端、S_F 信号机为终端的发车进路。

4）调车进路

调车进路包括短调车进路（单元调车进路）和长调车进路（组合调车进路）。长调车进路由两个以上的短调车进路组成，与调车进路的实际长度无关。如在附图 1 中，排列 D_3 至ⅠG 的长调车进路，其由 D_{13} 至ⅠG、D_9 至 D_{13}、D_3 至 D_9 三个短调车进路组成，并且信号由远及近的开放顺序为：D_{13}、D_9、D_3。

在不设调车信号机的车站，调车进路是从调车车列或单机运行方向的前端起至运行目的地的一段线路；在设有调车信号机的车站，调车进路是从开放的调车信号机起到关闭的调车信号机、出站兼调车信号机或站界标为止的一段线路。

3. 进路与敌对进路

在车站办理进路时，有些进路如果同时建立，将造成列车或调车车列冲突的危险。为了保证作业安全，对同时建立可能造成冲突的进路必须实行联锁。

我们把凡是相互有重叠部分并不能以道岔位置区分开的两条进路称为敌对进路。如果两条进路有重叠部分，但能以道岔位置区分开，则这两条进路互为抵触进路。

《铁路技术管理规程》规定下列进路为敌对进路：

① 同一到发线对向的列车进路。

② 同一到发线对向的接车进路与调车进路。

③ 同一咽喉区对向重叠的列车进路。

④ 同一咽喉区对向重叠的调车进路。

进路与敌对进路

⑤ 同一咽喉区对向重叠或顺向重叠的列车进路与调车进路。

⑥ 进站信号机外方制动距离内接车方向为坡度超过 6‰的下坡道，而该下坡道方向的接车线终端没有隔开设备时，该下坡道方向的接车进路与另一咽喉的接车进路、调车进路、非同一到发线顺向的发车进路。

⑦ 防护进路的信号机设置在侵限绝缘处，禁止同时开通的进路。

防护两条相互敌对进路的信号机，互为敌对信号，不允许同时开放。道岔位置能够区分的抵触进路的防护信号机不属于敌对信号，但可以构成条件敌对信号。

知识点 2 联锁关系

1. 联锁的概念

联锁的概念

为了保证车站的列车、调车作业安全，必须建立信号、道岔、进路之间的相互制约的关系，这种制约关系称为联锁关系，简称联锁。

2. 联锁的基本内容

① 当进路上各轨道区段空闲、有关道岔在规定位置、其敌对信号处于关闭状态时，防护进路的信号机才能开放；信号机开放后，该进路上的有关道岔不能扳动，其敌对信号机不能开放。

② 正线上的出站信号机未开放时，进站信号机不能开放通过信号；主体信号机未开放时，其预告信号机不能开放。

③ 信号机的显示必须与进路的开通状态相符合。

④ 区间内正线上的道岔未开通正线时，两端站不能开放有关信号机。

3. 联锁设备

车站信号联锁

控制车站的道岔、进路和信号，并实现它们之间联锁关系的设备称为联锁设备。

联锁设备分为集中联锁（继电联锁和计算机联锁）和非集中联锁（臂板电锁器联锁和色灯电锁器联锁）。编组站、区段站和电源可靠的其他车站，均应采用集中联锁。

现阶段采用的联锁设备主要是继电联锁和计算机联锁，继电联锁目前也正随着设备施工改造逐步由计算机联锁取代，臂板电锁器联锁和色灯电锁器联锁已经淘汰。

1）继电联锁

继电联锁（又称为电气集中联锁），这种联锁设备是用电气的方法集中控制和监督全站的道岔、进路和信号机，主要特点是由继电电路实现对室外设备的控制，并实现车站的联锁关系，操作人员通过控制台操纵和监督全站信号设备。目前我国铁路使用的继电联锁主要是 6502 电气集中联锁。

继电联锁具有操作简便、办理迅速、安全可靠等优点，是我国铁路应用数量最多的车站联锁设备。但由于在维护维修、与计算机设备连接、表示信息更完善等方面不适应提速、高速区段的要求，正逐步被计算机联锁取代。

2）计算机联锁

计算机联锁利用计算机实现车站的联锁关系，用电子设备完成人机对话功能，用继电电路作为计算机主机与室外信号机、转辙机、轨道电路的接口设备，操作人员通过计算机显示器等设备实现对现场设备的控制和监督。

计算机联锁充分发挥了计算机的特点，操作表示功能完善，便于与 TDCS、CTC 等设备连接，便于实现信号设备的远程监督、远程控制和自动控制，是车站联锁设备的发展方向。

知识点 3 联锁图表

一个车站的信号设备在图纸上通常用平面图表示，称为车站信号设备平面布置图，如附图 1 所示。依据车站信号设备平面布置图编制道岔、进路及信号机之间的联锁关系，通常列在一个表里，称为联锁表，如表 4-1 和表 4-2 所示。车站信号设备平面布置图和联锁表总称为联锁图表。

表 4–1　联锁表（列车进路部分）

方向			进路	进路方式	排列进路按下按钮	确定运行方向道岔	信号机		表示器	道岔	敌对信号	轨道电路区段	迎面进路		其他联锁	进路号码
							名称	显示					列车	调车		
列车进路	东郊方面	接车	至 5G		X_DLA、S_5LA		X_D	UU		5/7、9/11、13/15、(21)	D_{11}、S_5	7DG、11-13DG、21DG、<23/25>25DG、5G	5G	5G		1
列车进路	东郊方面	接车	至IIIG	1	X_DLA、S_{III}LA	13/15	X_D	U		5/7、9/11、13/15、21、23/25	D_{11}、S_{III}	7DG、11-13DG、21DG、25DG、IIIG	IIIG	IIIG		2
列车进路	东郊方面	接车	至IIIG	2	X_DLA、D_{13}A、S_{III}LA	(13/15)	X_D	UU		5/7、(13/15)、[9/11]、17/19、(23/25)	D_{11}、D_{13}、S_{III}	7DG、11-13DG、9-15DG、17-23DG、25DG、<21>21DG、IIIG	IIIG	IIIG		3
列车进路	东郊方面	接车	至 I G		X_DLA、S_ILA		X_D	UU		5/7、(13/15)、[9/11]、17/19、23/25	D_{11}、D_{13}、S_I	7DG、11-13DG、9-15DG、17-23DG、I G	I G	I G		4
列车进路	东郊方面	接车	至 II G		X_DLA、S_{II}LA		X_D	UU		5/7、(13/15)、[9/11]、(17/19)、{23/25}、27	D_{11}、D_{13}、S_{II}	7DG、11-13DG、9-15DG、17-23DG、19-27DG、IIG	II G	II G		5
列车进路	东郊方面	接车	至 4G		X_DLA、S_4LA		X_D	UU		5/7、(13/15)、[9/11]、(17/19)、{23/25}、(27)	D_{11}、D_{13}、S_4	7DG、11-13DG、9-15DG、17-23DG、19-27DG、4G	4G	4G		6
列车进路	东郊方面	发车	由 5G		S_5LA、X_DLA		S_5	L	B-C	(21)、13/15、9/11、5/7	D_{11}、X_D、S_5D	21DG、<23/25>25DG、11-13DG、7DG			BS	7
列车进路	东郊方面	发车	由IIIG	1	S_{III}LA、X_DLA	23/25	S_{III}	L	B-C	23/25、13/15、9/11、5/7	D_{11}、X_D、S_{III}D	25DG、21DG、11-13DG、7DG			BS	8
列车进路	东郊方面	发车	由IIIG	2	S_{III}LA、D_{13}A、X_DLA	(23/25)	S_{III}	L	B-C	(23/25)、17/19、(13/15)、[9/11]、5/7	D_{11}、D_{13}、X_D、S_{III}D	25DG、<21>21DG、17-23DG、9-11DG、11-13DG、7DG			BS	9
列车进路	东郊方面	发车	由 I G		S_ILA、X_DLA		S_I	L	B-C	23/25、17/19、(13/15)[9/11]、5/7	D_{11}、D_{13}、X_D、S_ID	17-23DG、9-15DG、11-13DG、7DG			BS	10
列车进路	东郊方面	发车	由 II G		S_{II}LA、X_DLA		S_{II}	L	B-C	27、(17/19)、{23/25} (13/15) [9/11]、5/7	D_{11}、D_{13}、X_D、S_{II}D	19-27DG、17-23DG、9-15DG、11-13DG、7DG			BS	11
列车进路	东郊方面	发车	由 4G		S_4LA、X_DLA		S_4	L	B-C	(27)、(17/19)、{23/25} (13/15) [9/11]、5/7	D_{11}、D_{13}、X_D、S_4D	19-27DG、17-23DG、9-15DG、11-13DG、7DG			BS	12
列车进路	北京方面	正方向发车	由 5G		S_5LA、X_FLA		S_5	L、LU、U	B-A	(21)、(9/11)、[13/15]、(1/3)	D_9、D_7、D_1、S_5D、X_F	21DG、<23/25>25DG、11-13DG、9-15DG、3DG、1DG、<5/7>5DG、IIAG			BS	13
列车进路	北京方面	正方向发车	由IIIG	1	S_{III}LA、X_FLA		S_{III}	L、LU、U	B-A	(23/25)、17/19、13/15、9/11、(1/3)	D_{13}、D_9、D_7、D_1、S_{III}D、X_F	25DG、<21>21DG、17-23DG、9-15DG、3DG、1DG、<5/7>5DG、IIAG			BS	14
列车进路	北京方面	正方向发车	由IIIG	2	S_{III}LA、B_1A、X_FLA		S_{III}	L、LU、U	B-A	23/25、21、(9/11)、[13/15]、(1/3)	D_9、D_7、D_1、S_{III}D、X_F	25DG、21DG、11-13DG、9-15DG、3DG、1DG、<5/7>5DG、IIAG			BS	15
列车进路	北京方面	正方向发车	由 I G		S_ILA、X_FLA		S_I	L、LU、U	B-A	23/25、17/19、13/15、9/11、(1/3)	D_{13}、D_9、D_7、D_1、S_ID、X_F	17-23DG、9-15DG、3DG、1DG、<5/7>5DG、IIAG			BS	16

续表

方向			进路	进路方式	排列进路按下按钮	确定运行方向道岔	信号机		表示器	道岔	敌对信号	轨道电路区段	迎面进路		其他联锁	进路号码
							名称	显示					列车	调车		
列车进路	北京方面	正方向发车	由ⅡG	1	S_{II}LA、X_FLA	17/19	S_{II}	L、LU、U	B-A	27、17/19、1/3	D_{15}、D_5、D_1、S_{II}D、X_F	19-27DG、1/19WG、1DG、ⅡAG			BS	17
			由ⅡG	2	S_{II}LA、D_7或D_9或D_{13}、X_FLA	(17/19)	S_{II}	L、LU、U	B-A	27、(17/19)、{23/25}、13/15、9/11、(1/3)	D_{13}、D_9、D_7、D_1、S_{II}D、X_F	19-27DG、17-23DG、9-15DG、3DG、<5/7>5DG、1DG、ⅡAG			BS	18
			由4G	1	S_4LA、X_FLA	17/19	S_4	L、LU、U	B-A	(27)、17/19、1/3	D_{15}、D_5、D_1、S_4D、X_F	19-27DG、1/19WG、1DG、ⅡAG			BS	19
			由4G	2	S_4LA、D_7或D_9或D_{13}、X_FLA	(17/19)	S_4	L、LU、U	B-A	(27)、(17/19)、{23/25}、13/19、9/11、(1/3)	D_{13}、D_9、D_7、D_1、S_4D、X_F	19-27DG、17-23DG、9-15DG、3DG、<5/7>5DG、1DG、ⅡAG			BS	20
			由5G	1	S_5LA、XLA	(5/7)	S_5	L	B-B	(21)、9/11、13/15、(5/7)	D_{11}、D_3、S_5D、X	21DG、<23/25>25DG、11-13DG、7DG、5DG、<1/3>3DG、ⅠAG			BS	21
			由5G	2	S_5LA、D_7或D_9、XLA	5/7	S_5	L	B-B	(21)、(9/11)、[13/15]、1/3、5/7	D_9、D_7、D_3、S_5D、X	21DG、<23/25>25DG、11-13DG、9-15DG、3DG、5DG、ⅠAG			BS	22
		反方向发车	由ⅢG	1	S_{III}LA、XLA	(23/25)	S_{III}	L	B-B	(23/25)、17/19、13/15、9/11、1/3、5/7	D_{13}、D_9、D_7、D_3、S_{III}D、X	25DG、<21>21DG、17-23DG、9-15DG、3DG、5DG、ⅠAG			BS	23
			由ⅢG	2	S_{III}LA、B_1A、XLA	23/25	S_{III}	L	B-B	23/25、21、(9/11)、[13/15]、1/3、5/7	D_9、D_7、D_3、S_{III}D、X	25DG、21DG、11-13DG、9-15DG、3DG、5DG、ⅠAG			BS	24
			由IG	1	S_ILA、XLA	13/15	S_I	L	B-B	23/25、17/19、13/15、9/11、1/3、5/7	D_{13}、D_9、D_7、D_3、S_ID、X	17-23DG、9-15DG、3DG、5DG、ⅠAG			BS	25
			由ⅠG	2	S_ILA、D_{11}A、XLA	(13/15)	S_I	L	B-B	23/25、17/19、(13/15)、[9/11]、(5/7)	D_{13}、D_{11}、D_3、S_ID、X	17-23DG、9-15DG、11-13DG、7DG、5DG、<1/3>3DG、ⅠAG			BS	26
			由ⅡG	1	S_{II}LA、XLA	13/15	S_{II}	L	B-B	27、(17/19)、13/25、9/11、1/3、5/7	D_{13}、D_9、D_7、D_3、S_{II}D、X	19-27DG、17-23DG、9-15DG、3DG、5DG、ⅠAG			BS	27
			由ⅡG	2	S_{II}LA、D_{11}A、XLA	(13/15)	S_{II}	L	B-B	27、(17/19)、{23/25}、(13/15)、[9/11]、(5/7)	D_{13}、D_{11}、D_3、S_{II}D、X	19-27、17-23DG、9-15DG、11-13DG、7DG、5DG、<1/3>3DG、ⅠAG			BS	28
			由4G	1	S_4LA、XLA	13/15	S_4	L	B-B	(27)、(17/19)、13/15、9/11、1/3、5/7	D_{13}、D_9、D_7、D_3、S_4D、X	19-27DG、17-23DG、9-15DG、3DG、5DG、ⅠAG			BS	29
			由4G	2	S_4LA、D_{11}A、XLA	(13/15)	S_4	L	B-B	(27)、(17/19)、{23/25}、(13/15)、[9/11]、(5/7)	D_{13}、D_{11}、D_3、S_4D、X	19-27、17-23DG、9-15DG、11-13DG、7DG、5DG、<1/3>3DG、ⅠAG			BS	30

续表

方向			进路	进路方式	排列进路按下按钮	确定运行方向道岔	信号机		表示器	道岔	敌对信号	轨道电路区段	迎面进路		其他联锁	进路号码
							名称	显示					列车	调车		
列车进路	北京方面	正方向接车	至 5G	1	XLA、S_5LA	(5/7)	X	UU		(5/7)、9/11、13/15、(21)	D_3、D_{11}、S_5	ⅠAG、5DG、<1/3>3DG、7DG、11-13DG、21DG、<23/25>25DG、5G	5G	5G		31
			至 5G	2	XLA、D_7A 或 D_9A、S_5LA	(9/11)	X	UU		5/7、1/3、(9/11)、[13/15]、(21)	D_3、D_7、D_9、S_5	ⅠAG、5DG、3DG、9-15DG、11-13DG、21DG、<23/25>25DG、5G	5G	5G		32
			至ⅢG	1	XLA、$S_{Ⅲ}$LA	(23/25)	X	UU		5/7、1/3、9/11、13/15、17/19、(23/25)	D_3、D_7、D_9、D_{13}、$S_{Ⅲ}$	ⅠAG、5DG、3DG、9-15DG、17-23DG、25DG、<21>21DG、ⅢG	ⅢG	ⅢG		33
			至ⅢG	2	XLA、D_{11}A、$S_{Ⅲ}$LA	(5/7)	X	UU		(5/7)、9/11、13/15、21、(23/25)	D_3、D_{11}、$S_{Ⅲ}$	ⅠAG、5DG、<1/3>3DG、7DG、11-13DG、21DG、25DG、ⅢG	ⅢG	ⅢG		34
			至ⅠG	1	XLA、$S_{Ⅰ}$LA	5/7	X	U		5/7、1/3、9/11、13/15、17/19、23/25	D_3、D_7、D_9、D_{13}、$S_{Ⅰ}$	ⅠAG、5DG、3DG、9-15DG、17-23DG、ⅠG	ⅠG	ⅠG		35
			至ⅠG	2	XLA、$S_{Ⅰ}$LA	(5/7)	X	UU		(5/7)、(13/15)、[9/11]、17/19、23/25	D_3、D_{11}、$S_{Ⅰ}$	ⅠAG、5DG、<1/3>3DG、7DG、11-13DG、9-15DG、17-23DG、ⅠG	ⅠG	ⅠG		36
			至ⅡG	1	XLA、$S_{Ⅱ}$LA	5/7	X	UU		5/7、1/3、9/11、13/15、(17/19)、{23/25}、27	D_3、D_7、D_9、D_{13}、$S_{Ⅱ}$	ⅠAG、5DG、3DG、9-15DG、17-23DG、19-27DG、ⅡG	ⅡG	ⅡG		37
			至ⅡG	2	XLA、$S_{Ⅱ}$LA	(5/7)	X	UU		(5/7)、(13/15)、[9/11]、(17/19)、{23/25}、27	D_3、D_{11}、$S_{Ⅱ}$	ⅠAG、5DG、<1/3>3DG、7DG、11-13DG、9-15DG、17-23DG、19-27DG、ⅡG	ⅡG	ⅠG		38
			至 4G	1	XLA、S_4LA	5/7	X	UU		5/7、1/3、9/11、13/15、(17/19)、{23/25}、(27)	D_3、D_7、D_9、D_{13}、S_4	ⅠAG、5DG、3DG、9-15DG、17-23DG、19-27DG、4G	4G	4G		39
			至 4G	2	XLA、S_4LA	(5/7)	X	UU		(5/7)、(13/15)、[9/11]、(17/19)、{23/25}、(27)	D_3、D_{11}、D_{13}、S_4	ⅠAG、5DG、<1/3>3DG、7DG、11-13DG、9-15DG、17-23DG、19-27DG、4G	4G	4G		40
		反方向接车	至 5G		X_FLA、S_5LA		X_F	UU		(1/3)、(9/11)、[13/15]、(21)	D_1、D_7、D_9、S_5	ⅡAG、1DG、3DG、<5/7>5DG、9-15DG、11-13DG、21DG、	5G	5G		41
			至ⅢG	1	X_FLA、$S_{Ⅲ}$LA	(23/25)	X_F	UU		(1/3)、9/11、13/15、17/19、(23/25)	D_1、D_7、D_9、D_{13}、$S_{Ⅲ}$	ⅡAG、1DG、3DG、<5/7>5DG、9-15DG、17-23DG、<21>21DG、25DG、ⅢG	ⅢG	ⅢG		42
			至ⅢG	2	X_FLA、B_1A、$S_{Ⅲ}$LA	23/25	X_F	UU		(1/3)、(9/11)、[13/15]、21、(23/25)	D_1、D_{11}、$S_{Ⅲ}$	ⅡAG、1DG、3DG、<5/7>5DG、9-15DG、11-13DG、21DG、25DG、ⅢG	ⅢG	ⅡG		43
			至ⅠG		X_FLA、$S_{Ⅰ}$LA		X_F	UU		(1/3)、(9/11)、13/15、17/19、23/25	D_1、D_7、D_9、D_{13}、$S_{Ⅰ}$	ⅡAG、1DG、3DG、<5/7>5DG、9-15DG、17-23DG、ⅠG	ⅠG	ⅠG		44
			至ⅡG	1	X_FLA、$S_{Ⅱ}$LA	1/3	X_F	U		1/3、17/19、27	D_1、D_5、D_{15}、$S_{Ⅱ}$	ⅡAG、1DG、1/19WG、19-27DG、ⅡG	ⅡG	ⅡG		45

续表

方向			进路	进路方式	排列进路按下按钮	确定运行方向道岔	信号机		表示器	道岔	敌对信号	轨道电路区段	迎面进路		其他联锁	进路号码
							名称	显示					列车	调车		
列车进路	北京方面	反方向接车	至ⅡG	2	X_FLA、D7或D9或D13、S_{II}LA	(1/3)	X_F	UU		(1/3)、9/11、13/15、(17/19)、{23/25}、27	D_1、D_7、D_9、D_{13}、S_{II}	ⅡAG、1DG、3DG、<5/7>5DG、9-15DG、17-23DG、19-27DG、ⅡG	ⅡG	ⅡG		46
			至4G	1	X_FLA、S_4LA	(1/3)	X_F	UU		1/3、17/19、(27)	D_1、D_5、D_{15}、S_4	ⅡAG、1DG、1/19WG、19-27DG、4G	4G	4G		47
			至4G	2	X_FLA、D7或D9或D13、S_4LA	1/3	X_F	UU		(1/3)、9/11、13/15、(17/19)、{23/25}、(27)	D_1、D_7、D_9、D_{13}、S_4	ⅡAG、1DG、3DG、<5/7>5DG、9-15DG、17-23DG、19-27DG、4G	4G	4G		48
		通过	经ⅠG向天津方面		XTA、S_FLA		X/X_I	L或LU/L或LU或U		5/7、1/3、9/11、13/15、17/19、23/25、16、6/8、10/12、2/4	D_3、D_7、D_9、D_{13}、S_I、X_ID、D_{10}、D_{12}、D_8、S_F	ⅠAG、5DG、3DG、9-15DG、17-23DG、ⅠG、16-18DG、8-10DG、4DG、	ⅠG	ⅠG	BS	35/98
			经ⅡG向天津方面		X_FTA、SLA		X/X_{II}	L/L		1/3、17/19、27、14、10/12、6/8	D_1、D_5、D_{15}、S_{II}、X_{II}D、D_6、S	ⅡAG、1DG、1/19WG、19-27DG、ⅡG、14DG、6-12DG、ⅡBG	ⅡG	ⅡG	BS	45/105

表 4–2　联锁表（调车进路部分）

方向			进路	进路方式	排列进路按下按钮	确定运行方向道岔	信号机		表示器	道岔	敌对信号	轨道电路区段	迎面进路		其他联锁	进路号码
							名称	显示					列车	调车		
调车进路	由	D_1	至D_9		D_1A、D_7A		D_1	B		(1/3)	X_F、D_7、<(9/11)>S_5L、<(9/11)、23/25>或<13/15、(23/25)>S_{III}L、<13/15、23/25>S_IL、<(17/19)、13/15>S_{II}L、<(17/19)、13/15>S_4L	1DG、3DG、<(5/7)>5DG				49
			至D_{15}		D_1A、D_5A		D_1	B		1/3	X_F、D_5、<17/19>S_{II}L、<13/15>S_4L	1DG				50
		D_3	至D_9		D_3A、D_7A		D_3	B		5/7、1/3	X、D_7、<(9/11)>S_5L、<(9/11)、23/25>或<13/15、(23/25)>S_{III}L、<13/15、23/25>S_IL、<(17/19)、13/15>S_{II}L、<(17/19)、13/15>S_4L	5DG、3DG				51
			至D_{11}		D_1A、D_7A		D_3	B		(5/7)	X、<9/11>S_5L、<9/11、23/25>或<13/15、(23/25)>S_{III}L、<13/15、23/25>S_IL、<(17/19)、(13/15)>S_{II}L、<(17/19)、13/15>S_4L	5DG、7DG、<1/3>3DG				52

续表

方向			进路	进路方式	排列进路按下按钮	确定运行方向道岔	信号机		表示器	道岔	敌对信号	轨道电路区段	迎面进路		其他联锁	进路号码
							名称	显示					列车	调车		
调车进路	由	D_5	向 D_1		D_5A、D_1A		D_3	B		1/3	X_F、D_1、<17/19>$S_{\mathrm{II}}L$、<13/15>S_4L	1DG				53
调车进路	由	D_7	向 D_1		D_7A、D_1A		D_7	B		(1/3)	X_F、D_1、<(9/11)>S_5L、<9/11、(23/25)>或<13/15、(23/25)>$S_{\mathrm{III}}L$、<13/15、23/25>$S_{\mathrm{I}}L$、<(17/19)、13/15>$S_{\mathrm{II}}L$、<(17/19)、13/15>S_4L	3DG、<5/7>5DG、1DG				54
调车进路	由	D_7	向 D_3		D_7A、D_3A		D_7	B		1/3、5/7	X、D_3、<(9/11)>S_5L、<(9/11)、23/25>或<13/15、(23/25)>$S_{\mathrm{III}}L$、<13/15、23/25>$S_{\mathrm{I}}L$、<(17/19)、13/15>$S_{\mathrm{II}}L$、<(17/19)、13/15>S_4L	3DG、5DG				55
调车进路	由	D_9	至 5G		D_9A、S_5DA		D_9	B		(9/11)、[13/15]、(21)	X、<(1/3)>X_F、S_5	9-15DG、11-13DG、21DG、<23/25>25DG	5G			56
调车进路	由	D_9	至ⅢG	2	$D_{11}A$、B_1A、$S_{\mathrm{III}}A$		D_9	B		(9/11)、[13/15]、21、23/25	S_{III}、X、<(1/3)>X_F	9-15DG、11-13DG、21DG、25DG	ⅢG			57
调车进路	由	D_9	至 D_{13}		D_9A、$D_{13}A$		D_9	B		9/11、13/15	<5/7>X、<(1/3)>X_F、<(23/25)>S_{III}、<(17/19)>S_{II}、<(23/25)>S_{I}、<(17/19)、(27)>S_4	9-15DG				58
调车进路	由	D_{11}	至 5G		$D_{11}A$、S_5DA		D_{11}	B		9/11、13/15、(21)	X_D、<(5/7)>X、S_5	11-13DG、21DG、<23/25>25DG	5G			59
调车进路	由	D_{11}	至ⅢG		$D_{11}A$、$S_{\mathrm{III}}DA$		D_{11}	B		9/11、13/15、21、23/25	S_{III}、X_D、<(5/7)>X	11-13DG、21DG、25DG	ⅢG			60
调车进路	由	D_{11}	至 D_{13}		$D_{11}A$、$D_{13}A$		D_{11}	B		(13/15)、[9/11]	<(5/7)>X、<(5/7)>X_D、<17/19、(23/25)>S_{III}、<23/25>S_{I}、<(17/19)>S_{II}、<(17/19)>S_4	11-13DG、9-11DG				61
调车进路	由	D_{13}	至ⅢG		$D_{13}A$、$S_{\mathrm{III}}DA$		D_{13}	B		17/19、(23/25)	<5/7、9/11>X、<(13/15)、[9/11]>X_D、<(1/3)、9/11>X_F、S_{III}	17-23DG、25DG、<21>21DG	ⅢG			62
调车进路	由	D_{13}	至ⅠG		$D_{13}A$、$S_{\mathrm{I}}DA$		D_{13}	B		17/19、23/25	<5/7、9/11>X、<(13/15)、[9/11]>X_D、<(1/3)、9/11>X_F、S_{I}	17-23DG	ⅠG			63
调车进路	由	D_{13}	至ⅡG		$D_{13}A$、$S_{\mathrm{II}}DA$		D_{13}	B		(17/19)、{23/25}、27	<5/7、9/11>X、<(13/15)、[9/11]>X_D、<(1/3)、9/11>X_F、S_{II}	17-23DG、19-27DG	ⅡG			64

续表

方向			进路	进路方式	排列进路按下按钮	确定运行方向道岔	信号机		表示器	道岔	敌对信号	轨道电路区段	迎面进路		其他联锁	进路号码
							名称	显示					列车	调车		
调车进路	由	D_{13}	至 4G		D_{13}A、S_4DA		D_{13}	B		(17/19)、{23/25}、(27)	<5/7、9/11>X、<(13/15)、[9/11]>X_D、<(1/3)、9/11>X_F、S_4	17-23DG、19-27DG	4G			65
		D_{15}	至ⅡG		D_{13}A、$S_{Ⅱ}$DA		D_{13}	B		17/19、27	<1/3>X_F、$S_{Ⅱ}$	19-27DG	ⅡG			66
			至 4G		D_{13}A、S_4DA		D_{13}	B		17/19、(27)	<1/3>X_F、S_4	19-27DG	4G			67
		S_5D	向 X_D		S_5DA、X_DDZA		S_5	B		(21)、13/15、9/11、5/7	X_D、D_{11}、S_5L	21DG、<23/25>25DG、11-13DG、7DG				68
			向 D_3		S_5DA、D_3A		S_5	B		(21)、13/15、9/11、(5/7)	X、D_3、D_{11}、S_5L	21DG、<23/25>25DG、11-13DG、7DG、5DG、<1/3>3DG				69
			至 D_7		S_5DA、D_9A		S_5	B		(21)、[13/15]、9/11	X、D_9、S_5L、<(1/3)>X_F	21DG、<23/25>25DG、11-13DG、9-15DG				70
		$S_{Ⅲ}$D	向 X_D	1	$S_{Ⅲ}$DA、X_DDZA	23/25	$S_{Ⅲ}$	B		23/25、21、13/15、9/11、5/7	X_D、D_{11}、$S_{Ⅱ}$L	25DG、21DG、11-13DG、7DG				71
			向 X_D	2	$S_{Ⅲ}$DA、D_{13}A、X_DDZA	(23/25)	$S_{Ⅲ}$	B		(23/25)、17/19、(13/15)、[9/11]、5/7	X_D、D_{11}、D_{13}、$S_{Ⅲ}$L	25DG、<21>21DG、17-23DG、9-15DG、11-13DG、7DG				72
			至 D_7	1	$S_{Ⅲ}$DA、D_9A	(23/25)	$S_{Ⅲ}$	B		(23/25)、17/19、13/15、9/11	D_9、D_{13}、<5/7>X、<(1/3)>X_F、$S_{Ⅲ}$L	25DG、<21>21DG、17-23DG、9-15DG				73
			至 D_7	2	$S_{Ⅲ}$DA、BA、D_9A	23/25	$S_{Ⅲ}$	B		23/25、21、[13/15]、(9/11)	D_9、<5/7>X、<(1/3)>X_F、$S_{Ⅲ}$L	21DG、25DG、11-13DG、9-15DG				74
		$S_{Ⅰ}$D	向 X_D		$S_{Ⅰ}$DA、X_DDZA		$S_{Ⅰ}$	B		23/25、17/19、(13/15)、[9/11]、5/7	X_D、D_{11}、D_{13}、$S_{Ⅰ}$L	17-23DG、9-15DG、11-13DG、7DG				75
			至 D_7		$S_{Ⅰ}$DA、D_9A		$S_{Ⅰ}$	B		23/25、17/19、13/15、9/11	<5/7>X、<(1/3)>X_F、D_9、D_{13}、$S_{Ⅰ}$L	17-23DG、9-15DG				76

续表

方向			进路	进路方式	排列进路按下按钮	确定运行方向道岔	信号机		表示器	道岔	敌对信号	轨道电路区段	迎面进路		其他联锁	进路号码
							名称	显示					列车	调车		
调车进路	由	S_ID	向 D_3		S_IDA、$D_{11}A$、D_3A		S_I	B		23/25、17/19、(13/15)、[9/11]、(5/7)	X、D_3、D_{11}、D_{13}、S_IL	17-23DG、9-15DG、11-13DG、7DG、5DG				77
		$S_{II}D$	向 X_D		$S_{II}DA$、X_DDZA		S_{II}	B		27、(17/19)、{23/25}、(13/15)、[9/11]、5/7	X_D、D_{11}、D_{13}、$S_{II}L$	19-27DG、17-23DG、9-15DG、11-13DG、7DG				78
			至 D_7		$S_{II}DA$、D_9A		S_{II}	B		27、(17/19)、{23/25}、13/15、9/11	<5/7>X、<(1/3)>X_F、D_9、D_{13}、$S_{II}L$	19-27DG、17-23DG、9-15DG				79
			至 D_5		$S_{II}DA$、$D_{15}A$		S_{II}	B		27、17/19	<1/3>X_F、<(1/3)>D_1、D_{15}、$S_{II}L$	19-27DG				80
			向 D_3		$S_{II}DA$、$D_{11}A$、D_3A		S_{II}	B		27、(17/19)、{23/25}、(13/15)、[9/11]、(5/7)	X、D_3、D_{11}、D_{13}、$S_{II}L$	19-27DG、17-23DG、9-15DG、11-13DG、7DG、5DG				81
		S_4D	向 X_D		S_4DA、X_DDZA		S_4	B		(27)、(17/19)、{23/25}、(13/15)、[9/11]、5/7	X_D、D_{11}、D_{13}、S_4L	19-27DG、17-23DG、9-15DG、11-13DG、7DG				82
			至 D_7		S_4DA、D_9A		S_4	B		(27)、(17/19)、{23/25}、13/15、9/11	<5/7>X、<(1/3)>X_F、D_9、D_{13}、S_4L	19-27DG、17-23DG、9-15DG				83
			至 D_5		S_4DA、$D_{15}A$		S_4	B		(27)、17/19	<1/3>X_F、<1/3>D_1、D_{15}、S_4L	19-27DG				84
			向 D_3		S_4DA、$D_{11}A$、D_3A		S_4	B		(27)、(17/19)、{23/25}、(13/15)、[9/11]、(5/7)	X、D_3、D_{11}、D_{13}、S_4L	19-27DG、17-23DG、9-15DG、11-13DG、7DG、5DG				85

联锁图表是由电务部门会同运输部门共同研究编制的，显示了进路、道岔、信号机及轨道电路区段之间的基本联锁内容，它不仅是电务部门进行设计、施工和维修车站联锁设备的依据，而且是运输部门在接收联锁设备时，检验联锁关系是否准确的准则，也是制定《站细》的依据。

1. 车站信号设备平面布置图

车站信号设备平面布置图是编制联锁表的主要依据，主要包括以下内容。

1）线路布置及股道编号的编写规则

① 股道编号。单线区段内的车站，从靠近站舍的线路起，向远离站舍的方向顺序编号。双线区段内的车站，从正线起顺序编号，上行为双号，下行为单号。编号时，正线使用罗马数字，到发线使用阿拉伯数字。如在附图 1 中，全站有五股道，Ⅰ、Ⅱ、Ⅲ股道为正线，4G、5G 为到发线。其中Ⅲ股道是东郊方向正线，单线双向运行。

② 线路布置。车站股道应该用箭头表明其允许接、发车的方向。除股道外，车站线路还包括牵出线、安全线、避难线、专用线、机走线等。

2）道岔及其编号规则

排列进路是靠改变进路上有关道岔位置来实现的。每个道岔有定位和反位两个位置，道岔经常向某一线路开通的位置，称为道岔定位，为排列进路向另一线路开通的位置称为道岔反位。在控制台上用绿灯表示定位，黄灯表示反位。

《铁路技术管理规程（普速铁路部分）》对道岔定位规定如下：

① 单线车站正线进站道岔，为由车站两端向不同线路开通的位置。

② 双线车站正线进站道岔，为各正线开通的位置。

③ 区间内正线道岔及站内正线上其他道岔（引向安全线、避难线的除外），为正线开通的位置。

④ 引向安全线、避难线的道岔，为安全线、避难线开通的位置。

⑤ 其他由车站负责管理的道岔，由车站规定。

道岔的编号由上行列车到达方向起顺序编为双号，由下行列车到达方向起顺序编为单号，编号使用阿拉伯数字，双动道岔必须连续编号。每个车站道岔编号及定位的规定在《站细》中有具体说明。

3）信号机名称及其命名

具体说明参见项目 2。

4）轨道电路区段及其编号规则

设有轨道电路的车站，股道轨道电路以股道号码加 G 表示。道岔区段轨道电路以有关道岔区段号码加 DG 表示。具体内容参见项目 3。

5）列车运行方向及其编号规则

列车运行方向原则上以开往北京方向为上行。信号设备平面布置图中自左向右为下行方向，自右向左为上行方向。在信号设备平面布置图进站口或发车口处，用箭头表示运行方向。其中实心为规定运行方向，空心为反向运行方向。

6）其他需在车站信号设备平面布置图中标注说明的问题

① 车站名称及所在线路的起点和终点的公里标。

② 站台、站舍、信号楼（或车站值班员室）、扳道房等的位置符号。

③ 信号楼（或车站值班员室）中心公里标、联锁道岔和信号机距信号楼（或车站

值班员室）中心的距离。

④ 进站信号机外方制动距离内的线路坡度。

⑤ 道岔类型及股道有效长的统计表。

2. 联锁表

联锁表表示车站联锁区域内的全部联锁关系，按列车进路部分和调车进路部分分类，分别见表 4-1 和表 4-2。联锁表主要包括以下内容。

①“方向”栏。填记进路性质（接车、发车、通过、转场、调车或延续进路）和运行方向。

②“进路”栏和“进路方式”栏。逐条列出在车站范围内的全部进路。在较大的车站，列车进路可能同时存在两种及以上方式，除列出基本进路外，还应列出其余进路，在“进路方式”栏中，基本进路用“1”表示，其余进路用“2”“3”等表示。“进路”栏填写方式如下：

a）将列车接入×股道时记作“至×股道”，例如北京方面接车至 5 股道。

b）将列车由×股道发车时记作“由×股道”，例如由 4 股道向东郊方面发车。

c）通过进路记作“经×股道向××方向通过”，例如北京方面经 I 股道向天津方面通过。

d）由 $D_{××}$ 信号机调车记作“由 $D_{××}$”，其中：

- 调车至另一顺向调车信号机时，记作“至 $D_{××}$”，例如由 D_1 至 D_9 调车；
- 调车至股道记作“至×股道”，例如由 D_{11} 至 5 股道调车；
- 向尽头线、专用线、机务段、双线进站及出站口等处调车时，填记该线向集中区调车的调车信号机名称，记作“向 $D_{××}$”，例如由 D_5 向 D_1 调车；
- 当进站信号机内方仅能作调车终端时，应记作“至×进站信号机调车”，例如由 D_{17} 至 X_D 信号机调车。

③“排列进路按下按钮”栏。顺序填写排列该进路所需按下的按钮名称。

④“确定运行方向道岔”栏。当有两种以上运行方式时，填写能区分进路的关键对向道岔位置。

⑤“信号机”栏。填写排列某进路时，需开放的信号机名称及信号显示。

⑥“表示器”栏。填写表示器显示的内容，形式为“B-x”，B 代表表示器，x 表示方向，如在附图 1 中，A 表示 X_F 进站方向，B 表示下行进站方向，C 代表东郊方向。

⑦“道岔”栏。顺序填写进路中要求的全部道岔的编号和位置。例如，填写 1/3，表示将 1/3 号道岔锁闭在定位；填写（5/7），表示将 5/7 号道岔锁闭在反位。

当进路中包括防护道岔、带动道岔时，应填写有关道岔的编号和位置。

a）防护道岔。

为了防止侧面冲突，将不在进路上的道岔锁闭在规定位置，这种道岔称为防护道岔。对防护道岔必须进行联锁条件的检查，若防护道岔不在防护位置，则进路不能建立。

例如，图 4-2 中办理东郊方面至 4G 的接车进路时，为了禁止办理与之交叉的进路，将 9/11 道岔防护锁闭在定位位置，记作[9/11]。

b）带动道岔。

为了满足平行作业的需要，排列进路时把某些不在进路上的道岔带动到规定位置，并对其锁闭，这种道岔称为带动道岔。对于带动道岔，无须进行联锁条件检查，因为即便它们不能转换到规定位置，也不影响进路的建立，不涉及行车安全问题，只是影响效率。

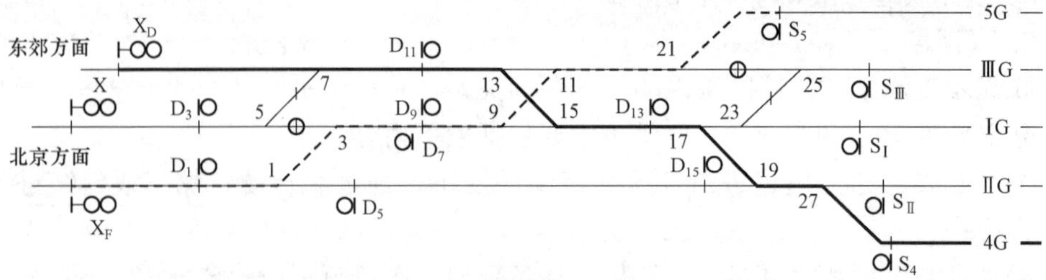

图 4-2　防护道岔举例

例如，在图 4-3 中办理北京方面至 4G 的接车进路时，由于 17 和 23 道岔均在 17-23DG 中，为了提高车站作业效率，同时将 23/25 道岔带动至定位，记作{23/25}，这样不影响东郊方面与ⅢG 之间接、发车进路的办理。

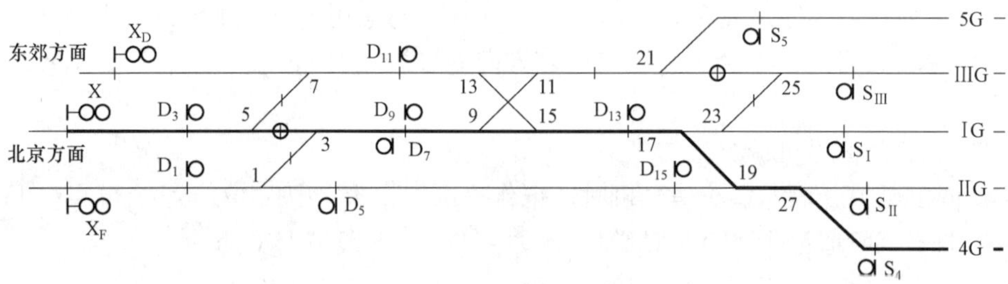

图 4-3　带动道岔举例

⑧“敌对信号”栏。填写排列该进路时本咽喉区的全部敌对信号的名称。

例如，对于出站兼调车信号机，如果填写方式为 S_{I}，表示 S_{I} 信号机的列车和调车信号均为所排进路的敌对信号；如果填写 $S_{\mathrm{I}}L$，表示 S_{I} 信号机的列车信号为所排进路的敌对信号；如果填写 $S_{\mathrm{I}}D$，表示 S_{I} 信号机的调车信号为所排进路的敌对信号。

对于调车信号机，若填写方式为 D_1，表示 D_1 信号机为所排进路的敌对信号。

对于有条件敌对信号，填写方式为敌对信号机名称前加区分条件，如＜1/3＞D_1，表示经 1/3 道岔定位的 D_1 信号机为所排进路的敌对信号；如果填写＜（23/25）＞$S_{\mathrm{III}}L$，表示经 23/25 道岔反位的 S_{III} 信号机的列车信号为所排进路的敌对信号。

⑨“轨道电路区段”栏。顺序填写排列进路时须检查空闲的轨道电路区段名称。

例如，图 4-4 中办理东郊方面至 5G 的接车进路时，当 23/25 道岔处于定位时，如果 25DG 停有车辆，则车辆端部有可能侵入东郊至 5G 接车进路的限界，因此必须检查 25DG 是否空闲，记作＜23/25＞25DG，表示 23/25 道岔定位时，排列进路须检查侵限绝缘区段 25DG 是否空闲。

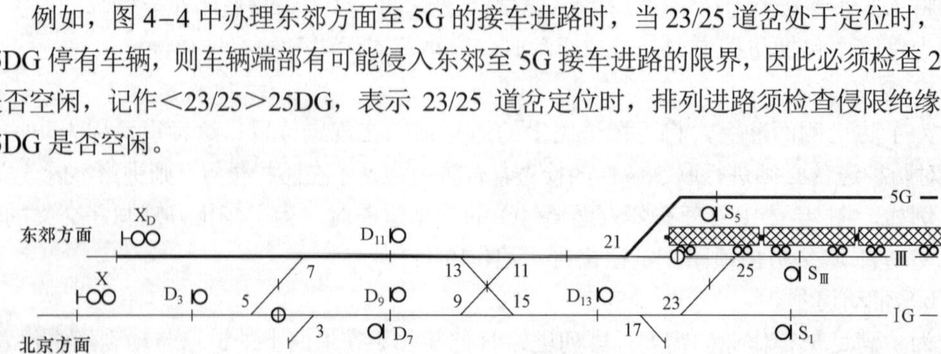

图 4-4　侵限绝缘应用举例

⑩“迎面进路”栏。填写同一到发线上对向列车、调车进路的敌对关系，以线路区段名称表示对另一咽喉对向敌对进路的检查。

⑪“其他联锁”栏。填写与其他联锁的关系，有以下几种：

a）闭塞，BS，表示所排发车进路与邻站间的闭塞关系。

b）非进路调车，F，表示所排进路与非进路调车敌对。

c）得到同意，T，表示本联锁区向其他区域排列进路需得到对方同意。

d）延续进路，Y，表示所排接车进路延续至另一咽喉线路末端。

⑫“进路号码”栏。按表中进路顺序编号，也可按咽喉区、场编号。通过进路不单独编号，将接车进路、发车进路号码以分数形式填写。例如，下行通过进路记作“18/56”。

4.1.3　知识拓展

1. 进路与信号机、轨道区段之间的联锁关系
2. 信号机的关闭时机
3. 车站联锁技术基础

知识拓展

4.1.4　相关规范、规程与标准

1.《铁路技术管理规程（普速铁路部分）》相关规定
2.《铁路技术管理规程（高速铁路部分）》相关规定

相关规范、规程与标准

4.1.5　任务工单

<table>
<tr><td rowspan="2">任务名称</td><td rowspan="2" colspan="2">联锁图表认知</td><td>姓名</td><td></td></tr>
<tr><td>日期</td><td></td></tr>
<tr><td colspan="5">操作方法：
（1）根据所学知识，识别信号平面布置图。
（2）根据信号平面布置图制作联锁表</td></tr>
<tr><td colspan="5">操作中存在的问题及解决方法：</td></tr>
<tr><td>项目</td><td>赋分</td><td>自评得分</td><td>互评得分</td><td>教师评分</td></tr>
<tr><td>正确理解知识</td><td>20</td><td></td><td></td><td></td></tr>
<tr><td>识别信号平面布置图正确</td><td>20</td><td></td><td></td><td></td></tr>
<tr><td>表达清晰准确</td><td>20</td><td></td><td></td><td></td></tr>
<tr><td>制作联锁表正确</td><td>40</td><td></td><td></td><td></td></tr>
<tr><td>综合得分</td><td colspan="4">（自评得分 10%，互评得分 30%，教师评分 60%）</td></tr>
</table>

4.1.6 任务考核

一、选择题

（1）接车进路由（　　）防护。

A. 出站信号　　B. 接车进路信号机

C. 发车进路信号机　　D. 进站信号机

（2）发车进路由（　　）防护。

A. 出站信号机　　B. 进站信号机

C. 调车信号机　　D. 发车进路信号机

（3）联锁表“信号机”栏“L”表示信号机（　　）。

A. 亮绿色灯光　　B. 亮黄色灯光

C. 亮蓝色灯光　　D. 亮白色灯光

（4）“道岔”栏“(21)”表示 21 号道岔（　　）。

A. 被锁闭在反位　　B. 被锁闭在定位

C. 是防护道岔　　D. 是带动道岔

（5）防护道岔是指（　　）。

A. 由多台转辙机牵引的道岔

B. 定位时一起定位，反位时一起反位的道岔

C. 平行作业时必须考虑动作的道岔

D. 防止侧面冲突时必须考虑动作的道岔

二、简答题

（1）联锁的基本内容有哪些？

（2）举例说明接车进路、发车进路、通过进路、调车进路的范围。

（3）什么是联锁表？联锁表由哪些栏目组成？

工作任务 4.2　6502 电气集中联锁认知与操作

4.2.1 工作任务

<table>
<tr><td>任务名称</td><td>6502 电气集中联锁认知与操作</td><td>工单号</td><td></td></tr>
<tr><td>姓名</td><td></td><td>专业</td><td></td></tr>
<tr><td>日期</td><td></td><td>班级</td><td></td></tr>
<tr><td colspan="4">拟完成工作任务：
（1）了解 6502 电气集中联锁设备的组成。
（2）学会运用 6502 车站信号设备平面布置图检查路径。
（3）学习操作控制台设备，按要求办理和取消列车进路和调车进路。
（4）结合非正常接发列车作业要求，熟练进行接发列车操作</td></tr>
</table>

续表

任务目标： 1. 知识目标： （1）了解 6502 电气集中室内、室外设备组成。 （2）了解控制台各种表示灯的名称、作用、显示含义。 （3）掌握正常办理接发列车作业、调车作业的进路排列和取消方法。 2. 能力目标： （1）能够运用 6502 车站信号设备平面布置图检查路径。 （2）能够按要求办理和取消列车进路和调车进路。 3. 思政目标： （1）培养认真负责的工匠精神。 （2）树立安全责任意识
学习重点：用 6502 电气集中联锁设备办理和取消进路的操作
学习难点：用 6502 电气集中联锁设备办理和取消进路的操作
教学所需设备：6502 机械室及室外设备实物、6502 控制台；铁路教学沙盘、仿真控制台；联锁仿真模拟盘

4.2.2 相关配套知识

知识点 1 电气集中联锁主要技术要求

电气集中联锁设备现阶段主要应用的是 6502 电气集中联锁设备。

1. 基本操作原则

电气集中联锁采用双按钮操纵方式，办理进路、取消和人工解锁进路、单独操作道岔等都要按压两个按钮才能使设备动作，这样可防止由于误操作按钮造成信号设备错误动作。办理变通进路，需要按压两个以上的按钮。

2. 接近区段的规定

进路的接近区段，一般指的是信号机外方的第一轨道电路区段。双线自动闭塞区段车站，接车进路的接近区段为进站信号机外方的闭塞分区，其中四显示自动闭塞的车站为二接近和三接近，如图 4–5 所示。单线半自动闭塞区段，接车进路的接近区段即进站信号机外方的接近轨道电路，例如在附图 1 中，X_D 的接近区段为 X_DJG。

发车进路的接近区段一般为股道。在图 4–5 中，上行 4G 发车进路的接近区段为 4G。当办理通过进路时，发车进路的接近区段应从前方列车信号机内方的第一个轨道区段开始，如办理图 4–5 中的经 IG 的下行通过进路，下行通过进路的接近区段为二接近和三接近，而发车进路的接近区段为 X 进站信号机至 X_1 信号机的区段。

调车进路的接近区段为调车信号机外方的第一段轨道电路。如 D_1 为始端向 4G 排列的调车进路，其接近区段为 D_1 至 X_F 信号机之间的轨道区段。

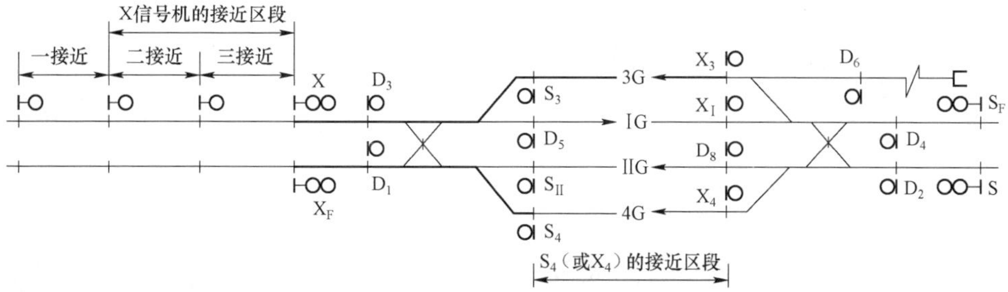

图 4–5 进站、出站、信号机接近区段举例

3. 进路锁闭

进路锁闭指的是进路排通、防护进路的信号开放后，与进路有关的道岔不能转换，有关的敌对信号不能开放。集中联锁的道岔区段是锁闭的主要对象。进路锁闭是指将进路上的道岔和敌对进路锁闭。列车进路、调车进路均设置进路锁闭。

办理好进路后，控制台（或计算机屏幕）上从防护进路的信号开始至进路的终端显示白光带，此时该进路处于锁闭状态。

根据进路接近区段占用状态的不同，进路锁闭分为预先锁闭和接近锁闭。

① 预先锁闭。进路排通、防护进路的信号开放后，接近区段没有车占用时的路锁闭，称为进路的预先锁闭。

② 接近锁闭。进路排通、防护进路的信号开放后，接近区段有车占用时的锁闭，称为进路的接近锁闭，又称为完全锁闭。

当调车信号未设接近区段时，调车信号开放后即构成接近锁闭。

进路的锁闭方式不同，需要采用的解锁方式也不同。预先锁闭采用取消解锁，接近锁闭采用人工延时解锁。

4. 信号的开放和关闭

1）信号的开放

控制台上操纵按钮办理进路后，满足下列条件信号即可自动开放：

① 进路空闲，即进路上各个区段都没有车占用。

② 有关道岔转换并锁闭至规定位置。

③ 敌对进路未建立并锁闭在未建立状态。

④ 进路处于锁闭状态。

2）信号的关闭

信号机应设灯丝监督装置，不间断地检查正在点亮的灯泡的灯丝是否完整。进站、正线出站和接车进路信号机红灯熄灭时不得显示进行信号。信号点灯电路应具有主、副灯丝自动转换功能，列车信号点灯时主灯丝断丝后能自动转换至副灯丝继续点亮灯光，室内控制台上有相应的灯光和声音报警。已经开放的信号，遇下列情况应及时自动关闭：

① 对于列车信号，当列车第一轮对进入该信号机内方第一个轨道区段时。

② 对调车信号，分以下两种情况：

a）对设有接近区段的调车进路，当调车车列全部越过开放的调车信号，即出清调车进路接近区段时若接近区段留有车辆，则车列出清调车信号内方第一个轨道区段时；

b）对不设接近区段的调车进路，当调车车列出清调车信号机内方第一个轨道电路区段时。

③ 当信号显示与防护进路的条件不符合时（如进路上轨道电路故障、道岔位置改变，或信号灯丝断丝等）。

④ 办理取消或人工解锁进路时。

⑤ 当预告及复示信号机的主体信号关闭时。

5. 进路的自动解锁

进路的自动解锁，指的是进路锁闭信号开放后，随着列车的出发、到达、通过及调车车列的牵出、折返，进路上有关轨道电路区段自动解锁，控制台上相应轨道区段的白光带自动熄灭。

根据电路动作的特点不同，进路的自动解锁分为以下两种情况：

① 正常解锁：也称为逐段解锁，即列车或调车车列顺序占用和出清进路的各轨道电路区段后，进路上的轨道电路区段自动顺序解锁。

② 调车中途返回解锁：即在车站咽喉区调车过程中，调车车列未占用或部分占用的牵出进路上的轨道电路区段，能够随着调车车列的折返而自动解锁。

6. 取消解锁和人工解锁

① 取消解锁。当进路处于预先锁闭时，办理“取消解锁”，可将进路解锁。

② 人工解锁。当进路处于接近锁闭时，须办理“人工解锁”，才能将进路解锁。当进路处于“接近锁闭”办理人工解锁进路时，进路自动延时解锁，其中接车进路和正线发车进路延时 3 min，调车进路及站线发车进路延时 30 s。设置延时解锁，是为了防止解锁原有进路改办其他进路时，处于接近区段的列车或调车车列可能由于停车不及冒进信号而压上正在转换的道岔，延时 3 min 或 30 s 能够确保列车或调车车列有足够的停车时间。

提示：“取消解锁”与“人工解锁”两种方式的不同在于使用的按钮不同，操作时执行的手续不同，“取消解锁”时需要按压“总取消”按钮和该进路的始端按钮；“人工解锁”时需要按压“总人工解锁”按钮和该进路的始端按钮。具体操作将在后面详细介绍。

③ 区段人工解锁。当发生车站停电后恢复供电及进路没有完全解锁等情况时，控制台上全部或部分轨道区段显示白光带，此时有关区段均处于锁闭状态，须办理“区段人工解锁”（计算机联锁称为区解或区故解）手续，才能将有关轨道电路区段解锁。

7. 道岔的锁闭与封锁

1）道岔锁闭

除进路锁闭外，联锁道岔还有以下锁闭方式：

① 区段锁闭：道岔区段有车占用时，区段内有关道岔不能转换，称为区段锁闭，此时控制台上有关道岔区段显示红光带。

② 单独锁闭：即利用控制台上道岔按钮断开道岔控制电路，使该道岔不能转换。对道岔进行单独锁闭后，控制台上该道岔表示灯显示红灯。

③ 故障锁闭：即在故障情况下道岔区段被锁闭，此时控制台上有关道岔区段显示白光带，例如，列车经过进路后，由于分路不良使部分轨道电路区段不能解锁，控制台遗留有白光带。

④ 其他锁闭：包括坡度超过 6‰下坡道的接车进路的延续进路锁闭、非进路调车锁闭、引导总锁闭等。

提示：联锁道岔受到上述任一种锁闭时，应保证在机车车辆通过道岔时道岔不能启动。

上述锁闭方式均属于对道岔进行电气锁闭，即通过断开转辙机的控制电路，使转辙机不能转换。除上述锁闭方式外，当设备故障时，为保证行车安全，使用钩锁器对道岔进行现场加锁、钉固等都是车务部门常用的锁闭道岔方式。

信号维护人员在维护、检修道岔时，还要断开转辙机的遮断器，用以保证维护人员维护、检修道岔作业时的安全。

2）道岔封锁

计算机联锁车站还具有对道岔封锁（有的称为单封、岔封）的功能。道岔被封锁后，只能够单独操纵，不能经过该道岔办理进路。

8. 道岔的转换

在不受上述任何一种锁闭的条件下，联锁道岔不仅允许单独操纵，而且能够根据控制台上的操作进行进路式选动，但单独操纵优先于进路式选动。在进路式选动过程中，如果尖轨转换遇阻不能转换到底，为保护电机，允许单独操纵将道岔转回原来位置。

为保证列车作业和调车作业安全，联锁道岔一经启动，则不受列车或调车车列进入道岔区段的影响，应继续使尖轨转换到底。为监督道岔的动作状况，控制台上设有电流表。

道岔转换到位后，控制台有相应定位或反位表示，联动道岔只有两端尖轨均转换到位才能构成位置表示。定位用绿灯表示，反位用黄灯表示，设于控制台的上方。

9. 信号的重复开放

信号因故关闭后，未经人工办理，不能自动重复开放。但确认无影响行车安全的故障，且进路仍然在锁闭状态后，可以按压进路始端按钮重复开放信号。在现场有时称其为“补信号”。

10. 引导接车

办理接车进路时，当有关信号机、轨道电路、道岔等故障时，进站信号不能正常开放，应使用引导接车的方式，进站信号机开放引导信号将列车接入站内。引导接车分为引导进路锁闭接车和引导总锁闭接车。

知识点2 6502电气集中联锁设备

1. 设备组成

6502电气集中联锁设备分为室内设备和室外现场设备两部分，其组成如图4-6所示

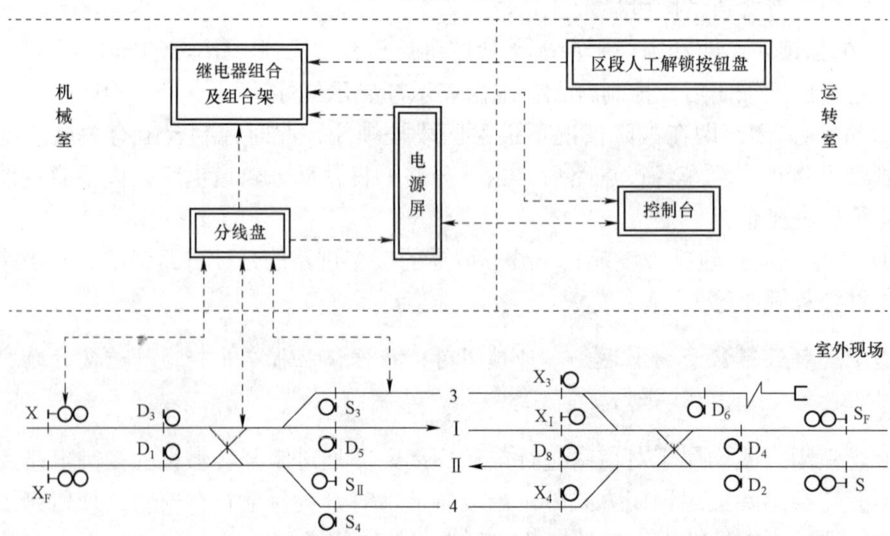

图4-6 6502电气集中联锁设备的组成

示，信号楼内设有运转室和机械室，室内电气集中联锁设备有控制台、继电器组合及组合架、电源屏、区段人工解锁按钮盘和分线盘；室外现场电气集中联锁设备有色灯信号机、转辙机、轨道电路和电缆。

1）信号楼运转室的室内设备

（1）控制台。

控制台设置于车站运转室内，盘面由带有按钮及表示灯的单元块拼装而成，用光带单元块（每个光带单元可显示红色和白色两种灯光）组成模拟站场线路图形，是车站值班员指挥列车运行和调车作业的操纵设备。值班员利用控制台盘面上的按钮操纵全站联锁区域内的道岔、排列进路、开放和关闭信号，并且通过盘面上的表示灯，监督道岔位置、线路占用情况及信号显示状态。

（2）区段人工解锁按钮盘。

区段人工解锁按钮盘安装在车站运转室，在盘面设有 40～120 个带铅封的事故按钮，每个按钮对应于车站的一个道岔区段或有列车经过的无岔区段，如图 4–7 所示。

当轨道电路区段因故障不能按进路方式解锁时，可利用有关按钮办理区段人工解锁。当采用取消解锁或人工解锁的办法也不能关闭信号时，可以利用它关闭信号。

区段人工解锁按钮盘与控制台须间隔一人操作所不能及的距离，操作时一人按压控制台上的总人工解锁按钮，另一人按压区段人工解锁按钮盘的按钮，避免单人错误操作解锁危及行车安全。

2）信号楼机械室的室内设备

（1）继电器组合及组合架。

6502 电气集中联锁电路由若干种继电器定型组合构成，每个定型组合电路均包含有若干固定的继电器，称为继电器组合，完成相应联锁功能。每个继电器组合最多可以安装 10 个继电器，并将这些组合按设计要求安装在组合架上，如图 4–8 所示。

图 4–7　区段人工解锁按钮盘

图 4–8　继电器组合及组合架

（2）电源屏。

电气集中联锁车站设有电源屏，为电气集中联锁提供需要的各种交、直流电源及闪光电源等，并保证所有车站信号设备不间断地供电。有的车站设有区间电源屏，为区间信号设备供电；有的车站设有专门的三相交流转辙机电源屏，为三相交流电动转辙机供电。

（3）分线盘。

分线盘设置于机械室内，是室内外电缆连接的地方，一般位于一侧墙壁上。

除上述设备外，车站机械室还设有区间闭塞设备、车站电码化设备、电务微机监测系统和 TDCS 分机等设备，在 CTC 区段设有车站自律机（不再设置 TDCS 分机），在 200 km/h 以上区段（如 CTCS2、CTCS3 区段）设车站列控中心等设备。

3）室外现场设备

（1）色灯信号机。

电气集中联锁车站上各种信号机可采用透镜式色灯信号机、组合式信号机或 LED 式信号机。进站、预告、正线出站和专用线调车信号机等采用高柱信号机；到发线出站和咽喉区调车信号机均采用矮型信号机。所有信号机的设置必须符合限界规定。

（2）转辙机。

车站联锁区内的每组道岔都设置一台或多台转辙机，用以转换和锁闭道岔、反映道岔所处的位置。目前，在一般车站使用 ZD_6 型直流电动转辙机，提速区段的车站正线使用 S700K 型交流电动转辙机、ZYJ_7 型电液转辙机或 $ZD(J)_9$ 型电动转辙机。

（3）轨道电路。

电气集中联锁车站的到发线、联锁道岔区段及车站的接近、离去区段，均应装设轨道电路，在电气化区段一般采用 25 Hz 相敏轨道电路。

轨道电路用来反映列车占用线路情况和传递行车信息。

（4）电缆。

室内与室外信号设备间、室内控制台与继电器组合架之间都使用电缆连接，电缆分为信号电缆、道岔电缆和轨道电缆。室外电缆的分歧点、连接点及终点设有电缆盒，用以实现电缆与电缆、电缆与设备之间的连接。从安全角度出发，也为了日后维修方便，推荐使用电缆盒连接。

2. 6502 电气集中联锁控制台

6502 电气集中联锁采用控制和表示合用的控制台，附图 2 为 6502 电气集中联锁控制台示意图。控制台上的按钮用于进行各种操作，主要有以下两种分类方式：

① 按照动作位置不同，按钮分为二位式和三位式。二位式按钮只有定位（平时所处位置）和按下两个位置，三位式按钮除了定位和按下位置外，还有拉出停留位置。

② 按照恢复方式不同，按钮还分为自复式和非自复式两种，自复式按钮带复位弹簧，按下时接通，松手后自动恢复定位，非自复式按钮无复位弹簧，按下后处于按下位置，恢复时需手动拉出。

提示：控制台上涉及行车安全的按钮必须加铅封，必要时可装设计数器监督按钮的使用。

在控制台盘面上，利用光带模拟站场线路。排列与取消进路时，控制台上有明显的表示，通过光带不同状态监督进路的开通、解锁，以及轨道区段的占用、空闲和故障等状态，同时利用信号复示器和道岔表示灯监督室外、现场信号机、道岔的状态。

3. 6502 电气集中联锁控制台的按钮和表示灯

1）进路按钮及其表示灯

（1）列车进路按钮。

二位自复式绿色按钮，设在进站及出站信号复示器外方的光带上，办理列车进路时作为始端、终端按钮。相应的列车按钮根据相应列车信号机命名，例如，对应 X 设置 XLA，对应 S 设置 SLA；根据需要股道端部的调车信号机应设置列车按钮，例如附图 1 中 S_1 处如果设置 D_{17}，则相应设置 D_{17}LA；在接、发车进路的终端处若没有信号机，也应设一个进路终端按钮，例如 SLZA。有关按钮设置见附图 2。

（2）调车进路按钮。

二位自复式白色按钮，设在调车信号复示器线路旁边，办理调车进路时作为始端、终端按钮，相应的调车按钮根据相应调车信号机命名，如 D_1A、D_3A 在出站兼调车信号复示器旁的光带上设一个列车进路按钮，在光带下方设一个调车进路按钮，分别供办理列车进路和调车进路用，如 S_1LA、S_4DA。

（3）变通按钮。

在大站，咽喉道岔较多，从进路的始端至终端往往有几条径路，一般根据作业需要规定其中一条为基本进路，其余均为变通进路。在变通进路与基本进路不重叠的位置上如果无调车进路按钮，则在相应位置的光带上增设变通按钮。变通按钮为二位自复式绿色按钮，用于办理变通进路。反方向的单置调车按钮可兼作调车变通进路的变通按钮。差置和并置调车信号按钮不能兼作调车变通进路的变通按钮。但所有的调车按钮均可兼作列车变通进路的变通按钮。

作为变通按钮的两个原则是：一是性质不同，如列车和调车；二是方向不同，如顺向和逆向。满足其一即可兼作变通按钮。

（4）通过按钮。

对应有通过进路的进站信号复示器外方光带上设置通过按钮。通过按钮为二位自复式绿色按钮，仅供办理正线通过进路使用，如 STA、XTA。对于附图 1 东郊方面，由于没有经过道岔直向位置的通过进路，因此 X_D 进站信号复示器外方光带上不设置通过按钮。

（5）按钮表示灯。

为了记录或监督按钮的按下，对应每个按钮设置表示灯，按钮表示灯显示闪光或稳定灯光时，表示进行了按下按钮的操作。

2）光带

在控制台盘面上利用光带模拟站场线路，通过光带状态可监督进路的锁闭和解锁、轨道区段的占用、空闲和故障，以及道岔的开通方向等。

（1）站内部分。

用于监督站内轨道电路的光带有三种状态：平时应处于灭灯状态；控制台显示红光带时表示对应的轨道区段被占用或故障；当办理好进路时，控制台上该进路有关轨道区段均显示白光带。

（2）区间部分。

为了监督与车站相邻的区间有关轨道电路，控制台设置接近、离去表示灯。

半自动闭塞区段仅监督进站信号机外方的接近区段轨道电路，如附图 2 中东郊方面进站信号机外方的 X_DJG 表示光带；自动闭塞区段进站方向设置一接近、二接近表示灯，出站方向设置一离去、二离去表示灯，双方向自动闭塞区段还应设置反方向接近、离去表示灯。

接近、离去表示灯只有两种状态，灭灯表示该区段空闲，显示红灯表示该区段被占用或故障。

3）信号复示器

信号复示器用于监督室外信号机状态。除进站、接车进路信号复示器经常显示红灯外，其他信号复示器平时均处于熄灭状态，表示有关信号机关闭。

① 进站信号复示器：平时显示红灯，表示相应进站信号机关闭。当进站信号机开放允许信号时，例如绿灯、一个黄灯及两个黄灯，其复示器显示绿灯；当进站信号机开放引导信号时，其复示器显示一个红灯和一个白灯。

② 出站兼调车信号复示器：平时灭灯，表示相应信号机关闭。当出站兼调车信号机开放允许信号时，例如黄灯、绿灯，其信号复示器显示绿灯；当出站兼调车信号机开放调车信号（即白灯）时，其信号复示器显示白灯。

③ 调车信号复示器：平时灭灯，表示相应信号机关闭。当调车信号机开放后，其复示器显示白灯。

提示：当信号复示器闪光时，通常表示相应信号灯熄灭，还有以下含义：
① 红灯闪光，表示其红灯主、副灯丝双断。
② 进站信号复示器红灯点亮同时白灯闪光，表示开放引导信号时白灯灯泡断丝。
③ 出站兼调车信号复示器白灯闪光，表示出站信号机红灯主、副灯丝双断。
④ 调车信号复示器白灯闪光，表示调车信号机蓝灯主、副灯丝双断。

4）与操纵道岔有关的按钮和表示灯

每咽喉区设道岔总定位按钮和总反位按钮各一个。这两个按钮均为二位自复式按钮，总定位按钮上方有一个绿灯，总反位按钮上方有一个黄灯，按下按钮时点亮。

每组道岔设一个道岔按钮（双动道岔合用一个道岔按钮），按钮为红色。按下为自复式，用于单独转换该组道岔；拉出为非自复式，用于对该组道岔单独锁闭；在拉出位置时，按钮表示灯点亮红灯。新型 6502 控制台上对应每组道岔设置两个控制按钮，一个用于单独转换道岔，另一个用于单独锁闭道岔，按下时按钮表示灯点亮。

每组道岔按钮上方设两个表示灯，亮绿灯表示道岔在定位，亮黄灯表示道岔在反位，道岔在转换中或挤岔时，其黄灯和绿灯均不亮。

5）与闭塞有关的按钮和表示灯

① 单线半自动闭塞区段的车站，控制台上设置闭塞按钮、事故按钮、复原按钮以及接车表示灯、发车表示灯，用于与相邻站办理闭塞。

② 自动闭塞区段不需要办理闭塞手续，因此不设置闭塞表示灯。但在双线双向自动闭塞区段，为改变区间运行方向，增设了允许改变方向按钮、接车辅助按钮、发车辅助按钮、总辅助按钮，以及监督区间表示灯、辅助办理表示灯等，其应用将在“闭塞设备”中具体说明。

6）其他按钮和表示灯

除上述外，控制台上还设置有引导按钮、引导总锁闭按钮、总取消按钮、总人工解锁按钮等按钮及各种报警表示灯，将在后面结合应用进行介绍。

知识点 3 列车进路办理方法

6502 电气集中联锁采用双按钮选路方式，即只需在控制台上顺序按压进路的始端、终端按钮，就能够按照操作意图自动转换道岔、锁闭进路、开放信号，而且不论进路中有多少道岔，均能自动转换。

在大站上进路的始端和终端之间往往有几条径路可走，规定其中一条路径最短或对其他进路影响最小的进路为基本进路，其余则为变通进路，也叫迂回进路。当基本进路由于某种原因不能办理时，可以改为排列迂回进路。

6502 电气集中联锁同一咽喉区同一时间只能办理一条进路，即在“排列进路”表示灯点亮时不能办理第二条进路。只有第一条进路已经选出，排列进路表示灯熄灭后才能办理第二条进路。进路上有车占用、轨道电路故障、正在进行人工解锁以及敌对进路已建立时，都不能办理进路。防护进路的信号机只有在其防护的进路空闲（包括超限绝缘检查）、有关道岔位置正确、进路锁闭、未进行人工解锁、敌对进路未建立时才能开放。

以下办理进路方法均以附图 2 所示控制台为例说明。

1. 办理接车进路

办理接车进路时，以防护接车进路的进站信号的列车按钮为始端按钮，以股道入口处的列车按钮为终端按钮，即差置和并置按钮互为终端。下面以办理附图 1 中北京方面至 4G 的下行接车进路为例进行介绍。

① 按下防护进路的信号机，即 X 进站信号机的列车按钮 XLA 作为始端按钮，其按钮表示灯闪光，本咽喉的排列进路表示灯显示红灯。

② 按下 4G 入口处的列车按钮，即 S_4LA 作为终端按钮（而非 X_4LA），其按钮表示灯闪光，开始选路。

③ 当排列进路表示灯红灯熄灭时，表示进路已选出，此时本咽喉才可以选排其他进路。

④ 根据选出的进路，有关道岔顺序转换至要求位置，按照联锁关系的要求进行检查后，控制台上从进站信号机 X 至 4G 下行出站信号机 X_4（即进路的始端至终端）显示白光带，表示实施了进路锁闭。

⑤ 进路锁闭后，控制台上相应的信号复示器显示绿灯，说明防护进路的信号机 X 开放。

⑥ 有关进路按钮表示灯熄灭，接车进路建立。

同样，办理东郊方面向 5G 的下行接车进路，顺序按下 X_D 进站信号机的 X_DLA 和 5G 入口处的 S_5LA 办理进路，有关表示灯显示同上。

2. 办理发车进路

办理发车进路时，以防护进路信号机处的列车按钮为始端按钮，以发车进路终端处的列车按钮为终端按钮。

发车进路办理

在如图 4-10 所示的信号设备平面图中，当需办理 5G 向东郊方面的发车进路时，由于其相接区间采用半自动闭塞，须办好闭塞手续开通区间。先按压 S 出站信号机的列车进路按钮 S_5LA，再按压 X_D 进站信号机的进路按钮 X_DLA，进路选出后，控制台上显示白光带（从相应 S_5 处到 X_D 处），S_5 出站信号机信号复示器显示绿灯，S_5 出站信号机显示绿灯并点亮相应进路表示器，指示向次要方向，即东郊方面发车。

当办理 4G 向北京方面发车进路时，需顺序按压 S_4LA 和 X_FLA 即可办理发车进路。由于向北京方面是自动闭塞，出站信号显示受前行列车离去情况控制：

① 若第一离去表示灯点亮，出站信号机防护的闭塞分区不空闲，出站信号机不能开放。

② 若第二离去表示灯点亮、第一离去表示灯熄灭，即运行前方一个闭塞分区空闲，办理发车进路后出站信号机只能开放黄灯。

③ 若第三离去表示灯点亮，办理发车进路后出站信号机开放一个绿灯和黄灯，表示运行前方两个闭塞分区空闲。

④ 若第一、第二、第三离去表示灯熄灭，办理发车进路后出站信号机开放绿灯，表示运行前方至少三个闭塞分区空闲。

在办理接、发车进路时，应注意进路中侵限绝缘的情况。例如在图 4-9 中，东郊方面向 5G 接车进路中 21DG 涉及侵限绝缘，当它们的邻近区段 25DG（23/25 号道岔在定位时）有车占用时，进路不能建立；只有该道岔无车占用时（记作＜23/25＞25DG），该进路才能建立。

23/25 号道岔反位时，由于此两条进路是平行进路，没有冲突危险，可以占用 25DG 办理ⅢG 向北京方面发车进路。

进站信号机和有通过进路的正线出站信号机或进路信号机，红灯灭灯时，信号复示器闪光，不得开放信号，以防止信号开放后突然关闭时不能点亮红灯而危及行车安全。

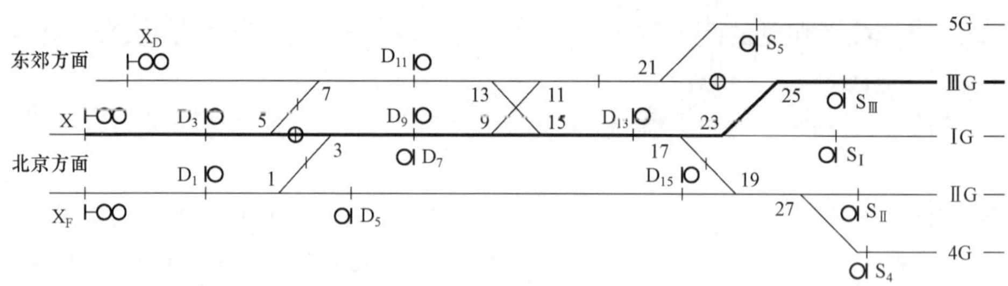

图 4-9 基本进路与变通进路、侵限绝缘检查

3. 办理通过进路

通过进路由正线接车进路和同方向正线发车进路构成，可采用分段办理方式，即分别办理正线接车进路和发车进路，建立通过进路。

为了简化办理通过进路手续，凡有通过进路的车站增设通过按钮。例如，办理正线下行通过进路，只要顺序按压下行通过按钮 XTA 和另一咽喉列车终端按钮 S_FLA，则上、下行咽喉同时选路，当接、发车进路建立并锁闭后，整条通过进路亮白光带，信号机 X、$X_Ⅰ$开放。

对于东郊方面，虽然接车进路为直向，但没有直向的发车进路，不能办理通过进路，故不能设通过按钮。

4. 办理变通进路

在大站咽喉区内，进路的始端和终端之间往往有几条径路可选，根据作业需要，一般规定路径最短或对其他进路影响最小的进路为基本进路，其余为变通进路，又称作迂回进路。

例如，附图 1 中北京方面至ⅢG 之间有三条进路：一条是经由道岔 23/25 反位的进路，对其他进路影响最小，如图 4-10 所示，规定其为基本进路，其他两条进路，即一条经由道岔 5/7 反位的进路，一条经由道岔 9/11 反位的进路，规定为变通进路。

又如，由ⅢG 向北京方面发车时有两条进路，一条是经由道岔 23/25 反位的进路，规定它为基本进路，另一条是经由道岔 9/11 反位的进路，称为变通进路。

采用双按钮方式选路时规定的基本原则是：顺序按压进路始端、终端按钮之后，只准选出预先规定的基本进路，不准自动改选变通进路。

如果需要选用变通进路，必须在附加操作手续的情况下，即顺序按压始端的列车进路按钮、变通按钮和终端列车进路按钮，才能选出变通进路，从而保证选出的进路与操作人员的意图相符合。列车进路变通按钮的确定方法如下：

① 在变通进路而不在基本进路上（以下简称变通位置）的调车信号按钮，无论单置、并置、差置，均可作为列车进路变通按钮。如果同时有几个调车信号按钮满足要求，办理时只需按压其中任意一个即可。例如，办理由 4G 向北京方面发车变通进路，应顺序按压 S_4LA、D_{13}A（或 D_7A 或 D_9A）、X_FLZA 三个按钮。

② 在变通位置没有调车按钮时，应把专门设置的变通按钮（如 BA）作为列车进路的变通按钮。例如，办理ⅢG 向北京方面发车的变通进路，应顺序按压 $S_{Ⅲ}$LA、BA、X_FLA 三个按钮。

知识点 4　调车进路办理方法

1. 办理基本进路

办理调车进路与办理列车进路的原则相同，只是按压调车进路按钮，该按钮为白色。调车进路的始端按钮，是防护进路的信号机处的调车按钮，下面按不同情况确定调车进路的终端按钮。

① 以单置调车信号机为进路终端时，其终端按钮为该调车信号机的调车按钮。例如，办理 D_3 至 D_{11} 的调车进路，应以 D_3A、D_{11}A 作为进路的始端、终端按钮。

② 以并置或差置调车信号机为进路终端时，终端按钮是与进路终端调车信号机构成并置或差置关系的调车信号机的进路按钮，而不能使用终端调车信号机的进路按钮，这是由电路结构所决定的。例如，办理 D_3 至 D_9 的调车进路，应以 D_3A、D_7A 作为进路的始端、终端按钮。又如，顺序按压 S_4DA、D_{15}A，办理 S_4 至 D_5 的调车进路。

向进站或出站方向无岔区段以及牵出线等调车时，有关调车信号机与进路终端构成类似差置信号机结构，可依照上述方法办理。例如，由 D_5 向北京方面站界调车（即 D_5 至ⅡAG）时，应以 D_5A、D_1A 作为进路始端、终端按钮。

③ 向东郊方面站界进行不出站调车时，由于进路终端轨道电路区段包含道岔，需专设调车终端按钮（如 X_DDZA），用于办理调车进路。例如，由 5G 向 X_D 调车时，应顺序按压 S_5DA、X_DDZA 办理调车进路。

2. 办理长调车进路

① 分段办理。长调车进路可以分段办理，即分别办理组成长调车进路的各段短调车进路。例如，办理 D_1 至 IG 调车，应先办理 D_{13} 至 IG 调车进路，D_{13} 信号机开放后，再办理 D_9 至 D_{13} 的调车进路，D_9 信号机开放后再办理 D_1 至 D_9 的调车进路，开放信号机 D_1。即按照由远及近的原则办理各段进路，防止调车车列运行后又停止，阻塞咽喉，影响作业效率，或者误认信号造成挤岔事故。

② 一次办理。为了简化操作手续，长调车进路可以一次办理，只按下长调车进路

的始端、终端按钮，即可选出整条长调车进路，其终端按钮的确定原则同上。例如，办理D_1至IG调车进路，可先按压D_1A，再按压S_1DA，进路上调车信号机D_{13}、D_9、D_1自动由远及近顺序开放，如果中间调车信号机不能开放，则近端调车信号机不能开放。

3. 办理变通进路

办理调车变通进路与办理列车变通进路方法相似，即顺序按压始端的调车进路按钮、变通按钮和终端调车进路按钮，选出变通进路。其中，变通按钮确定方法如下：

① 在变通位置上有专门设置的变通按钮（BA）时，可将其作为调车进路的变通按钮。例如，办理D_9至ⅢG经由道岔9/11反位，21、23/25定位的变通进路（基本进路规定经由道岔9/11、13/15、17/19定位，23/25反位），应顺序按压D_9A、BA、$S_{Ⅲ}$ DA。

② 在变通位置上的反向单置调车信号按钮，可作为调车进路变通按钮。例如，办理S_1D至IAG经由道岔13/15、5/7反位的八字形变通进路时，$D_{11}A$可作为变通按钮，顺序按压S_1DA、$D_{11}A$、D_3A即可选出该进路。

③ 在变通位置上的并置、差置及同向单置调车按钮不能作为调车变通进路的变通按钮。例如，办理由D_1至ⅢG的变通进路，D_7A、D_9A、$D_{13}A$都不能作为变通按钮使用，此时必须分段办理该变通进路。

知识点5 控制台的其他操作

1. 道岔的单独操纵

控制台上方设有道岔按钮和总定位、总反位按钮，其中道岔按钮为三位带灯按钮，按下为自复式，拉出为非自复式。

当有关道岔区段未处于锁闭状态时，可以单独转换道岔，同时按压道岔按钮和道岔总定位按钮，道岔转换至定位，道岔表示灯显示绿灯；同时按压道岔按钮和道岔总反位按钮，道岔转换至反位，道岔表示灯显示黄灯。

2. 道岔的单独锁闭

车站办理接、发列车作业时，由于设备故障等原因需要单独锁闭某组道岔时，只需按下单独锁闭按钮，待该按钮内红灯亮时，表示该道岔被单独锁闭，不能转换。解除单独锁闭时，再次按下该按钮，按钮弹出（有的控制台需拉出道岔按钮），按钮内红灯熄灭，表示锁闭已解除。

3. 重复开放信号

车站办理好进路信号开放后，由于进路上轨道电路瞬间显示红光带等原因，会造成防护进路的信号自动关闭。根据联锁设备的技术要求，故障恢复后信号不能自动重复开放，需人工操作信号才能开放。

重复开放信号的方法是：经工务、电务等设备部门确认故障恢复并签认后，在已有进路处于锁闭状态（即白光带完好）的基础上，按压进路的始端按钮，防护进路的信号即可重复开放。在现场有时称之为“补信号”。例如，办理好北京方面至4G的接车进路后，由于进路中瞬间显示红光带造成X进站信号机关闭。确认室外设备完好及进路锁闭完整后，在控制台按压XLA，即可重复开放X进站信号机。

4. 取消误按进路按钮

6502电气集中联锁设备的电路能够自动记录对于进路按钮的按下操作。当由于误按某进路按钮造成按钮表示灯闪光时，控制台上本咽喉区的“排列进路”表示灯也显示红灯。此时，只有取消对该按钮的操作，该咽喉区才能办理其他进路。

取消误按进路按钮的方法是：按下本咽喉区的总取消按钮，本咽喉区所有进路按钮表示灯及排列进路表示灯均熄灭，取消对进路按钮的按下操作。

当由于道岔、轨道电路故障等原因，按下进路的始端、终端按钮后进路不能建立时，有关按钮的表示灯也处于闪光状态，按上述方法同样能够取消对进路按钮的操作。

5. 接通表示灯

① 接通光带。每咽喉区设置一个二位自复式。接通光带按钮，按下该按钮，可使本咽喉区内按道岔开通位置点亮全部光带（但不说明进路已经建立），便于了解各道岔开通方向。

② 接通道岔。每咽喉区设置一个二位非自复式。接通道岔按钮，按下该按钮，使本咽喉区所有道岔表示灯按道岔所在位置点亮；拉出该按钮，道岔表示灯熄灭。

6. 切断报警

当发生挤岔、跳信号、主灯丝断丝等故障时，6502 电气集中联锁控制台有声光报警，对于每种故障均设置有二位非自复式按钮，用于切断声音报警。

1）挤岔报警

控制台下方中部设置有挤岔按钮，该按钮上方设置红色的挤岔表示灯，监督全站道岔。

故障现象：控制台上电铃鸣响，挤岔表示灯亮，相应道岔的定、反位表示灯均熄灭，其他道岔表示正常。

故障原因：无表示的道岔挤岔或失去表示超过 13 s。

操作：

① 车站值班员按下挤岔按钮，使电铃暂停鸣响，并通知维修人员及时修复。

② 修复后，电铃再次鸣响，通知车站值班员故障修复。

③ 拉出挤岔按钮，电铃停止鸣响。

2）主灯丝断丝报警

控制台下方每个咽喉区设置一个灯丝报警按钮，该按钮上方设置红色的灯丝断丝报警表示灯。

故障现象：控制台上电铃鸣响，主灯丝报警表示灯亮。

故障原因：本咽喉区某一列车信号机正点亮的灯泡主灯丝故障，改点副灯丝。

操作：

① 车站值班员按下灯丝报警按钮，使电铃暂停鸣响，并通知维修人员及时更换灯泡。

② 修复后，电铃再次鸣响，通知车站值班员故障已修复。

③ 拉出灯丝报警按钮，电铃停止鸣响。

3）跳信号报警

控制台下方每个咽喉区设置一个跳信号报警按钮，按钮上方设置红色的表示灯。

故障现象：控制台上电铃鸣响，跳信号报警表示灯亮。

故障原因：本咽喉区已开放的进站信号机或正线出站信号机在列车未接近时因故自动关闭。

操作：

① 车站值班员按下跳信号报警按钮，使电铃暂停鸣响，并通知维修人员及时维修。

② 修复后，电铃再次鸣响，通知车站值班员故障已修复。

③ 拉出跳信号报警按钮，电铃停止鸣响。

4）区间报警

当区间为自动闭塞时，控制台下方两端各设置一个区间报警按钮，按钮上方设置红色的区间报警表示灯。

故障现象：控制台上电铃鸣响，区间报警表示灯亮。

故障原因：相应方向的区间某信号点设备发生故障。

操作：

① 车站值班员按下区间报警按钮，使电铃暂停鸣响，并通知维修人员及时维修。

② 修复后，电铃再次鸣响，通知车站值班员故障已修复。

③ 拉出“区间报警”按钮，电铃停止鸣响。

5）电源切换报警

控制台中部上方设置电源切换按钮及绿色的主电源表示灯和白色的副电源表示灯，主电源供电时，主电源表示灯亮；副电源供电时，副电源表示灯亮。

故障现象：控制台上电铃鸣响，主、副电源的表示灯发生切换。

故障原因：主电源转至副电源供电（或者副电源转至主电源供电）。

操作：

① 电源表示灯白灯亮，说明主电源供电转至副电源供电，按下电源切换按钮，电铃停止鸣响。

② 电源表示灯绿灯亮，说明副电源供电转至主电源供电，拉出电源切换按钮，电铃停止鸣响。

注意：此按钮仅用于切断电源切换电铃电路，不能进行两路电源的转换。

与上述相似的还有“站内电码化”按钮及表示灯等，不再一一赘述。除此之外，控制台还有其他操作及表示功能，如半自动闭塞的按钮及表示灯等，将在后续章节进行说明。

4.2.3 知识拓展

1. 引导接车办理方法
2. 进路的解锁

知识拓展

4.2.4 相关规范、规程与标准

《铁路技术管理规程（普速铁路部分）》相关规定

相关规范、规程与标准

4.2.5　任务工单

<table>
<tr><td rowspan="2">任务名称</td><td rowspan="2" colspan="2">6502 电气集中联锁认知与操作</td><td>姓名</td><td></td></tr>
<tr><td>日期</td><td></td></tr>
<tr><td colspan="5">操作方法：
（1）根据所学知识，掌握 6502 电气集中联锁设备组成。
（2）能运用 6502 车站信号设备平面布置图检查路径。
（3）能办理和取消列车进路、调车进路</td></tr>
<tr><td colspan="5">操作中存在的问题及解决方法：</td></tr>
<tr><td>项目</td><td>赋分</td><td>自评得分</td><td>互评得分</td><td>教师评分</td></tr>
<tr><td>正确理解知识</td><td>15</td><td></td><td></td><td></td></tr>
<tr><td>运用 6502 检查路径正确</td><td>15</td><td></td><td></td><td></td></tr>
<tr><td>办理和取消列车进路正确</td><td>35</td><td></td><td></td><td></td></tr>
<tr><td>办理和取消调车进路正确</td><td>35</td><td></td><td></td><td></td></tr>
<tr><td>综合得分</td><td colspan="4">（自评得分 10%，互评得分 30%，教师评分 60%）</td></tr>
</table>

4.2.6　任务考核

一、判断题

（1）电气集中联锁室内设备有控制台、电源屏、分线盘、继电器组合及组合架、地下电缆。（　　）

（2）6502 控制台上列车进路按钮为二位自复式绿色按钮。（　　）

（3）6502 控制台上亮红光带表示相应轨道电路被占用或故障。（　　）

二、选择题

（1）当进路处于接近锁闭时，如需解锁轨道电路区段，需采用（　　）办法。

A. 人工解锁　　B. 取消　　C. 区段故障解锁　　D. 总人工解锁

（2）重复开放信号的办法是：经有关部门（如工务、电务部门）确认故障恢复并签认后，在已有进路处于（　　）状态（白光带完好）的基础上，按压（　　），防护进路的信号机即可重新开放。

A. 锁闭状态、进路的终端按钮　　B. 锁闭状态、进路的始端按钮

C. 解锁状态、进路的始端按钮　　D. 解锁状态、进路的终端按钮

三、简答题

（1）举例说明怎样办理列车进路。

（2）举例说明进路怎样正常解锁。

（3）举例说明怎样办理进路的取消解锁。

工作任务 4.3　计算机联锁设备认知与操作

4.3.1　工作任务

<table>
<tr><td>任务名称</td><td>计算机联锁设备认知与操作</td><td>工单号</td><td></td></tr>
<tr><td>姓名</td><td></td><td>专业</td><td></td></tr>
<tr><td>日期</td><td></td><td>班级</td><td></td></tr>
<tr><td colspan="4">拟完成工作任务：
（1）参观实训室，比较计算机联锁与 6502 电气集中联锁的异同。
（2）观察和学习联锁操作界面的按钮、表示灯，掌握其用途。
（3）熟悉并操作设备，办理各种进路和取消进路</td></tr>
<tr><td colspan="4">任务目标：
1. 知识目标：
（1）了解计算机联锁室内、室外设备组成。
（2）掌握计算机联锁屏幕各种按钮、表示灯的名称、作用、显示意义。
2. 能力目标：
（1）能够按要求操作设备，办理和取消各种进路。
（2）能够按要求办理和取消列车进路和调车进路。
3. 思政目标：
（1）培养认真负责的工匠精神。
（2）树立安全责任意识</td></tr>
<tr><td colspan="4">学习重点：计算机联锁设备办理和取消进路的操作</td></tr>
<tr><td colspan="4">学习难点：计算机联锁设备办理和取消进路的操作</td></tr>
<tr><td colspan="4">教学所需设备：计算机联锁系统实物、JD 系列、DS_6 系列等常用计算机联锁仿真软件</td></tr>
</table>

4.3.2　相关配套知识

知识点 1　计算机联锁的优势

继电集中联锁性能较稳定，得到了普遍应用。但由于其由继电器组成逻辑电路，难以表达和实现复杂的逻辑关系，因而功能不够完善，安全性能尚有欠缺，不便于与现代化信息系统联网，经济上没有优势，势必为更高层次的联锁设备——计算机联锁取代。

计算机联锁的概念

计算机联锁用微机和其他一些电子、继电器件组成具有“故障—安全”性能的实时控制系统。它与继电集中联锁相比具有十分明显的技术优势，在安全性、可靠性、经济性各方面，都是继电集中联锁无法比拟的，而且设计、施工、维修、维护和使用大为方便。它是车站联锁设备的发展方向。

与继电集中联锁相比，计算机联锁具有以下特点：

① 随着大规模集成电路的发展，计算机联锁系统性价比的优势将更大。

② 采取硬件和软件冗余技术后（如双机热备系统、三取二表决系统等），系统的安全性、可靠性将得到提高。

③ 联锁功能更加完善，便于增加进路储存、自动选路等新功能，克服电气集中联

锁难以解决的问题。

④ 减少系统设计、施工、维护、改造的工作量，易于实现系统自管理，利用自诊断、自检测功能及远距离联网，可实现远距离诊断。

⑤ 人机界面灵活，显示内容丰富，信息量大，可与行车调度系统、列车控制系统联网，提供及交换各种信息，满足铁路信号向智能化和网络化方向发展的要求，实现行车管理现代化。

知识点 2 计算机联锁设备的组成

虽然各种制式的计算机联锁的结构有一定的差异，但其基本原理相同。

车站联锁控制系统是实现以进路控制为主要内容的联锁功能控制系统。计算机联锁控制系统仍然以色灯信号机、转辙机和轨道电路作为室外三大基础设备，以计算机设备实现联锁功能，并对轨道区段、信号机、转辙机进行监控。计算机联锁系统的层次结构如图 4-10 所示。

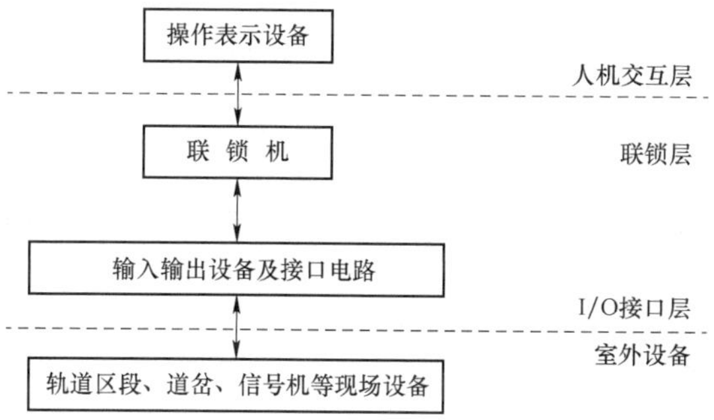

图 4-10　计算机联锁系统的层次结构

1. 操作表示设备

操作表示设备又称为上位机、操作表示机、控显机、监控机等，其操作和显示部分设置于车站信号楼的运转室，主要功能如下：

① 接收车务人员的操作命令，将操作信息通过通信网络传送给联锁机。

② 接收来自联锁机的站场状态数据和提示信息等，在显示器上显示站场情况、系统工作状况、提示信息、报警信息等，对主要的错误或故障提供相应的语音报警。

③ 将各种表示信息、报警信息及时转发给电务维修机。

2. 联锁机

联锁机又称为下位机，设置在车站信号楼的机械室内，是联锁系统的核心，具有“故障—安全”性能，其主要功能如下：

① 实时接收来自操作表示设备的操作命令和来自输入接口电路的现场设备状态信息。

② 对输入信息进行逻辑处理、联锁运算，根据运算结果，向输出设备下达控制道岔转换和信号机显示的控制命令，向操作表示设备发送表示信息。

3. 输入输出设备及接口电路

输入输出设备一般由继电电路和驱动采集电路构成。其中，继电电路以 6502 电气集中的信号机点灯电路、转辙机控制电路、轨道电路等为基础。驱动采集电路又称为驱采机、执表机等，其主要作用如下：

① 利用采集板采集有关设备的继电状态，向联锁机传送现场设备信息。

② 接收来自联锁机的命令，利用驱动板驱动有关继电器动作，实现对现场设备的控制。

随着技术的发展，出现了用电子单元代替继电器构成的全电子计算机联锁系统，其接口电路由道岔、信号、轨道、零散、闭塞和电码化六种类型的电子模块构成，具有体积小、功能强大等特点，便于组网、远程管理和远程诊断。

4. 轨道区段、道岔、信号机等现场设备

与6502电气集中联锁相同，不再赘述。

除上述设备外，计算机联锁还配有电务维修机，一般也采用高可靠性的工控机，主要任务是接收来自操作表示机的状态信息、操作信息、提示信息和报警信息，实时显示站场的作业情况，并将系统中各种工作信息存储不少于一个月，需要时可对历史作业情况进行回放，对设备故障进行显示、分析、统计和打印，为电务维修人员进行设备维护和故障维修提供支持。

知识点3 计算机联锁操作方式

计算机联锁基本保留了6502电气集中联锁的操作原则，但计算机联锁多采用显示和操作分开的方式。按人机会话硬件设备形式的不同，有以下几种操作方式。

1. 鼠标操作方式

目前多采用鼠标点击方式，通过鼠标单击显示器上的按钮实现各种功能。鼠标操作方式如图4-11所示。

2. 数字化仪操作方式

数字化仪由各种标准尺寸的面板和控制定位工具组成，与PC通过串行口连接，通过编制通用程序即可实现上位机的按钮发送任务。值班员的操作意图通过操作光笔（电磁笔）点动数字化仪而实现，与传统按压按钮操作方式相似，其特点是不用另外增加硬件设备，只需通过各种绘图软件绘制相应站场图并输入相应数据即可完成控制台的设计。数字化仪操作方式如图4-12所示。

图4-11 鼠标操作方式

图4-12 数字化仪操作方式

3. 控制台操作方式

计算机联锁系统一般都使用大屏幕显示器，使值班员清晰地看到站场的实际状态及各种信息。当站场规模较大时，可以采用多屏显示卡，连接多个大屏幕显示器，分屏显示站场的结构。显示器能够给出 6502 控制台的全部信息，以彩色光带和图形符号模拟表示出整个站场线路、轨道电路区段、信号机及道岔等设备的位置及状态，给出各种操作表示。计算机联锁控制台及其显示如图 4–13 所示。

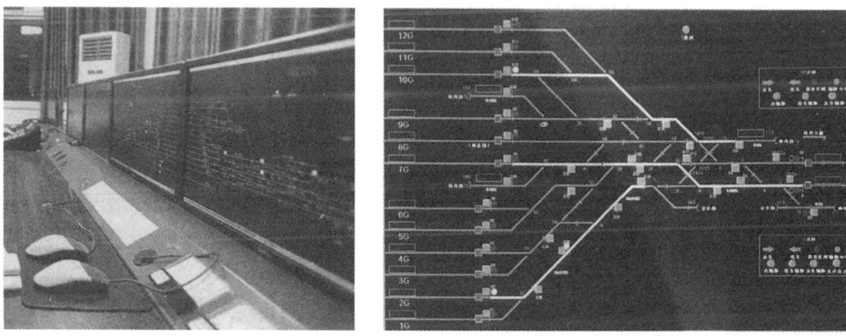

图 4–13 计算机联锁控制台及其显示

作为以计算机为基础的设备，计算机联锁系统还能提供当前时间、无效操作的提示，配合语音系统发出各种报警信号。随着多媒体技术的应用，计算机联锁系统人机界面将更加灵活，将提供更为丰富的信息。

知识点 4 计算机联锁操作方法

下面以 EI32–JD 型计算机联锁系统为例介绍计算机联锁操作方法。

EI32–JD 型计算机联锁系统屏幕保留了 6502 电气集中联锁中按钮及表示灯的设置特点，同时根据操作需要，充分发挥计算机的特点，增加了按钮和显示，其操作界面如图 4–14 所示。

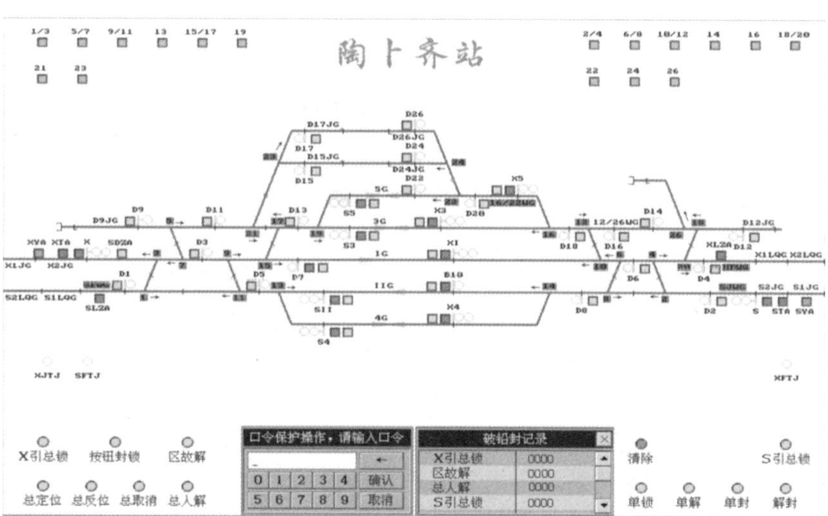

图 4–14 EI32–JD 型计算机联锁系统操作界面

计算机联锁操作

屏幕上的信息显示方式分为两大类：一类是自动显示的，主要包括与进路、道岔和信号有关的信息；另一类是人工检索的，如道岔名、轨道区段名等，需要以鼠标单击相应的菜单框才能显示出来。对于不经常发生或不经常变化的信息，则在屏幕最下一行的信息提示框中自动显示。

无论是操作按钮还是选择菜单框，都是通过操作鼠标实现的。当要操作某一按钮时，首先移动鼠标，将屏幕上的箭头形光标移动到所要操作的按钮上。当按钮作用区内出现手形符号时，再单击鼠标，即相当于按压了该按钮。

1. EI32-JD 型计算机联锁系统的屏幕显示

EI32-JD 型计算机联锁系统的屏幕主要由以下几部分组成。

1）道岔按钮及表示灯

每组道岔设置一个操作按钮，用按钮及道岔名称的不同颜色表示道岔的不同状态。

2）站场图形

屏幕中部为站场图形，信号复示器及进路按钮的设置与 6502 电气集中联锁基本相同，不同之处如下：

① 信号复示器与室外信号机的显示相同，并用禁止灯光的闪烁表示相应信号机灯光熄灭；

② 用进路按钮名称闪烁代替了 6502 电气集中联锁中进路按钮表示灯的闪烁，同时按钮名称的不同颜色表示了当前执行的不同任务；

③ 每个进站信号机的引导按钮设置在进站信号旁边，按下时需要输入口令，以此代替破除铅封。

3）功能按钮

功能按钮除了原有的“总取消”按钮、“总人解”按钮、“总定位”按钮、“总反位”按钮等外，增加了以下按钮：

①“区故解”按钮——与区段名配合使用，完成上电解锁或区段故障解锁功能。

② 道岔的“单锁”和“单解”按钮——与道岔按钮配合，完成对道岔的单独锁闭和解锁。

③ 道岔的“单封”和“解封”按钮——与道岔按钮配合，完成对道岔的封锁和解除封锁。

④“清除”按钮——用于清除不带铅封的操作按钮信息，即“进路控制异常信息框”中的显示信息。

⑤“按钮封锁”按钮——用于设置使列车按钮禁止操作。

4）菜单框

屏幕下方第一行为菜单框或称菜单按钮。单击某一菜单框时，框中出现“√”符号，表示该菜单框曾被单击过，同时屏幕上显示相应的信息。再次单击该框时，表示按钮复原，框中符号“√”及相应的信息随之消失。菜单框主要包括以下 8 个：

① 屏幕汉字——显示或隐藏在站场图中的汉字名，例如牵出线、专用线等。

② 按钮名称——显示或隐藏在站场图中各按钮的名称，例如 STA、D_1A 等。

③ 信号名称——显示或隐藏在站场图中各信号复示器的名称，例如 X、S、D_3 等。

④ 道岔名称——显示或隐藏在站场图中道岔的名称。

⑤ 区段名称——显示或隐藏在站场图中轨道区段的名称。

⑥ 语音暂停——停止当前正在重复（连续）播放的语音信息。

⑦ 时钟设定——修改当前的系统日时钟。

⑧ 铅封记录——单击后能够在屏幕上弹出“破铅封记录”窗口。

5）信息提示框

屏幕最下一行是信息提示框，共包括以下 6 个提示框：

① 异常信息框——包括按钮操作不符合规定或按钮配对有误。

② 故障报警框——当发生灯泡断丝、熔丝断丝、道岔挤岔、发码故障等故障时，框内提供汉字报警信息，而且该框的底色为红、蓝交替闪烁。

③ 延时信息框——反映进路延时解锁等时间变化情况。

④ 联机信息框——反映上位机、下位机、电务维修机，以及上位机与下位机之间的通信网的状态。

⑤ 系统日时钟框——提供与标准时间一致的时钟，为设备状态、行车过程等数据提供时间信息。

⑥ 电源屏供电框——反映电源屏当前由主电源或副电源供电的状态。

6）闭塞按钮及表示灯

根据区间闭塞方式设置有关按钮和表示灯。

① 单线半自动闭塞区段设置闭塞按钮、事故按钮、复原按钮，以及接车表示灯、发车表示灯。

② 双方向自动闭塞区段设置允许改变方向按钮、总辅助按钮、接车辅助按钮、发车辅助按钮，以及监督区间表示灯、辅助办理表示灯、接车表示灯、发车表示灯等。

7）弹出窗口

① 口令输入窗口——当操作人员单击了带铅封的按钮后，系统会弹出一个口令检查窗口，要求用户输入口令并确认。

②“破铅封记录”窗口——当操作人员单击“铅封记录”菜单框后，系统会弹出个“破铅封记录”窗口，列出到目前为止所有带铅封按钮的破封次数。

8）语音提示

列车接近、灯丝断丝等情况发生时，系统会以语音的方式播放提示信息。语音提示包括：道岔挤岔、挤岔恢复、灯丝断丝、灯丝恢复、发码故障、发码恢复、列车接近、脉动故障、脉动恢复、信号故障关闭、特殊声响（用于半自动闭塞）等。

2. 计算机联锁常用操作

EI32–JD 型计算机联锁系统实现与 6502 电气集中联锁相似的功能，增加了“单封”“区故解”等按钮，常用操作包括：办理进路、引导接车、取消解锁和人工解锁、道岔单独操纵等。

1）办理进路

顺序按压进路的始端、终端按钮后，信号机名闪烁。进路建立过程中，屏幕显示出有关道岔的动作情况。进路建立成功，进路呈白色光带。信号开放后，复示器给出相应显示，信号名消失。进路建立失败，屏幕提供相应的信息。

办理接车进路、发车进路、通过进路、调车进路、变通进路的原则，以及重复开放信号等，均与 6502 电气集中联锁一致。

［例 1］ 办理从东郊方面至 5G 的接车进路，顺序单击 X_D 信号机旁的列车按钮（绿色）和 S_5 信号机旁的列车按钮（绿色）即可。

［例 2］ 办理 4G 向北京方面的发车进路，顺序单击 S_4 信号机旁的列车按钮和 X_F 信号机旁的列车按钮。

[例 3] 办理从北京方面向天津方面的经 I 道的下行正线通过进路，顺序单击 X 进站信号机旁的 XTA 按钮和 S_F 信号机旁的列车按钮。

[例 4] 办理 D_{15} 至 4G 的调车进路，顺序单击 D_{15} 信号机旁的调车按钮和 S_4 信号机旁的调车按钮（白色）。

[例 5] 办理从 S_5 至东郊方面进站信号机的调车进路，顺序单击 S 信号机旁的调车按钮和 X_D 信号机旁的调车终端按钮。

2）引导接车

JD 系列引导进路的办理与 6502 电气集中联锁有较大不同，这里仅举例说明，详细操作参见有关操作手册。

（1）进站信号机故障时引导接车。

引导进路的办理也采用了双按钮选路的原则。单击有关引导按钮，输入口令后，单击接车股道的列车按钮作为终端按钮，进路自动选排，将道岔转动到需要的位置，道岔表示正常后，显示白光带表示进路锁闭，进站信号机开放引导信号。

（2）进站信号机内方第一轨道电路区段故障时引导接车。

按照上述方式办理引导进路开放引导信号后，“延时信息框”用倒计时方式显示 14 s 延时，此后必须在延时时间内断续地单击引导信号按钮，才能保持引导信号的开放，直至确认列车头部越过进站信号机。

例如，办理北京方面向 4G 的引导进路锁闭，应先单击 X 进站信号机旁边的蓝色引导按钮，输入口令并单击“确认”按钮后，再单击 S_4 信号机旁的列车按钮，则有关道岔自动转换开通进路并锁闭，X 信号机开放引导信号。如果 7G 显示红光带，则在“延时信息框”显示的倒计时结束前，应重复单击引导按钮，以保持引导信号的开放，直至确认列车头部进入站内。

3）取消解锁和人工解锁

① 进路处于预先锁闭状态，且轨道区段空闲及道岔表示均正常时，单击“总取消”按钮后，再单击进路始端按钮，信号关闭，进路的白光带消失，进路解锁。

[例 6] 取消东郊方面至 5G 的接车进路，先单击屏幕下方的“总取消”按钮，再单击 X_D 信号机旁的列车按钮，X_D 信号机自动关闭，进路解锁。

② 进路处于接近锁闭状态，且轨道区段空闲及道岔表示均正常时，单击“总人解”按钮后，输入口令，再单击进路始端按钮，信号关闭，进路延时解锁，“延时信息框”倒计时显示规定延时时间。

[例 7] 人工解锁 4G 向北京方面的发车进路（4G 有车占用），应先单击屏幕下方的“总人解”按钮，输入口令并确认后，再单击 S_4 信号机旁的列车按钮，信号关闭，进路延时 180 s 解锁。

4）道岔单独操纵

① 单击“总定位”按钮后，再单击道岔按钮，道岔转向定位，道岔按钮呈绿色。

② 单击“总反位”按钮后，再单击道岔按钮，道岔转向反位，道岔按钮呈黄色。

5）道岔的单锁和解锁

① 单击“单锁”按钮后，再单击道岔按钮，道岔被单锁，线路上相应道岔处出现红圆点，道岔名称呈红色。

② 单击“单解”按钮后，再单击道岔按钮，道岔解除单锁，道岔处的红圆点消失，

道岔名称恢复原色。

6）道岔的封锁与解封

① 单击“单封”按钮后，再单击道岔按钮，道岔被封锁，线路上相应道岔处出现蓝圆点，道岔名称呈蓝色。

② 单击“解封”按钮后，再单击道岔按钮，道岔解除封锁，道岔处的蓝圆点消失，道岔名称恢复原色。

与单独锁闭不同的是，道岔封锁后允许单独操纵，但不允许经过该道岔办理进路。

7）区段故障解锁

系统上电或者需要解锁轨道电路区段时，应使用区段故障解锁。

单击“区故解”按钮并输入口令后，所有需要解锁的区段处显示红色区段名，该区段名就是区段按钮。单击区段按钮，相应区段的白光带消失，该区段解锁。

8）按钮的封锁与解封

“封锁”按钮的主要作用是封锁股道。单击“封锁”按钮后，该按钮开始红色闪烁，单击列车信号按钮后，相应信号复示器名称开始紫色闪烁，封锁后的按钮被禁止用于办理进路。

4.3.3　知识拓展

1. EI-JD 型计算机联锁的操作设备故障分析与处理
2. EI-JD 型计算机联锁的联锁机及各种板卡的常见故障处理

知识拓展

4.3.4　相关规范、规程与标准化

《铁路技术管理规程（普速铁路部分）》相关规定

相关规范、规程与标准

4.3.5　任务工单

<table>
<tr><td rowspan="2">任务名称</td><td colspan="2" rowspan="2">计算机联锁设备认知与操作</td><td>姓名</td><td></td></tr>
<tr><td>日期</td><td></td></tr>
<tr><td colspan="5">操作方法：
（1）根据所学知识，掌握计算机联锁设备的组成。
（2）能运用计算机联锁设备办理和取消列车进路、调车进路</td></tr>
<tr><td colspan="5">操作中存在的问题及解决方法：</td></tr>
<tr><td>项目</td><td>赋分</td><td>自评得分</td><td>互评得分</td><td>教师评分</td></tr>
<tr><td>正确理解知识</td><td>15</td><td></td><td></td><td></td></tr>
<tr><td>运用计算机联锁设备检查路径正确</td><td>15</td><td></td><td></td><td></td></tr>
<tr><td>办理和取消列车进路正确</td><td>35</td><td></td><td></td><td></td></tr>
<tr><td>办理和取消调车进路正确</td><td>35</td><td></td><td></td><td></td></tr>
<tr><td>综合得分</td><td colspan="4">（自评得分 10%，互评得分 30%，教师评分 60%）</td></tr>
</table>

4.3.6　任务考核

一、选择题

（1）计算机联锁操作形式有（　　）三种。

A. 键盘操作方式　　B. 控制台操作方式

C. 数字化仪操作方式　　D. 鼠标操作方式

（2）EI32-JD 型计算机联锁屏幕主要由（　　）组成。

A. 道岔按钮及表示灯　　B. 站场图形

C. 闭塞按钮及表示灯　　D. 菜单选取按钮

二、判断题

（1）计算机联锁不采用双按钮选路原则。（　　）

（2）单击“总定位”按钮后，再单击道岔按钮，道岔转向定位，道岔按钮呈绿色。（　　）

（3）计算机联锁办理进路时需要顺序按压进路的始端、终端按钮。（　　）

三、简答题

（1）计算机联锁办理列车进路的方法。

（2）计算机联锁办理取消进路的方法。

项目 5　闭塞设备认知与操作

【项目描述】

闭塞设备是保证区间行车安全、提高运输效率的信号设备。我国铁路目前主要使用半自动闭塞、自动站间闭塞和自动闭塞，在单线区段采用半自动闭塞或自动站间闭塞，在双线区段则采用自动闭塞。正确掌握闭塞设备的操作方法、表示灯显示意义，对于正确操作设备，尤其是在设备故障情况下保证列车在区间的安全运行，具有重要意义。

【教学目标】

① 掌握闭塞设备的作用和分类。
② 熟练掌握半自动闭塞的办理方法及表示灯显示意义。
③ 理解带反向设备的自动闭塞表示灯含义，熟练掌握正常变更方向的操作方法。
④ 了解自动闭塞辅助办理的操作方法。
⑤ 了解自动站间闭塞设备的应用。

【案例导入】

【案例 1：案例概况】××××年×月×日 0 时 47 分，×站值班员在接入 70018 次货物列车时，发现二分区红光带（工务施工影响）无法办理通过，即通知电务人员检修，并请示调度改用电话闭塞法行车。同时使用列车调度无线通信设备呼叫司机降低速度，注意通过时接路票，但是却忘记准备进路，也未派人检查和确认进路情况，盲目将填好的路票交助理值班员在接车时递交路票。助理值班员未按无联锁条件接发列车作业标准监督、检查和确认进路是否良好，盲目递交路票，70018 次货物列车通过×站时，室内挤岔铃响，才知 3 号道岔被挤坏，构成未准备好进路接、发列车的行车事故。

【原因分析】在改变闭塞方法接发列车时，值班员、助理值班员均未能按标准作业程序进行进路状况检查确认，值班员与助理值班员之间的互控作用失效，是这次铁路交通事故的直接原因。

【经验教训】

（1）停止基本闭塞法接发列车时，车站领导必须按要求到场监督作业，消除事故隐患。

（2）无联锁接发列车时，各作业人员必须严格执行作业标准，特别是发车时，必须在进路准备完了并得到检查确认的报告后方可填写路票。

（3）担当助理值班员职务的临时加岗人员，在作业中严格执行作业标准，在递交路票前必须与发车端扳道员对道确认进路正确后方可递交。

【案例 2：案例概况】××××年×月×日，X 站至 Y 站间上行线 155Km+350m—156Km+ 500m 处，自 9 时 00 分至 10 时 00 分隧道施工封锁，9 时 30 分 X 站车站值班员抄收阶段计划时忘记了区间封锁，与 Y 站值班员办理了 7708 次闭塞，当 7708 次在民族站Ⅱ道通过车站值班员报点时发现错办闭塞，紧急呼叫司机停车，同时司机也发现了施工封锁的防护信号，紧急停车于距施工地点 60 m 处，构成铁路交通事故。

【原因分析】X、Y 两站车站值班员在接发列车作业中违反办理闭塞时应确认区间空闲的规定，是造成此次事故的主要原因。两站助理值班员在作业中未起到联控、互控作用，是造成这起事故的次要原因。

【经验教训】

（1）各工种在作业中一定要加强联控、互控作用的发挥，确保班组作业的安全。

（2）车站作业人员在作业中要严格按照作业标准和规章、制度的规定执行。

（3）加强职工责任心教育和事故案例教育，从主观上消灭恶性违章。

工作任务 5.1 闭塞基础知识认知

5.1.1 工作任务

<table>
<tr><td>任务名称</td><td>认识闭塞</td><td>工单号</td><td></td></tr>
<tr><td>姓名</td><td></td><td>专业</td><td></td></tr>
<tr><td>日期</td><td></td><td>班级</td><td></td></tr>
<tr><td colspan="4">拟完成工作任务：
（1）观察教学沙盘，掌握站间区间、闭塞分区的概念。
（2）掌握三种基本闭塞方法，了解路票、绿色许可证等行车凭证的使用时机。
（3）结合非正常接发车列车作业，了解电话闭塞的作用和应用时机</td></tr>
<tr><td colspan="4">任务目标：
1. 知识目标：
（1）掌握闭塞设备的作用，了解闭塞设备发展过程。
（2）掌握三种基本闭塞方法的主要特点。
（3）了解电话闭塞的应用。
2. 能力目标：
（1）初步认识闭塞设备。
（2）熟知三种基本闭塞方法的相同点与不同点。
3. 思政目标：
（1）培养铁路人员的基本职业素养。
（2）使学生养成良好的思维习惯和学习方法</td></tr>
<tr><td colspan="4">学习重点：闭塞的概念；三种基本闭塞方法的内涵</td></tr>
<tr><td colspan="4">学习难点：三种基本闭塞方法的主要特点</td></tr>
<tr><td colspan="4">教学所需设备：带半自动闭塞、自动闭塞设备的 6502 仿真控制台及教学沙盘；计算机联锁仿真系统；路票、绿色许可证等行车凭证</td></tr>
</table>

5.1.2　相关配套知识

知识点 1　闭塞的概念

闭塞由来

区间是指两个车站（或线路所）之间的铁路线路。相邻两车站之间的区间称为站间区间；车站与线路所之间的区间称为所间区间；在双线运行的铁路区段，把两站间的铁路划分成若干独立区段，称为闭塞分区。

由车站向区间发出列车时，必须确认区间空闲，在单线区间还必须防止两端车站同时向一个区间发出列车。为此，要求列车在区间运行时以站间区间、所间区间及闭塞分区作为行车间隔。

用信号或凭证保证列车按照行车间隔运行的技术方法称为行车闭塞法，简称闭塞，用以完成闭塞作用的设备称为闭塞设备。列车运行所采用的闭塞制度分为时间间隔法和空间间隔法。

① 时间间隔法。前行列车和追踪列车之间必须保持一定的时间间隔，当先行列车出发后，经过一定的时间，才允许后续列车出发。由于先行列车可能在途中减速或因故停留在区间影响行车，易引发行车事故。

② 空间间隔法。控制前行列车和追踪列车之间保持一定的距离，一般以站间区间、所间区间或闭塞分区作为空间间隔，它比时间间隔法更加可靠。

知识点 2　基本闭塞

《铁路技术管理规程（普速铁路部分）》规定的基本行车闭塞法有三种：自动闭塞、半自动闭塞和自动站间闭塞。

在一个区段内，原则上应采用同一类型的闭塞方式。在列车运行速度超过 120 km/h 的双线区段，应采用速差式自动闭塞，列车紧急制动距离由两个及其以上闭塞分区长度保证。

《铁路主要技术政策》第四十四条规定：统一自动闭塞制式，完善车站电码化。双线区段应采用自动闭塞，单线区段采用自动站间闭塞或半自动闭塞。

1. 自动闭塞

自动闭塞是根据列车运行及有关闭塞分区的状态，自动变换通过信号机显示，司机凭信号显示行车的闭塞方法。自动闭塞是一种先进的行车闭塞方法，是在列车运行过程中自动完成闭塞作用的。它把站间区间划分为若干闭塞分区，有闭塞分区占用检查设备，司机凭地面信号或车载信号行车。

使用自动闭塞法行车时，以闭塞分区作为行车间隔，列车进入闭塞分区的行车凭证为出站或通过信号机的黄色灯光、绿黄色灯光、绿色灯光，或车载设备显示的运行许可。其特征为：

① 两站间区间允许续行列车追踪运行。

② 不需办理闭塞手续，列车运行过程中自动完成闭塞。

③ 通过信号机的显示能直接反映运行前方列车所在的位置及线路的状态。

④ 自动闭塞能为列车运行超速防护提供连续的速度信息，构成更高层次的列车运行控制系统。

这种方式不需要办理闭塞手续，又可在一个站间区间开行追踪列车，既保证了行车安全，又提高了运输效率，是我国干线铁路的主要闭塞方式。

2. 半自动闭塞

半自动闭塞是用人工办理闭塞手续及开放出站信号机，而由出发列车自动关闭出站信号机并实现区间闭塞的一种闭塞方式。其特征为：

① 两站间区间没有区间检查设备。

② 站间区间（或所间区间）同一时间只允许开行一列列车。

③ 人工办理闭塞手续和开放出站信号机。

④ 人工确认列车完整到达，人工解除闭塞。

半自动闭塞以站间区间作为行车间隔，区间不装设轨道电路，列车进入区间的行车凭证是出站信号机的允许显示。半自动闭塞目前是我国单线铁路的主要闭塞方式。

3. 自动站间闭塞

在半自动闭塞的基础上，增加区间占用检查设备，自动检查区间占用或空闲，实现列车到达后的自动复原，构成自动站间闭塞。区间检查设备有两类：计轴设备和长轨道电路。

自动站间闭塞是在有区间占用检查设备的条件下，自动办理闭塞手续，列车凭出站信号的允许显示发车，其特征为：

① 有区间占用检查设备。

② 站间区间（或所间区间）同一时间只允许开行一列列车。

③ 办理发车进路时自动完成闭塞手续。

④ 自动确认列车到达，自动解除闭塞。

自动站间闭塞的区间不划分闭塞分区，以站间区间作为行车间隔，列车进入区间的行车凭证是出站信号机的允许显示。

知识点3 电话闭塞

电话闭塞法是当基本闭塞设备不能使用时所采用的代用闭塞法。当基本闭塞设备不能使用时，车站值班员应根据列车调度员的命令停止使用基本闭塞法，改用电话闭塞法行车，以路票作为行车凭证，以站间区间作为行车间隔，称为“停基改电”。

《铁路技术管理规程（普速铁路部分）》规定，遇下列情况，应停止使用基本闭塞法，改用电话闭塞法行车：

① 基本闭塞设备发生故障（包括自动闭塞区间内两架及以上通过信号机故障或灯光熄灭）时。

② 发出挂有由区间返回后部补机的列车时，或者自动闭塞区间发出由区间返回的列车时。

③ 无双向闭塞设备的双线区间反方向发车或改按单线行车时。

④ 半自动闭塞区间，发出须由区间返回的列车，由未设出站信号机的线路上发车

或超长列车头部越过出站信号机并压上出站方面轨道电路发车时。

⑤ 在夜间或遇降雾、暴风雨雪，为消除线路故障或执行特殊任务，开行轻型车辆时。

5.1.3　知识拓展

行车闭塞法发展历程

知识拓展

5.1.4　相关规范、规程与标准

《铁路技术管理规程（普速铁路部分）》相关规定

相关规范、规程与标准

5.1.5　任务工单

<table>
<tr><td rowspan="2">任务名称</td><td rowspan="2" colspan="2">认识闭塞</td><td>姓名</td><td></td></tr>
<tr><td>日期</td><td></td></tr>
<tr><td colspan="5">操作方法：
在操作计算机联锁仿真系统时，能根据所学知识描述三种基本闭塞方法的主要特点</td></tr>
<tr><td colspan="5">操作中存在的问题及解决方法：</td></tr>
<tr><td>项目</td><td>赋分</td><td>自评得分</td><td>互评得分</td><td>教师评分</td></tr>
<tr><td>正确理解知识</td><td>25</td><td></td><td></td><td></td></tr>
<tr><td>业务分析处理方法得当</td><td>20</td><td></td><td></td><td></td></tr>
<tr><td>表达清晰准确</td><td>20</td><td></td><td></td><td></td></tr>
<tr><td>业务处理结果正确</td><td>35</td><td></td><td></td><td></td></tr>
<tr><td>综合得分</td><td colspan="4">（自评得分 10%，互评得分 30%，教师评分 60%）</td></tr>
</table>

5.1.6　任务考核

一、填空题

（1）相邻两车站之间的区间称为________；车站与线路所之间的区间称为________；在双线运行的铁路区段，把两站间的铁路分划分成若干独立区段，称为________。

（2）用________保证列车按照空间间隔运行的技术方法称为行车闭塞法，简称为________，用以完成闭塞作用的设备称为________。

（3）________，即前行列车和追踪列车之间必须保持一定时间间隔的行车方法。

（4）________是控制前行列车和追踪列车之间保持一定距离的行车方法。

二、选择题

（1）在闭塞的概念中，其关键实质指（　　）。

A. 防护车站行车安全

B. 保证司机的正常驾驶

C. 保证区间行车安全

D. 提高平行作业效率

（2）自动闭塞以（　　）作为行车间隔。

A. 站间区间

B. 闭塞分区

C. 所间区间

D. 出站信号机显示允许灯光

（3）自动站间闭塞以（　　）作为行车凭证。

A. 路票

B. 出站信号机的允许显示

C. 所间区间

D. 站间区间

（4）半自动闭塞以（　　）作为行车凭证。

A. 出站信号机的允许显示

B. 站间区间

C. 所间区间

D. 自动闭塞通过信号机的允许显示

三、判断题

（1）《铁路技术管理规程（普速铁路部分）》规定的基本行车闭塞法有自动闭塞、自动站间闭塞、半自动闭塞。（　　）

（2）自动闭塞的行车间隔为闭塞分区。（　　）

（3）自动站间闭塞的行车间隔为闭塞分区。（　　）

四、简答题

（1）什么是闭塞？我国铁路的基本闭塞方法有哪些？

（2）什么是移动闭塞？与固定闭塞相比有何不同？

工作任务 5.2　半自动闭塞设备认知与操作

5.2.1　工作任务

<table>
<tr><td>任务名称</td><td>半自动闭塞设备认知与操作</td><td>工单号</td><td></td></tr>
<tr><td>姓名</td><td></td><td>专业</td><td></td></tr>
<tr><td>日期</td><td></td><td>班级</td><td></td></tr>
<tr><td colspan="4">拟完成工作任务：
（1）结合 6502 控制台或计算机联锁屏幕，认知半自动闭塞相关按钮及表示灯。
（2）模拟办理半自动闭塞，观察表示灯显示变化及其含义。
（3）办理取消复原，比较三种不同情况下的异同。
（4）办理事故复原，结合事故案例，认识故障按钮相关规定的重要性</td></tr>
<tr><td colspan="4">任务目标：
1. 知识目标：
（1）掌握半自动闭塞设备的组成及各设备的作用。
（2）掌握闭塞、故障、复原按钮的应用及接车、发车表示灯的显示意义。
（3）掌握半自动闭塞设备正常办理、取消复原、故障复原的操作方法。
2. 能力目标：
（1）熟知半自动闭塞办理流程。
（2）初步具备按照车务系统作业标准操纵半自动闭塞设备的能力。
3. 思政目标：
（1）培养铁路人员的基本职业素养。
（2）使学生养成良好的思维习惯和学习方法</td></tr>
<tr><td colspan="4">学习重点：半自动闭塞设备的组成及各设备的作用；办理半自动闭塞的操作方法</td></tr>
<tr><td colspan="4">学习难点：半自动闭塞设备正常办理、取消复原、故障复原的操作方法</td></tr>
<tr><td colspan="4">教学所需设备：
（1）带有半自动闭塞功能的 6502 仿真控制台及计算机联锁仿真系统。
（2）半自动闭塞区段车站接发车作业视频</td></tr>
</table>

5.2.2　相关配套知识

知识点 1　半自动闭塞运用现状

半自动闭塞设备具有设备简单、动作稳定、使用方便、维修容易、安装快等优点，符合我国铁路运营的实际需要，因而得到广泛的应用。它在保证行车安全、提高运输效率及改善劳动条件等方面发挥了显著的作用。但在铁路运输不断发展的情况下，它又暴露了一些缺陷，需要进一步改进。

半自动闭塞

采用半自动闭塞法行车时，发车站与相邻车站办理好闭塞手续后，出站信号机才能开放，出站信号机显示的允许信号是半自动闭塞区段行车凭证。

列车进入区间，在列车未到达接车站前，两端车站向该区间的出站信号机均不能再次开放，确保一个区间只有一列列车运行，此时称区间处于闭塞状态。半自动闭塞区间一般不设轨道电路，不能监督区间是否有遗留车辆，必须在人工确认列车整列到达后，使用专门设置的复原按钮办理到达复原，区间才能解除闭塞。

我国铁路单线区段广泛采用半自动闭塞行车方法，主要使用的是 64D 型单线继电半自动闭塞设备，还有极个别复线区段采用 64F 型双线半自动闭塞设备。

知识点 2 64D 型单线继电半自动闭塞设备的特点

64D 型单线继电半自动闭塞设备是结合我国铁路运输的实际情况研制的，它的主要特点如下：

① 发车站和接车站值班员按照“请求—同意”方式共同办理闭塞，大大提高了设备的可靠性。

② 采用三个不同极性脉冲构成允许发车信号，而且请求发车信号检查了接车站闭塞机和外线的良好状态，从而提高了闭塞设备的安全性。

③ 在办理闭塞后，开放进站信号机或出站信号机前，允许进行站内调车、变更进路和取消闭塞，因而提高了车站作业效率，适应我国铁路运输的需要。

④ 闭塞电路设计严密，手续简便，表达方式清楚。闭塞外线可与既有的闭塞电话线共用；使用的继电器和元件类型少；功耗低，可以用于无交流电源区段；能与各种车站信号设备结合。

知识点 3 64D 型单线继电半自动闭塞设备的组成

64D 型单线继电半自动闭塞设备由室内设备和室外设备两部分组成。室内设备包括设在屏幕或控制台盘面上的按钮及表示灯、半自动闭塞机，室外设备包括半自动闭塞轨道电路和受闭塞机控制的出站信号机等，如图 5–1 所示。

1. 办理闭塞的按钮、表示灯及相关设备

如图 5–1 及附图 2 东郊方面所示，单线半自动闭塞设备区段车站控制台或屏幕上，每个接发车方向设置一个闭塞按钮、复原按钮、故障按钮及接车表示灯、发车表示灯。

① 闭塞按钮（BSA）：用于请求闭塞或同意闭塞。

② 复原按钮（FUA）：用于办理到达复原或取消闭塞。

③ 故障按钮（SGA）：又称事故按钮，用于办理半自动设备非正常复原，需输入口令或破除铅封后方可使用。

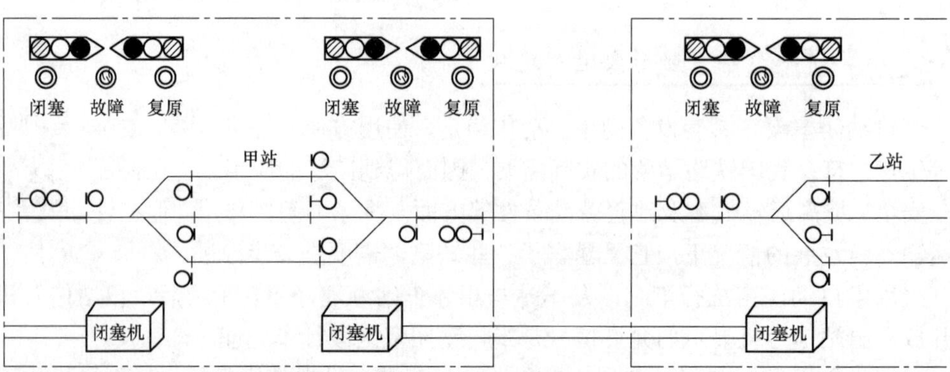

图 5–1 半自动闭塞设备组成示意图

④ 接车表示灯（JBD）和发车表示灯（FBD）：计算机联锁屏幕用三色箭头表示，

6502 电气集中联锁控制台则分别由红、黄、绿三个表示灯组成。

a）发车表示灯：黄色表示请求发车，绿色表示同意发车，红色表示发车闭塞（列车由本站出发进入区间）。

b）接车表示灯：黄色表示请求接车，绿色表示同意接车，红色表示接车闭塞（列车由对方站出发进入区间）。

当接车表示灯和发车表示灯都显示红色时，表示列车到达接车站。

⑤ 计数器：继电式集中联锁车站控制台上设置有专门的计数器，用于记录故障按钮的使用次数。

⑥ 音响装置：继电式集中联锁车站控制台内装设有电铃，作为办理闭塞时的音响信号，一个车站两端的电铃应调成不同音响以区别运行方向；计算机联锁车站则采用语音作为提示办理闭塞的音响信号。

2. 出站信号机

半自动闭塞区段车站的出站信号机，不仅和发车进路上的有关道岔相联锁，还要受车站半自动闭塞设备控制。只有相邻两站值班员办理好闭塞手续，发车站屏幕或控制台上的发车表示灯显示绿灯时，发车站办理发车进路后出站信号机才能开放。

3. 半自动闭塞轨道电路

为了检查列车的出发和到达，在车站进站信号机内方应设置一段长度不少于 25 m 的闭路式轨道电路。

集中联锁车站不需要专门设置半自动闭塞用轨道电路，只要将站内有关轨道电路条件加在半自动闭塞的电路中即可。例如在附图 1 的车站中，东郊方面为半自动闭塞区段，X_D 进站信号机内方第一个轨道区段 7DG 兼作半自动闭塞轨道电路使用。

半自动闭塞轨道电路的作用是：监督列车出发和到达。出发列车进入此轨道电路时，通过轨道继电器的动作证明列车出发，使区间处于闭塞状态；到达列车进入此轨道电路时，通过轨道继电器的动作证明列车到达，为办理到达复原准备条件。由于半自动闭塞轨道电路的动作直接影响行车安全，所以要求半自动闭塞轨道电路不仅稳定可靠地工作，而且必须满足“故障—安全”的要求。

4. 半自动闭塞机

半自动闭塞机指的是完成半自动闭塞功能的继电电路，是闭塞设备的核心，因曾经设置在单独的继电器箱内，故称之为闭塞机。目前，半自动闭塞机都设置在机械室的继电器组合架上，车站每个发车方向设置一套，与控制台及轨道电路、出站信号机电路等连接，通过闭塞外线与相邻车站连接。

两站间的半自动闭塞机应完成以下功能（设甲站为发车站，乙站为接车站）：

① 甲站向乙站发车，必须区间空闲，并得到乙站同意后，甲站出站信号机才能开放。

② 列车自甲站出发后，出站信号机关闭，区间闭塞，两站都不能再向该区间发车。

③ 列车到达乙站，车站值班员确认列车整列到达，办理到达复原后，区间才能解除闭塞。

知识点 4　半自动闭塞办理方法

64D 型单线继电半自动闭塞设备要求两个车站值班员共同办理闭塞手续，包括正常办理、取消复原、故障复原三种。

半自动闭塞办理方法

1. 正常办理

甲站为发车站，乙站为接车站，按照“请求—同意”方式办理半自动闭塞手续，下面以甲站向乙站发车为例，介绍办理闭塞的步骤及表示灯显示、电铃状态，如表 5-1 所示。

表 5-1 64D 型单线继电半自动闭塞正常办理

办理步骤	甲站（发车站）			乙站（接车站）		
	DL	FBD	JBD	JBD	FBD	DL
确认区间空闲，设备正常		灭	灭	灭	灭	
1. 甲站请求发车：按压 BSA	响	黄		黄		响
2. 乙站同意接车：按压 BSA	响	绿		绿		
3. 甲站开放出站信号，列车出发，经过半自动闭塞轨道电路		红		红		响
4. 乙站开放进站信号，列车进站，经过半自动闭塞轨道电路		红		红	红	
5. 乙站确认列车完整到达，按压 FUA，办理到达复原	响	灭		灭	灭	

说明：DL—电铃；FBD—发车表示灯；JBD—接车表示灯。

2. 取消复原

办理好闭塞后，如果列车因故停开，应办理取消复原手续，使闭塞机复原。为保证行车安全，在出站信号开放前后取消闭塞应有所区别，办理取消复原可分为三种情况：

① 甲站请求发车，乙站未同意接车，甲、乙站都亮黄灯之后。

② 甲站请求发车，乙站同意接车，出站信号机未开放，甲、乙站都亮绿灯之后。

③ 甲站出站信号机开放之后，列车未出发，甲、乙站都亮绿灯。

具体办理情况见表 5-2。

表 5-2 64D 型单线继电半自动闭塞电气集中车站办理闭塞取消复原

发车站出站信号	双方闭塞表示灯	发车站操作	操作结果
关闭	黄	按压 FUA	双方站闭塞表示灯熄灭，闭塞设备复原
关闭	绿	按压 FUA	
开放	绿	关闭信号，解锁发车进路，按压 FUA	

3. 故障复原

故障复原是在使用复原按钮不能使闭塞设备正常复原时采取的一种特殊方法，使用“故障”按钮复原闭塞设备，电路不检查任何条件，完全依靠人为保证。

使用“故障”按钮办理复原前，相邻车站值班员必须共同确认区间没有被占用，即列车没有出发、区间没有列车运行、列车整列到达，双方出站信号机均处于关闭状态，由使用站报告列车调度员，签收调度命令，在《行车设备检查登记簿》登记后方可破除铅封，使用“故障”按钮使闭塞机复原。

在半自动闭塞区段，下列情况下可使用“故障”按钮办理故障复原：

① 闭塞设备停电后恢复供电时。

② 列车未出发，由于轨道电路的原因，发车表示灯显示红灯时。

③ 列车到达接车站，因接车站轨道电路故障不能办理到达复原时。

④ 列车因故退回原发车站时。

⑤ 装有钥匙路签的车站，办理必须由区间返回原发车站的路用列车时。

对于未装计数器的“故障”按钮，破封后不准连续使用。不论是否装有计数器，每一次办理故障复原，车站值班员都应在《行车设备检查登记簿》登记，使用后应及时加封。在交接班时登记计数器的数字，以明确责任。

半自动闭塞设备操作注意事项如下：

① 必须稳定可靠地操纵按钮，保证完全按下，闭塞机传送信号、电铃鸣响过程中不要操纵按钮。

② 未设区间检查设备的车站，车站值班员办理闭塞和到达复原前必须确认区间空闲，防止区间有车辆停留而引起事故。

③ 办理好闭塞、开放进站或出站信号后，不准利用半自动闭塞轨道电路区段进行调车作业，以防止调车机车车辆进入轨道电路区段，引起闭塞机错误动作和信号机错误关闭。

④ 办理闭塞时，双方车站值班员应确认闭塞表示灯显示，当两站表示灯显示不一致时，应停止使用半自动闭塞，并立即通知信号工去检修。

⑤ 使用“故障”按钮复原时，双方车站值班员应严格执行使用手续。

5.2.3　知识拓展

1. 机车信号的发展
2. JT-C 系列机车信号

知识拓展

5.2.4　相关规范、规程与标准

《铁路技术管理规程（普速铁路部分）》相关规定

相关规范、规程与标准

5.2.5 任务工单

<table>
<tr><td rowspan="2" colspan="2">任务名称</td><td rowspan="2" colspan="1">半自动闭塞设备认知与操作</td><td>姓名</td><td></td></tr>
<tr><td>日期</td><td></td></tr>
<tr><td colspan="5">操作方法：
根据所学知识，在带有半自动闭塞功能的 6502 仿真控制台上进行半自动闭塞业务正常办理操作、取消复原操作和故障复原操作</td></tr>
<tr><td colspan="5">操作中存在的问题及解决方法：</td></tr>
<tr><td>项目</td><td>赋分</td><td>自评得分</td><td>互评得分</td><td>教师评分</td></tr>
<tr><td>正确理解知识</td><td>25</td><td></td><td></td><td></td></tr>
<tr><td>业务分析处理方法得当</td><td>25</td><td></td><td></td><td></td></tr>
<tr><td>表达清晰准确</td><td>15</td><td></td><td></td><td></td></tr>
<tr><td>业务处理结果正确</td><td>35</td><td></td><td></td><td></td></tr>
<tr><td>综合得分</td><td colspan="4">（自评得分 10%，互评得分 30%，教师评分 60%）</td></tr>
</table>

5.2.6 任务考核

一、填空题

（1）我国铁路单线区段广泛采用________行车方法，主要使用的是________单线继电半自动闭塞设备。

（2）64D 型单线继电半自动闭塞室内设备包括设在屏幕或控制台盘面上的__________、________；室外设备包括________和受闭塞机控制的________等。

二、选择题

（1）闭塞按钮用于（　　）。

A. 办理闭塞　　B. 办理到达复原　　C. 办理取消复原　　D. 办理故障复原

（2）FBD 是（　　）。

A. 闭塞电铃　　B. 事故按钮　　C. 发车表示灯　　D. 接车表示灯

（3）JBD 是（　　）。

A. 闭塞电铃　　B. 事故按钮　　C. 发车表示灯　　D. 接车表示灯

三、判断题

（1）半自动闭塞有区间占用检查设备。（　　）

（2）“FUA”是复原按钮。（　　）

（3）半自动闭塞区段车站的出站信号机受闭塞机控制。（　　）

（4）在半自动闭塞区段车站，列车到站后区间自动解除闭塞。　（　　）

四、简答题

（1）简要说明 64D 型单线继电半自动闭塞的设备组成。

（2）怎样办理 64D 型单线继电半自动闭塞的取消复原？

（3）什么情况下办理事故复原？举例说明怎样办理，并说明应执行哪些手续。

工作任务 5.3　自动闭塞设备认知与操作

5.3.1　工作任务

<table>
<tr><td>任务名称</td><td>自动闭塞设备认知与操作</td><td>工单号</td><td></td></tr>
<tr><td>姓名</td><td></td><td>专业</td><td></td></tr>
<tr><td>日期</td><td></td><td>班级</td><td></td></tr>
<tr><td colspan="4">拟完成工作任务：
（1）利用教学沙盘、教学视频及图片，学习自动闭塞设备的组成及通过信号机显示。
（2）利用控制台办理变更方向，观察相关表示灯显示，了解何时需要变更方向。
（3）观察“双接”等故障现象，利用辅助办理的方式变更方向，分析辅助办理的使用时机。
（4）结合典型事故通报，分析错误办理变更方向的操作及调谐区等设备对列车运行的影响</td></tr>
<tr><td colspan="4">任务目标：
1. 知识目标：
（1）掌握自动闭塞设备的组成及其作用。
（2）掌握 ZPW-2000 系列四显示自动闭塞的特点。
（3）掌握自动闭塞离去区段与出站信号显示的关系。
（4）掌握正常变更方向的操作方法及表示灯变化规律。
2. 能力目标：
（1）熟知自动闭塞区间通过信号机信号灯的变化过程。
（2）初步具备按照车务系统作业标准操纵设备的能力。
3. 思政目标：
（1）培养铁路人员的基本职业素养和道德操守。
（2）培养学生养成良好的思维习惯和学习方法</td></tr>
<tr><td colspan="4">学习重点：ZPW-2000 系列四显示自动闭塞的特点；自动闭塞设备的组成及其作用</td></tr>
<tr><td colspan="4">学习难点：自动闭塞离去区段与出站信号显示的关系；正常变更方向的操作方法及表示灯变化规律</td></tr>
<tr><td colspan="4">教学所需设备：三显示及四显示自动闭塞教学沙盘，调谐区设备实物，带有反向设备的 6502 仿真控制台，计算机联锁仿真软件</td></tr>
</table>

5.3.2　相关配套知识

知识点 1　自动闭塞运用现状

自动闭塞就是根据列车运行及有关闭塞分区状态自动变换信号显示、司机凭信号行车的闭塞方法。这种闭塞方式不需要办理闭塞手续，又可开行追踪列车，既保证行车安全，又提高了运输效率。自动闭塞比

自动闭塞运用

其他各种闭塞方式都优越，是先进的闭塞方式。

自动闭塞与半自动闭塞相比，具有以下优点：

① 通过信号机的显示直接反映区间列车位置及线路状态，保证了区间行车安全。

② 由于将站间区间划分为若干闭塞分区，区间允许续行列车追踪运行，显著提高区间通过能力。

③ 不需要办理闭塞，简化了办理接发和通过列车的手续，提高了车站的通过能力，也减轻了车站值班员的劳动强度。

④ 能为列车运行控制提供连续的速度信息，保证列车高速安全运行。

传统的自动闭塞一般设地面通过信号机，装备机车信号，保证列车按照空间间隔控制运行的技术方法是用信号或凭证来实现的。在我国，传统的自动闭塞一般以地面信号为主，仅适用于列车最高运行速度在 160 km/h 及以下的区段。

知识点 2 自动闭塞分类

1. 按通过信号机显示制式分类

自动闭塞按通过信号机显示制式可分为三显示自动闭塞和四显示自动闭塞。

① 三显示自动闭塞通过信号机有三种显示，能预告列车运行前方两个闭塞分区的状态，基本上满足运行要求，又能保证行车安全，因此被广泛应用。

② 四显示自动闭塞通过信号机在三显示自动闭塞通过信号机的基础上增加了绿黄灯显示，形成红、黄、绿黄、绿的信号显示序列。

四显示自动闭塞与三显示自动闭塞有本质的区别，前者属于速差式自动闭塞，并采用无绝缘轨道电路。我国的四显示自动闭塞主要采用 ZPW−2000 系列无绝缘轨道电路，少量线路采用 UM 系列无绝缘轨道电路。

四显示自动闭塞是具有速度含义的速差式自动闭塞，其每种显示都具有明确的速度含义。用两个闭塞分区满足一个列车全制动距离，能确保行车安全。《铁路技术管理规程》规定，列车运行速度在 120 km/h 以上的区段必须采用四显示自动闭塞。四显示自动闭塞还可以压缩列车追踪间隔，进一步提高行车密度。

提示： 20 世纪 90 年代前，我国铁路大多采用三显示自动闭塞，追踪间隔为 10 min，后压缩至 8 min。采用四显示自动闭塞和带有超速防护的机车信号后，在保证行车安全的前提下，可将列车运行间隔压缩至 6 min。随着列控车载设备、地面设备的应用，高速铁路可将行车间隔压缩至 3～4 min。

2. 按照行车组织方法分类

自动闭塞按行车组织方法可分为双线单向自动闭塞、双线双向自动闭塞。

① 双线单向自动闭塞区段，每条线路仅在一侧设置通过信号机，只允许上行列车在上行线、下行列车在下行线按照自动闭塞方式运行。需要反方向运行时，只能采用电话闭塞方式行车。

② 双线双向自动闭塞区段，通过信号机设置与双线单向自动闭塞相同，但每条线都允许双向运行列车，其中正方向运行采用自动闭塞，反方向运行采用自动站间闭塞，

在区间以机车信号显示作为行车凭证，即以车载信号作为主体信号。

3. 按照设备放置位置分类

自动闭塞设备包括每个闭塞分区的接收设备和发送设备等设备。按照设备放置位置可将自动闭塞分为分散式自动闭塞和集中式自动闭塞。

① 分散式自动闭塞的设备放置在区间各信号点处。我国原有的二显示自动闭塞均为分散式自动闭塞，这种闭塞造价低，但由于设备安装在铁路沿线，受环境影响大，工作稳定性差，故障率较高，也不利于维护管理。

② 集中式自动闭塞的设备集中放置在相近的车站信号楼的继电器室内，用电缆与通过信号机连接。这种方式改善了设备的工作条件，提高了设备的可靠性，便于维护，但需要大量电缆，因而造价较高。目前使用的以 ZPW-2000 系列和 UM 系列无绝缘轨道电路为基础的自动闭塞均为集中式自动闭塞。

4. 按照传递信息特征分类

自动闭塞按照传递信息特征可分为移频自动闭塞和交流计数电码自动闭塞。

① 移频自动闭塞是我国 20 世纪 60 年代末自行研制的，以轨道电路作为传输通道，采用频率调制的方法传输信息，用移频信号作为信息控制通过信号机显示。我国移频自动闭塞的发展，经历了从晶体管分立元件电路到集成化、微机化系统，从 4 信息、8 信息自动闭塞到 18 信息自动闭塞，从引进法国 UM71 四显示自动闭塞到国产 ZPW-2000 系列四显示自动闭塞的过程。

② 交流计数电码自动闭塞是我国 20 世纪 50 年代从苏联引进的，发送设备在一个周期内发送不同数目、不同长度的交流电码脉冲和间隔，接收设备根据接收到的不同电码脉冲数目控制通过信号机显示。这种设备存在应变时间长、信息量少、电路复杂等缺点，尽管经过了微电子化改造，但已经不是自动闭塞的发展方向。

知识点 3　相关设备

ZPW-2000 系列无绝缘轨道电路已被确定为我国铁路自动闭塞技术的发展方向，下面以 ZPW-2000A 型无绝缘移频自动闭塞为基础介绍四显示自动闭塞的相关设备。

ZPW-2000A 型无绝缘移频自动闭塞系统是在引进法国 UM71 型无绝缘轨道电路技术的基础上，结合国情融入提高系统安全性和系统传输性能的技术后再开发的设备，以高可靠和适应性广等优良性能为实现机车信号主体化创造了必备条件，目前已成为我国铁路自动闭塞系统的首选。

ZPW-2000A 型无绝缘移频自动闭塞系统由信号控制电路及点灯电路、无绝缘轨道电路、改方电路组成。信号控制电路和点灯电路以安全型继电器构成各种控制条件，控制通过信号机的各种显示；无绝缘轨道电路内传输移频信号，既是轨道信号，又是供机车车载设备接收的信号；改方电路用于实现列车的反方向运行。

1. 信号显示

ZPW-2000A 型无绝缘移频自动闭塞系统在兼顾行车安全和运输效率的条件下，为满足反方向接车的要求，设置了反方向进站信号机 X_F、S_F（或 X_N、S_N），平时显示红灯。区间通过信号为四显示

自动闭塞区段通过信号机灯光的几种变化

自动闭塞信号，信号显示序列为红（H）、黄（U）、绿黄（LU）、绿（L），如图 5-2 所示。

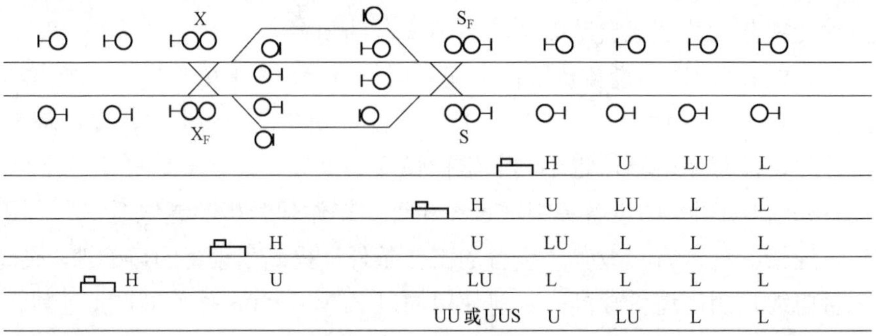

H—红灯；U—黄灯；L—绿灯；LU—黄绿灯。

图 5-2 四显示自动闭塞信号显示序列

2. 接近、离去区段

在自动闭塞区段，进站信号机外方的三个闭塞分区分别设置为一接近、二接近、三接近，发车方向站界外方的三个闭塞分区分别设置为一离去、二离去、三离去，如图 5-3 所示。计算机联锁屏幕或 6502 电气集中联锁控制台设置相应的接近、离去表示灯（《铁路技术管理规程（普速铁路部分）》称此表示灯为监督器），车站值班员通过控制台上接近、离去表示灯监督列车接近和离去车站的情况。

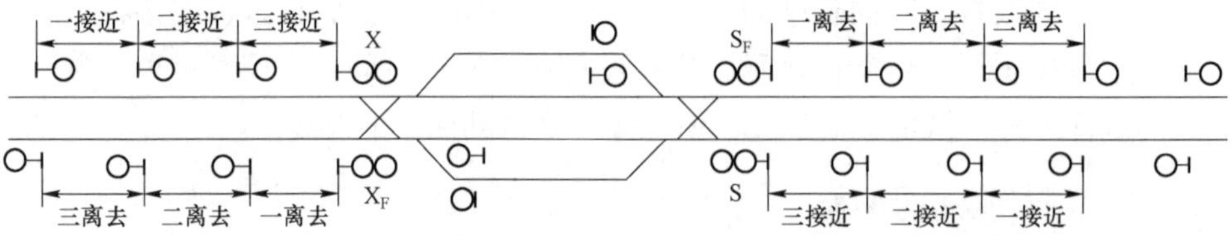

图 5-3 四显示自动闭塞的接近区段、离去区段

采用四显示自动闭塞的区段，一般将二接近和三接近作为进站信号机的接近区段，进站信号开放后，列车进入二接近或三接近，接车进路构成接近锁闭。

四显示自动闭塞区段车站办理发车作业，出站信号显示与离去区段占用的关系见表 5-3。

表 5-3 出站信号显示与离去区段占用的关系

发车进路锁闭后出站信号显示	一离去	二离去	三离去
红	占用		
黄	空闲	占用	
绿黄	空闲	空闲	占用
绿	空闲	空闲	空闲

3. 无绝缘轨道电路

无绝缘轨道电路是四显示自动闭塞的核心设备，轨道电路的发送、接收设备采用高精度、高稳定的集成电路，提高了轨道电路的稳定性，减少了维修工作量。整个区间不设置绝缘，便于长钢轨的使用，提高了线路的稳定性，有利于列车高速运行。

ZPW2000 电气绝缘原理

UM71 型无绝缘轨道电路是法国 1971 年为防止交流电气化牵引区段牵引电流谐波干扰而研制的一种无绝缘移频轨道电路，它采用谐振式无绝缘轨道电路，以电气绝缘节取代机械绝缘。钢轨中的传输载频下行线采用 1 700 Hz、2 300 Hz，上行线采用 2 000 Hz、2 600 Hz，频偏为±11 Hz，低频控制信息共 18 个，从 10.3～29 Hz 按 1.1 Hz 等差数列递增，满足多显示机车信号和超速防护等多信息量的要求。

1）无绝缘轨道电路的特点

ZPW－2000A 型无绝缘轨道电路充分肯定、保持 UM71 型无绝缘轨道电路的结构优势，采用与之相同的载频、频偏和低频控制信息，而且实现了重大技术改进和创新，采用单片机和数字信号处理技术，提高了抗干扰能力，解决了轨道电路全程断轨检查、调谐区死区段长度过长等问题，其主要特点如下：

① 减短调谐区的分路“死区段”，由 UM71 的 20 m 减到不大于 5 m。

② 解决了调谐区断轨检查问题，实现了轨道电路全程断轨检查，提高了系统安全性。

③ 采用 STP 国产铁路信号数字电缆，加大传输距离，轨道电路传输的极限长度从 UM71 的 1 000 m 延长为 1 500 m。

④ 采用单片机和数字信号处理芯片，提高了发送移频信号频率的精度和接收移频信号的抗干扰能力。

⑤ 发送器采用“*N*+1”冗余，接收器采用成对双机并联运用，提高系统可靠性。

2）无绝缘轨道电路的组成

ZPW－2000A 型无绝缘轨道电路组成示意图如图 5－4 所示。

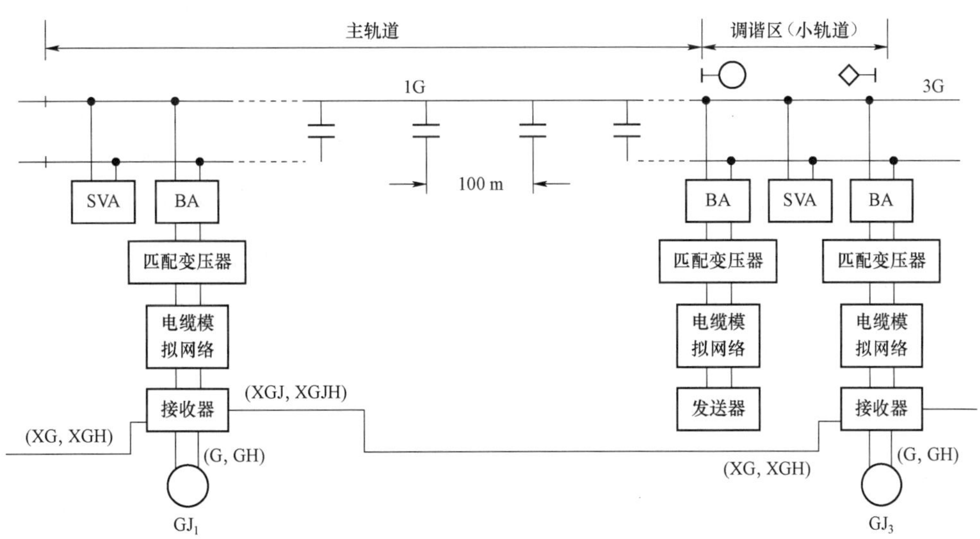

SVA—空心线圈；BA—调谐单元；XGJ，XGJH—本调谐区小轨道电路状态；XG，XGH—向相邻区段提供的小轨道电路状态；GJ—轨道继电器；G，GH—小轨道输出条件；╧—补偿电容。

图 5－4　ZPW－2000A 型无绝缘轨道电路组成示意图

ZPW−2000A 型无绝缘轨道电路主要包括以下设备：

（1）发送、接收设备。

发送、接收设备主要指的是发送器和接收器，二者均设置于车站信号楼内。发送设备用于向轨道发送移频信号，接收设备从轨道接收传输来的移频信号，使相关继电器动作。移频自动闭塞发送、接收设备设置示意图如图 5−5 所示。

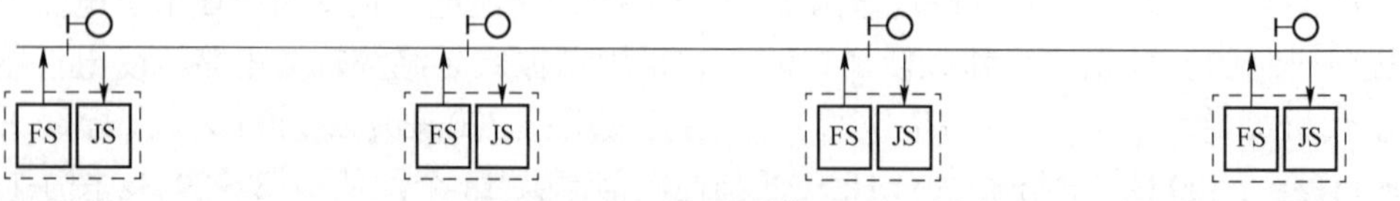

FS—发送设备；JS—接收设备。

图 5−5　移频自动闭塞接收、发送设备设置示意图

其中，接收设备（JS）、发送设备（FS）的位置应确保区间的信息迎着列车运行方向传输，使轨道中传输的信息能够被机车信号接收设备接收。

无绝缘轨道电路在接收、发送设备位置不变的条件下，通过改方电路可以改变区间控制信息的传输方向，进而实现双方向自动闭塞。

ZPW−2000A 发送器采用“N+1”冗余方式，即系统按 N 台主用设备和一台热备的“+1”设备配置，主用设备之一发生故障时，“+1”备用设备自动投入使用。

ZPW−2000A 接收器用于接收主轨道电路信号，并在检查所属调谐区小轨道电路状态（XGJ，XGJH）条件下，动作本轨道电路的轨道继电器（GJ）。另外，接收器还同时接收相邻段所属调谐区小轨道电路信号，向相邻区段提供小轨道电路状态（XG，XGH）。

（2）室内—室外传输通道。

无绝缘轨道电路的室内—外传输通道包括匹配单元、电缆和改方电路。

匹配单元实现电缆与轨道电路的匹配连接，室内设置有电缆模拟网络，将不同长度外线电缆统一补偿至 10 km，使改方电路得以简化。

改方电路原理如图 5−6 所示，在改变运行方向时改变区间移频信号的传输方向。

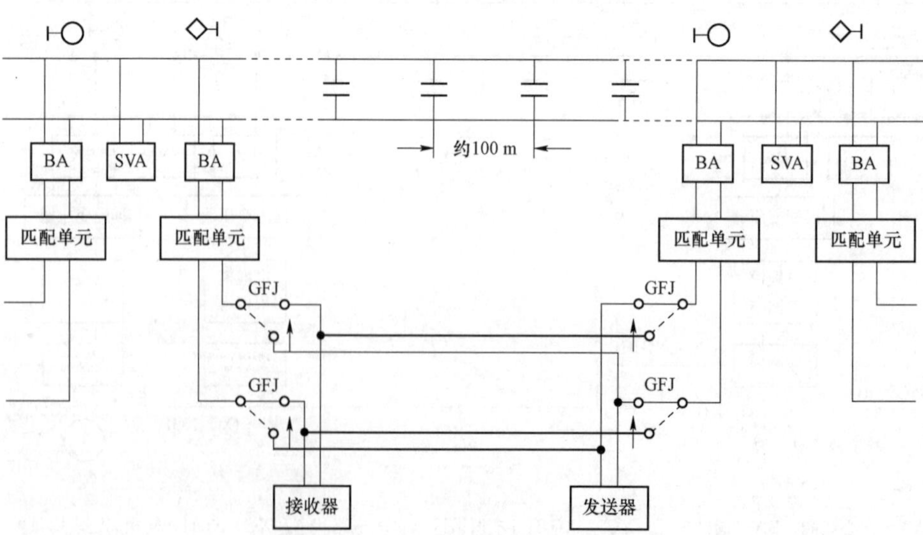

GFJ—改变运行方向继电器；$\frac{\ }{}$—补偿电容。

图 5−6　改方电路原理

（3）调谐区。

调谐区又称作电气绝缘节，由调谐单元、空心线圈及 29 m 钢轨组成，用于实现两轨道电路电气隔离。

无绝缘轨道电路的电气绝缘节结构如图 5–7 所示，它利用电感、电容元件构成的调谐单元（BA）与空心线圈（SVA）构成电气绝缘，隔离相邻闭塞分区的移频电流。由于钢轨对于高频电流呈电感特性，因此电气绝缘需利用 29 m 长钢轨的电感特性。在调谐区内，如果有不足 29 m 长的列车（如单机、轨道车等）停留时，不能可靠分路轨道电路。因此，反方向设置停车标志，禁止反向运行的单机在调谐区内停车。

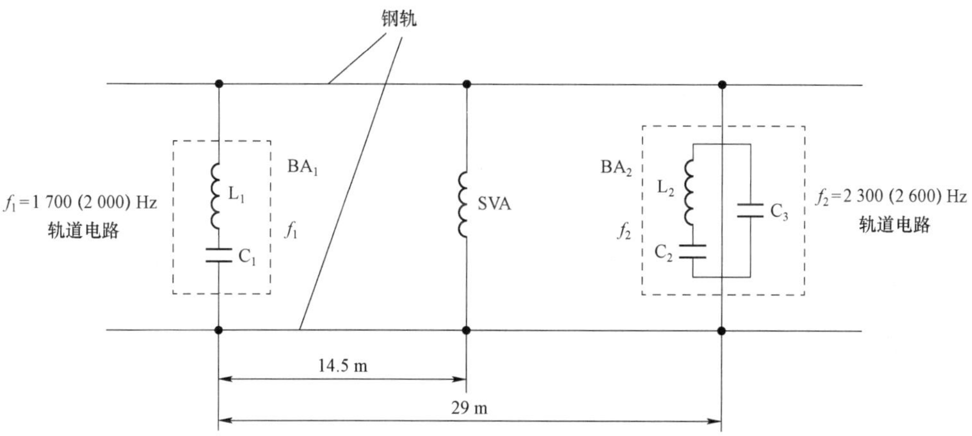

图 5–7　无绝缘轨道电路的电气绝缘节结构

（4）补偿电容。

高频电流在钢轨中传输时，钢轨表现出较强的电感特性，使信号传输距离大大缩短，因此须在区间采用等间距法加装补偿电容，如图 5–4 和图 5–6 所示。

补偿电容的配置，其容量根据轨道电路频率的不同而不同，其数量按照轨道电路的长度确定，其作用是提高传输效率，减少钢轨电感对移频信号传输的影响，延长轨道电路长度，还可使钢轨中有足够强度的移频信号电流，保证机车信号设备的可靠工作。

4. 按钮和表示灯

四显示自动闭塞属于设有双向闭塞设备的自动闭塞，为实现改变运行方向的正常办理和辅助办理，在控制台或计算机屏幕上增设按钮和表示灯，具体如下：

① 允许改方按钮（YGFA）：二位非自复式按钮，按下后该咽喉区才能办理正常改变运行方向。

② 总辅助按钮（ZFA）：二位非自复式按钮，按下后才能利用辅助办理改变运行方向。

③ 发车按钮（FFA）：二位自复式按钮，辅助办理时发车站使用。

④ 接车按钮（JFA）：二位自复式按钮，辅助办理时接车站使用。

⑤ 允许改方表示灯（YGFD）：红色，亮灯时表示按下允许改变方向按钮，正在办理改变运行方向。

⑥ 辅助办理表示灯（FZD）：白色，亮灯时表示正在辅助办理改变运行方向。

⑦ 接车表示灯（JD）：黄色，亮灯时表示该线路本车站处于接车方向。

⑧ 发车表示灯（FD）：绿色，亮灯时表示该线路本车站处于发车方向。

⑨ 监督区间表示灯（JQD）：红色，亮灯时表示办理了正方向或反方向发车进路或列车占用区间。

允许改方（允许改变方向）按钮及表示灯在每个咽喉区设置一个，其余按钮和表示灯在每个接车方向设置一组。控制台上的这些按钮均带有铅封，在计算机联锁车站须输入口令才能使用。

知识点4 变更方向

1. 正常办理

改方电路设计为：正方向为自动闭塞，反方向为自动站间闭塞，即以站间区间（又称为大区间）作为行车间隔。列车反方向运行时，只有前行列车完全进入对方站，区间又恢复空闲状态，车站值班员才能办理反向的发车进路，开放出站信号。正常办理变更方向的操作方法如下：

① 相邻两站车站值班员电话联系，共同确认区间空闲后报列车调度员。

② 列车调度员向两车站发布允许反方向运行的调度命令。

③ 反方向发车站（即原接车站）车站值班员确认控制台上该线路监督区间表示灯灭灯，并且处于接车位置，即接车表示灯亮黄灯，履行登记手续后，破铅封按压发车咽喉区的允许改方按钮（或允许反向按钮）。

④ 反方向发车站顺序按压进路始端、终端按钮，办理反方向发车进路，开放出站信号。随着发车进路锁闭，控制台上接车表示灯熄灭，发车表示灯亮绿灯，监督区间表示灯亮红灯。

⑤ 同时，反方向接车站控制台上监督区间表示灯亮红灯，发车表示灯熄灭，接车表示灯亮黄灯，表示完成变更方向。

⑥ 列车凭出站信号机的绿色灯光（相应进路表示器显示白灯）进入区间。

⑦ 反方向接车站办理接车进路，开放反方向进站信号机。

⑧ 列车完全驶入站内后，监督区间表示灯熄灭，表示区间空闲，双方车站未进行其他操作，电路保持现有方向。

改方电路改变运行方向的主动权在接车站一方。只要处于接车方向的车站办理发车作业，就改变了原来的运行方向，变成发车站一方，而原发车站会随着对方站办理了发车进路而被动地成为接车站。

2. 辅助办理

当区间轨道电路发生故障、监督区间表示灯亮红灯或相邻车站出现“双接”（即同一线路上两站均处在接车电路状态）情况时，不具备正常办理条件，只能通过非正常手段办理，即使用辅助办理改变运行方向。辅助办理变更方向的操作方法如下：

① 相邻两站车站值班员电话联系，共同确认区间空闲，双方均未办理发车进路。

② 列车调度员向两车站发布允许使用总辅助按钮变更方向的调度命令。

③ 双方站履行登记手续后，破封按下相应线路的总辅助按钮。

④ 需改变为发车站的一方，破封按压发车按钮，控制台辅助办理表示灯亮白灯，表示操作有效，然后通知邻站。操作人员应持续按压发车按钮，直至车站接车表示灯

熄灭，发车表示灯点亮。

⑤ 邻站得到通知后，破封按压本站该方向接车按钮，与邻站确认接、发车表示灯状态后，表示辅助办理变更方向完成。

⑥ 双方适时拉出总辅助按钮，并通知信号工去补封。

5.3.3 知识拓展

移频自动闭塞

知识拓展

5.3.4 相关规范、规程与标准

《铁路技术管理规程（普速铁路部分）》相关规定

相关规范、规程与标准

5.3.5 任务工单

<table>
<tr><td rowspan="2">任务名称</td><td rowspan="2" colspan="2">自动闭塞设备认知与操作</td><td>姓名</td><td></td></tr>
<tr><td>日期</td><td></td></tr>
<tr><td colspan="5">操作方法：
（1）在带有三显示及四显示自动闭塞的教学沙盘上观察信号灯的变化情况，掌握 ZPW-2000 系列自动闭塞的特点。
（2）运用计算机联锁仿真软件，操作练习自动闭塞如何正常变更方向</td></tr>
<tr><td colspan="5">操作中存在的问题及解决方法：</td></tr>
<tr><td>项目</td><td>赋分</td><td>自评得分</td><td>互评得分</td><td>教师评分</td></tr>
<tr><td>正确理解知识</td><td>25</td><td></td><td></td><td></td></tr>
<tr><td>业务分析处理方法得当</td><td>20</td><td></td><td></td><td></td></tr>
<tr><td>表达清晰准确</td><td>20</td><td></td><td></td><td></td></tr>
<tr><td>业务处理结果正确</td><td>35</td><td></td><td></td><td></td></tr>
<tr><td>综合得分</td><td colspan="4">（自评得分 10%，互评得分 30%，教师评分 60%）</td></tr>
</table>

5.3.6 任务考核

一、填空题

（1）________就是根据列车运行及有关闭塞分区状态自动变换信号显示、司机凭信号行车的闭塞方法。

（2）自动闭塞按通过信号机显示制式可分为______________和________________。

（3）自动闭塞按行车组织方法主要可分为_______________、_________________。

（4）自动闭塞按传递信息特征主要有________________和___________________。

二、选择题

（1）双线单向自动闭塞反方向行车时用（　　）方式行车。

A. 电话闭塞　　B. 自动闭塞　　C. 自动站间闭塞　　D. 半自动闭塞

（2）电话闭塞以（　　）作为行车凭证。

A. 出站信号机允许显示　　B. 闭塞分区

C. 路票　　D. 站间区间

（3）移频自动闭塞接收、发送设备的位置应确保区间的信息与列车运行方向（　　），使轨道中传输的信息能够被机车信号接收。

A. 相同　　B. 相反

C. 不能确定　　D. 有时相同，有时相反

三、判断题

（1）自动闭塞没有区间占用检查设备。（　　）

（2）在移频自动闭塞方式下，闭塞分区被占用或轨道电路失效时，防护该闭塞分区的通过信号机应自动关闭。（　　）

（3）四显示区间自动闭塞的通过信号机有 4 种显示，能预告列车前方 3 个闭塞分区状态。（　　）

（4）ZPW-2000A 型无绝缘轨道电路是联锁设备。（　　）

四、简答题

（1）简要说明自动闭塞的主要特点。

（2）简要说明双方向自动闭塞怎样正常改变运行方向。

（3）双方向自动闭塞什么情况下需要辅助办理改变运行方向？简要说明怎样办理。

项目6　列车运行控制系统认知与应用

【项目描述】

列车运行控制系统（简称列控系统）由车载设备和地面设备组成，本项目主要介绍车载设备，包括机车信号、LKJ2000 型列车运行监控装置、轨道车运行控制设备（GYK）和列控车载设备（ATP）等，通过本项目的学习，掌握车载信号设备的基本功能，为正确指挥列车运行提供保障。

【教学目标】

① 了解列控系统的设备组成。
② 掌握机车信号的作用、显示意义。
③ 掌握 LKJ2000 和 GYK 的工作原理、操作方法。
④ 掌握 CTCS-2、CTCS-3 级列控系统的组成。
⑤ 培养学生追求卓越、精益求精的工匠精神。
⑥ 培养学生树立安全意识。

【案例导入】

【案例概况】 ××××年×月×日 20 时 30 分 05 秒，甬温线浙江省温州市境内，由北京南站开往福州站的 D301 次列车与杭州站开往福州南站的 D3115 次列车发生动车组列车追尾事故。事故造成 D3115 次列车第 15、16 位车辆脱轨，D301 次列车第 1 至 5 位车辆脱轨（其中第 2、3 位车辆坠落瓯江特大桥下，第 4 位车辆悬空，第 1 位车辆除走行部之外车头及车体散落桥下；第 1 位车辆走行部压在 D3115 次列车第 16 位车辆前半部，第 5 位车辆部分压在 D3115 次列车第 16 位车辆后半部），动车组车辆报废 7 辆、大破 2 辆、中破 5 辆、轻微小破 15 辆，事故路段接触网塌网损坏、中断上下行线行车 32 h 35 min，造成 40 人死亡、172 人受伤，直接经济损失 19 371.65 万元，构成特别重大事故。

【事故经过】 ××××年×月×日 19 时 30 分左右，雷击温州南站沿线铁路牵引供电接触网或附近大地，通过大地的阻性耦合或空间感性耦合在信号电缆上产生浪涌电压，在多次雷击浪涌电压和直流电流共同作用下，LKD2-T1 型列控中心设备采集驱动单元采集电路电源回路中的保险管 F2 熔断。熔断前温州南站列控中心管辖区间的轨道无车占用，因温州南站列控中心设备存在严重缺陷，导致后续时段该区间实际有车占用时列控中心设备仍按照熔断前无车占用状态进行控制输出，致使温州南站列控中心设备控制的区间信号机错误地保持绿灯状态，为D301次列车发送了错误的信号。

【事故原因】经调查认定，导致事故发生的原因是：通号集团所属通号设计院在LKD2–T1型列控中心设备研发中管理混乱。作为甬温线通信信号集成总承包商，通号集团履行职责不力，致使为甬温线温州南站提供的LKD2–T1型列控中心设备存在严重设计缺陷和重大安全隐患。原铁道部在LKD2–T1型列控中心设备招投标、技术审查、上道使用等方面违规操作，把关不严，致使其在温州南站上道使用。当温州南站列控中心采集驱动单元采集电路电源回路中保险管F2遭雷击熔断后，采集数据不再更新，错误地控制轨道电路发码及信号显示，使行车处于不安全状态。

雷击也造成5829AG轨道电路发送器与列控中心通信故障。使从永嘉站出发驶向温州南站的D3115次列车超速防护系统自动制动，在5829AG区段内停车。由于轨道电路发码异常，导致其三次转目视行车模式起车受阻，7分40秒后才转为目视行车模式，以低于20 km/h的速度向温州南站缓慢行驶，未能及时驶出5829闭塞分区。因温州南站列控中心未能采集到前行D3115次列车在5829AG区段的占用状态信息，使温州南站列控中心管辖的5829闭塞分区及后续两个闭塞分区防护信号错误地显示绿灯，向D301次列车发送无车占用码，导致D301次列车驶向D3115次列车并发生追尾。

上海铁路局有关作业人员安全意识不强，在设备故障发生后，未认真正确地履行职责，故障处置工作不得力，未能起到避免事故发生或减轻事故损失的作用。

【经验教训】

（1）深刻吸取事故教训。应牢固树立安全发展理念，坚持“安全第一，预防为主，综合治理”的方针，切实做到在任何时候都要把安全作为大事来抓，任何情况下都要把安全放在第一位来考虑，任何影响安全的问题都要立即解决。

（2）要进一步完善高铁规章制度标准，切实加强高铁技术设备研发管理；不断加强高铁安全管理和职工教育培训，强化铁路安全生产应急管理，统筹优化高铁规划布局和发展。

（3）要充分认识铁路在国民经济和社会发展中担负的重要责任，充分认识人民群众对铁路发展的关注和期盼，以昂扬向上的精神和坚忍不拔的意志，更加努力地为适应我国经济社会发展、满足人民群众需求不断做出新的贡献。

课前思考：铁路列车运行时如何保证两车之间的安全距离？

课前思考

工作任务 6.1　列控基础知识认知

6.1.1　工作任务

<table>
<tr><td>任务名称</td><td>列控系统认知</td><td>工单号</td><td></td></tr>
<tr><td>姓名</td><td></td><td>专业</td><td></td></tr>
<tr><td>日期</td><td></td><td>班级</td><td></td></tr>
<tr><td colspan="4">拟完成工作任务：
学生观看关于中国列车运行控制系统（CTCS）相关视频，分组讨论 CTCS 各等级的特点，并结合列车控制系统的设备组成及其作用，对比分析我国铁路与城市轨道交通列车控制系统的不同点</td></tr>
<tr><td colspan="4">任务目标：
1. 知识目标：
（1）掌握 CTCS 的基本功能及等级划分。
（2）了解列控系统的设备组成及其作用。
2. 能力目标：
（1）具备分析列控系统各级特点的能力。
（2）具备分析列控系统设备作用的能力。
3. 思政目标：
（1）让学生了解“中国制造”，培养学生追求卓越、精益求精的工匠精神。
（2）让学生树立安全意识</td></tr>
<tr><td colspan="4">学习重点：CTCS 的等级划分</td></tr>
<tr><td colspan="4">学习难点：CTCS 的级间关系</td></tr>
<tr><td colspan="4">教学所需设备：
（1）机车驾驶模拟器，动车组驾驶模拟器。
（2）列控系统教学视频</td></tr>
</table>

6.1.2　相关配套知识

列车运行控制系统简称列控系统，指的是对列车运行实现自动控制的系统。该系统通过获取地面信息和命令，监控列车运行速度，并调整与前行列车之间的距离。

CTCS 是中国列车运行控制系统（Chinese train control system）的英文首字母缩写，它以分级的形式满足不同线路运输需求，在不干扰机车乘务员正常驾驶的前提下，有效地保证行车安全。

知识点 1　CTCS 的基本功能

CTCS 在满足可靠性、可用性、可维护性和安全性的条件下，对列车进行超速防护，保证列车运行安全，向机车乘务员提供驾驶信息及数据输入输出界面，完成设备运行状态诊断记录。

1. 安全防护功能

安全防护功能是 CTCS 的核心功能，主要包括以下 3 方面：

① 在任何情况下防止列车无行车许可运行。

② 防止列车超速运行，即防止列车超过进路允许速度、超过线路结构规定的速度、

超过机车车辆构造速度、超过临时限速及紧急限速、超过铁路有关运行设备的限速。

③ 防止列车溜逸。

2. 人机交互功能

人机交互功能为机车乘务员提供信息显示、数据输入等功能，具体如下：

① 以字符、数字及图形等方式显示列车运行速度、允许速度、目标速度和目标距离。

② 实时给出列车超速、制动、允许缓解等表示及设备故障状态的报警。

③ 具有标准的列车数据输入界面，可根据运营和安全控制要求对输入数据进行有效性检查。

3. 设备检测功能

CTCS 除具备控制功能外，还具备设备检测功能，具体如下。

① 开机自检和动态检查功能。

② 关键数据和关键动作的记录功能及监测接口。

知识点 2 CTCS 的系统构成

CTCS 系统按照“以地面设备为基础、车载设备与地面设备统一设计”的原则构建，其结构如图 6-1 所示。

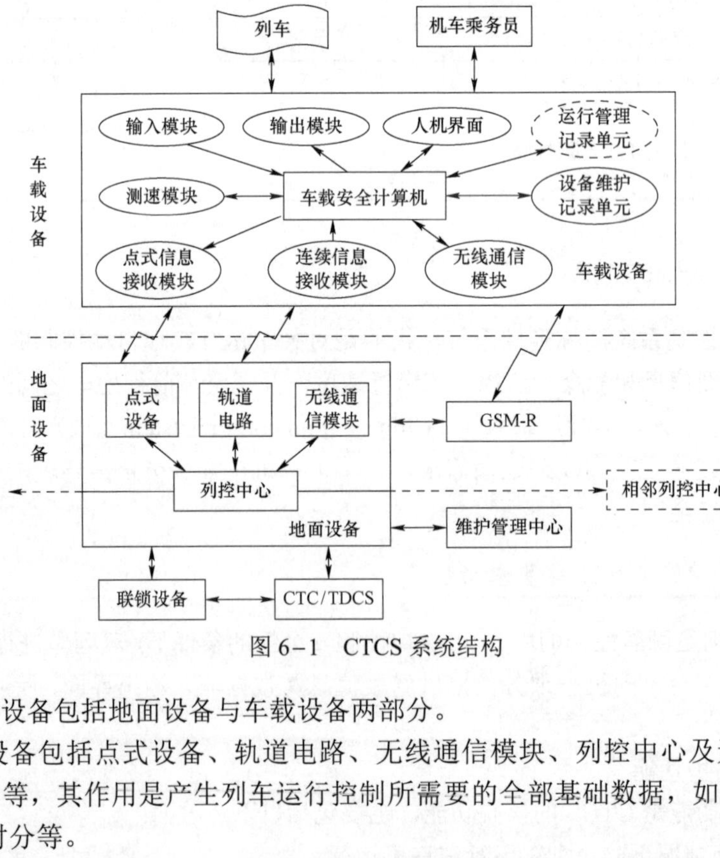

图 6-1 CTCS 系统结构

CTCS 设备包括地面设备与车载设备两部分。

地面设备包括点式设备、轨道电路、无线通信模块、列控中心及无线通信网络（GSM-R）等，其作用是产生列车运行控制所需要的全部基础数据，如列车的运行速度、间隔时分等。

车载设备包括列控车载设备和车载无线通信模块两部分，具体包括输入模块、输出模块、人机界面、测速模块、车载安全计算机、无线通信模块、连续信息接收模块、点式信息接收模块、运行管理记录单元、设备维护记录单元等，其作用是将地面设备传送来的信号进行信息处理，形成列车速度控制数据及列车制动模式，用来监督或控制列车安全运行。

列控系统改变了传统的信号控制方式，可以连续、实时地监督列车运行速度，自动控制列车的制动系统，实现列车的超速防护。列车控制方式可以由人工驾驶，也可以由设备实行自动控制，使列车根据其本身性能条件自动调整追踪间隔，提高线路的通过能力。

知识点 3 CTCS 的等级划分

CTCS 根据功能要求和设备配置划分应用等级，目前划分为 0～4 级。

1. CTCS-0 级

CTCS-0 级（简称 C0 级）列控系统适用于列车最高运行速度为 160 km/h 及以下普速铁路。自动闭塞设计仍按固定闭塞方式进行，采用四显示自动闭塞，信号显示具有分级速度控制的功能。

车载设备采用通用式机车信号和列车运行监控装置，以大存储的方式把线路数据全部存储在车载设备中，靠逻辑推断地址调取所需的线路数据，结合列车性能计算给出“目标–距离”式制动曲线。

2. CTCS-1 级

CTCS-1 级（简称 C1 级）列控系统仍将线路数据全部存储在车载设备上供列车运行控制系统调用，对 CTCS-0 级列车运行监控记录装置进行了加强，即车载设备由“主体机车信号+加强型列车运行监控装置”组成。

CTCS-1 级列控系统利用轨道电路完成列车占用检测及完整性检查，连续向列车传送控制信息，在车站附近增加点式设备，传输速度控制信息。

CTCS-1 级列控系统的控制模式为“目标–距离”式，以大存储的方式把线路数据全部存储在车载设备中，靠逻辑推断地址调取所需的线路数据，结合列车性能计算给出“目标–距离”式制动曲线。

CTCS-1 级列控系统面向 160 km/h 及以下的区段，全面提高了系统的安全性，是对 CTCS-0 级的全面加强，可称为线路数据全部存储在车载设备中的列车运行控制系统。

3. CTCS-2 级

CTCS-2 级（简称 C2 级）列控系统基于轨道电路和点式应答器传输行车许可信息，采用“目标–距离”式连续速度控制模式监控列车运行，适用于 250 km/h 以下铁路。

CTCS2 级
列控系统的组成

采用 CTCS-2 级列控系统的区段，地面信号机分为常态点灯和常态灭灯两种情况，利用轨道电路完成列车占用检测及完整性检查，并连续向列车传送控制信息，由应答器提供线路数据、临时限速、级间转换等信息。

4. CTCS-3 级

CTCS-3 级（简称 C3 级）列控系统基于 GSM-R 无线通信网络实现车—地信息双向传输，无线闭塞中心生成行车许可，轨道电路实现列车占用检查，应答器实现列车定位，并具备 CTCS-2 级功能。

CTCS3 级
列控系统的组成

采用 CTCS-3 级列控系统的区段，地面不设置通过信号机，司机凭车载信号行车，轨道电路仅用于检查列车占用，其连续信息在系统降级为 CTCS–2 级后作为行车许可信息。CTCS–2/CTCS–3 级区段均由临时限速服务器集中管理列控限速调度命令。

CTCS–2/CTCS–3 级列控系统采用“目标–距离”控制模式，根据目标距离、目标速度及列车本身的性能确定列车制动曲线，不设定每个闭塞分区的速度等级，采用一次制动方式，实现准移动闭塞。

5. CTCS–4 级

CTCS–4 级（简称 C4 级）列控系统是完全基于无线通信网络（GSM–R）的，由地面无线闭塞中心和车载设备完成列车占用检测及完整性检查，点式设备提供列车用于测距修正的定位基准信息。

CTCS–4 级列控系统地面不设通过信号机，司机凭车载信号行车，由无线闭塞中心和车载验证系统共同完成列车定位和列车完整性检查，使传统的信号设备减到最少。CTCS–4 级列控系统基于无线通信传输平台，可实现虚拟闭塞或移动闭塞，采取“目标–距离”控制模式，其追踪运行间隔要比准移动闭塞更小一些。

CTCS–4 级列控系统面向高速新线或特殊线路。我国《铁路主要技术政策》第四十三条规定：完善中国列车运行控制系统（CTCS），优化技术方案、技术标准。发展基于应答器提供基础数据的列车运行监控装置（LKJ）技术。

提示：列车运行控制系统装备等级根据线路允许速度选用，160 km/h 客货共线铁路采用 CTCS–0 级或 CTCS–1 级列控系统；200 km/h 客货共线铁路采用 CTCS–2 级列控系统；250 km/h 高速铁路优先采用 CTCS–3 级列控系统；300 km/h 及以上高速铁路采用 CTCS–3 级列控系统。

知识点 4 CTCS 的级间关系

CTCS 车载设备设计为向下兼容，配置 CTCS–3 级列控车载设备的列车可以在运行中自动完成 CTCS–3 级与 CTCS–2 级的切换；配置 CTCS–2 级列控车载设备的列车可以在运行中完成 CTCS–2 级与 CTCS–0/1 级的切换。

CTCS 级间转换不影响列车正常运行，原则上在区间自动转换，并给司机提供相应的声光警示，由司机按压“确认”按钮后解除警示。当自动转换失败时，司机根据 ATP 车载设备或 LKJ 的相应警示信息手动转换。

6.1.3 知识拓展

1. 速度控制模式
2. ATC 系统

知识拓展

6.1.4 相关规范、规程与标准

《铁路技术管理规程（普速铁路部分）》相关规定

相关规范、规程与标准

6.1.5　任务工单

<table>
<tr><td rowspan="2">任务名称</td><td rowspan="2" colspan="2">CTCS 的等级划分</td><td>姓名</td><td></td></tr>
<tr><td>日期</td><td></td></tr>
<tr><td colspan="5">操作方法：
根据所学知识，描述 CTCS 的等级划分，指出不同等级的特点</td></tr>
<tr><td colspan="5">操作中存在的问题及解决方法：</td></tr>
<tr><td>项目</td><td>赋分</td><td>自评得分</td><td>互评得分</td><td>教师评分</td></tr>
<tr><td>正确理解知识</td><td>25</td><td></td><td></td><td></td></tr>
<tr><td>业务分析处理方法得当</td><td>20</td><td></td><td></td><td></td></tr>
<tr><td>表达清晰准确</td><td>20</td><td></td><td></td><td></td></tr>
<tr><td>业务处理结果正确</td><td>35</td><td></td><td></td><td></td></tr>
<tr><td>综合得分</td><td colspan="4">（自评得分 10%，互评得分 30%，教师评分 60%）</td></tr>
</table>

6.1.6　任务考核

一、填空题

（1）CTCS 是中国列车运行控制系统（Chinese train control system）的英文缩写，它以＿＿＿＿＿＿的形式满足不同线路运输需求，在不干扰机车乘务员正常驾驶的前提下，有效地保证行车安全。

（2）CTCS 根据功能要求和设备配置划分应用等级，分为＿＿＿＿＿＿级。

（3）CTCS 包括地面与车载两部分。地面设备由＿＿＿＿＿＿、＿＿＿＿＿＿、＿＿＿＿＿＿、＿＿＿＿＿＿及无线通信网络（GSM–R）组成，地面设备产生出列车控制所需要的全部基础数据，如列车的运行速度、间隔时分等。

（4）车载设备包括列控车载设备和车载无线通信模块，将地面传送的信号进行信息处理，形成＿＿＿＿＿＿及列车制动模式，用来监督或控制列车安全运行。

二、选择题

（1）（　　）级列控系统基于 GSM–R 无线通信实现车—地信息双向传输，无线闭塞中心生成行车许可，轨道电路实现列车占用检查，应答器实现列车定位，并具备 CTCS–2 级功能。

A. CTCS–1　　B. CTCS–2　　C. CTCS–3　　D. CTCS–4

（2）（　　）级列控系统是完全基于无线通信网络的，可实现虚拟闭塞或移动闭塞，采取“目标–距离”控制模式，其追踪运行间隔要比准移动闭塞更小一些。

A. CTCS–1　　B. CTCS–2　　C. CTCS–3　　D. CTCS–4

三、判断题

（1）CTCS 车载设备设计为向下兼容，配置 CTCS–3 级列控车载设备的列车可以在运行中自动完成 CTCS–3 级与 CTCS–2 级的切换。（ ）

（2）列控系统装备等级根据线路允许速度选用。200 km/h 以下铁路采用 CTCS–2 级列控系统，200 km/h 铁路宜采用 CTCS–3 级列控系统。（ ）

四、简答题

（1）CTCS 列控系统应用等级有哪些？各有何特点？

（2）ATC 系统有什么作用？由哪几部分组成？各个组成部分分别有什么作用？

工作任务 6.2 机车信号设备认知与应用

6.2.1 工作任务

<table>
<tr><td>任务名称</td><td>机车信号设备认知</td><td>工单号</td><td></td></tr>
<tr><td>姓名</td><td></td><td>专业</td><td></td></tr>
<tr><td>日期</td><td></td><td>班级</td><td></td></tr>
<tr><td colspan="4">拟完成工作任务：
（1）学生分组观摩、操纵仿真驾驶系统，掌握机车信号与地面信号的关系。
（2）结合机车信号显示含义，探讨机车信号与 LKJ、ATP 的关系，并分析主体化机车信号的意义</td></tr>
<tr><td colspan="4">任务目标：
1. 知识目标：
（1）掌握机车信号与地面信号的关系。
（2）掌握机车信号显示含义，探讨机车信号与 LKJ、ATP 的关系。
2. 能力目标：
（1）了解机车信号工作原理。
（2）具备自主探讨主体化机车信号意义的能力。
3. 思政目标：
（1）认识机车信号的重要性。
（2）了解机车司机人员的职业素养。
（3）培养学生正确的安全观、足够的安全意识</td></tr>
<tr><td colspan="4">学习重点：机车信号显示含义</td></tr>
<tr><td colspan="4">学习难点：机车信号工作原理</td></tr>
<tr><td colspan="4">教学所需设备：
（1）四显示自动闭塞设备，机车信号主机及机车信号机实物。
（2）列车仿真驾驶系统</td></tr>
</table>

6.2.2 相关配套知识

知识点 1 机车信号作用

火车头的机车信号灯

机车信号是设在机车司机室的机车信号机上显示的信号，它能自动反映运行条件、指示司机行车。为实现机车信号而装设的整套技术设备称为机车信号设备，其外观如图 6–2 所示。

列车按照地面信号显示行车时，由于风、雪、雨、雾等不良气候条件或隧道、弯道等地形条件的影响，司机往往不能在规定距离内确认信号显示，存在冒进信号的危险。机车信号能向司机预告前方地面信号机的显示，改善司机的瞭望条件。在机车信号的基础上配套 ATP 系统，可促使司机提高警惕，并在司机丧失警惕而有可能冒进信号或超速行驶时强迫列车停车或减速，以防止列车冒进信号或超速运行。

图 6–2　机车信号机外观

安装机车信号机和 ATP 系统大大提高了行车安全程度，其效果十分显著。当列车运行速度超过司机辨认地面信号机显示的临界速度（160 km/h）时，机车信号作为主体信号使用。

知识点 2　机车信号基本技术要求

不论何种机车信号，都应满足以下基本技术要求：

① 自动闭塞区段，应采用连续式机车信号，机车信号要与自动闭塞制式相同。自动站间闭塞和半自动闭塞区段有可靠交流电源时，应采用接近连续式机车信号。

② 能适用于各种牵引区段，在各种内燃和电力机车上使用，并能与列车运行监控装置相结合。

③ 设备工作稳定可靠，受气候、环境干扰影响小。

④ 能满足“故障 — 安全”原则的要求，地面或机车设备发生故障时，应能显示最大限制信号。

⑤ 应装有足够显示数目的机车信号机，能直观地反映地面信号机的显示，当机车信号机接收到地面信号信息时，机车信号应该显示相应的信号显示；地面信号信息不变时，机车信号显示保持不变。

⑥ 配合有音响信号，在机车信号变化为较限制显示时鸣响，使司机更加注意。

知识点 3　机车信号分类

根据地面设备不同，机车信号分为接近连续式和连续式两种形式。

四显示区段机车信号显示含义

1. 接近连续式机车信号

在半自动闭塞区段，区间不设置轨道电路，所以机车到达进站信号机前方的接近区段时，才可以连续地接收到由地面传输来的用以控制机车信号显示的移频信息，直到正线股道，因此称为接近连续式机车信号，如图 6–3 所示。

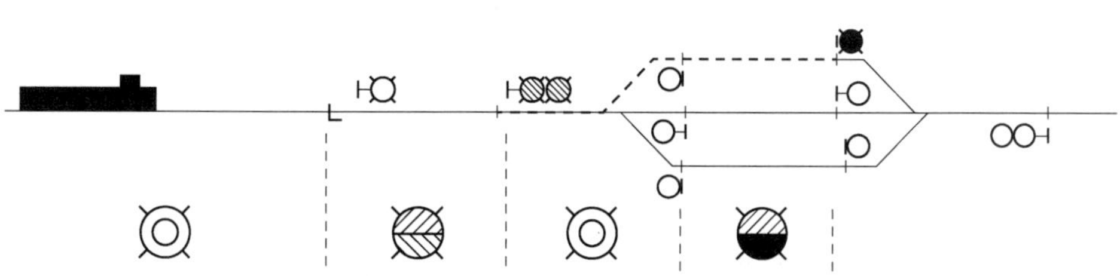

图 6–3　接近连续式机车信号

2. 连续式机车信号

在自动闭塞区段，由于每个闭塞分区都装设轨道电路，地面上的通过、进站等信号机的显示信息，能利用轨道电路不间断地向机车传送，使机车信号机可以连续地预告地面信号机的显示状态，因此称为连续式机车信号，如图 6–4 所示。

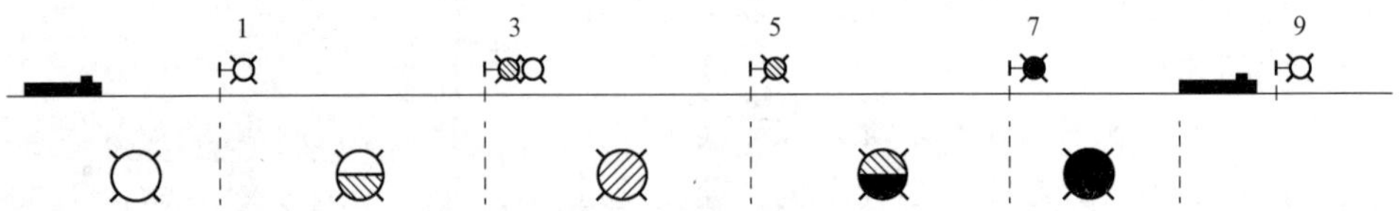

图 6–4　连续式机车信号

机车信号机为双面八灯位（也可采用 LED 为光源的双面点阵式结构），如图 6–2 所示。灯自上而下为：绿灯、半绿半黄灯、带“2”字的黄灯、黄灯、双半黄灯、半红半黄灯、红灯、白灯，构成 11 种显示，机车信号显示及信息定义如表 6–1 所示。

表 6–1　机车信号显示及信息定义

机车信号显示	四显示自动闭塞区段信息定义
绿灯	准许列车按规定速度运行，表示列车接近的地面信号机显示绿色灯光
半绿半黄灯	准许列车按规定速度注意运行，表示列车接近的地面信号机显示一个绿色灯光和一个黄色灯光
带“2”字的黄灯闪光	要求列车减速到规定的速度等级越过接近的显示一个黄色灯光的地面信号机，并预告次架地面信号机开放经 18 号及以上道岔侧向位置的进路，且列车运行前方第三架信号机开通直向进路或开放经 18 号及以上道岔侧向位置的进路
带“2”字的黄灯	要求列车减速到规定的速度等级越过接近的显示一个黄色灯光的地面信号机，并预告次一架地面信号机开放经道岔侧向位置的进路
黄灯	要求列车减速到规定的速度等级越过接近的显示一个黄色灯光的地面信号机，并预告次一架地面信号机处于关闭状态
双半黄灯闪光	要求列车限速运行，表示列车接近的地面信号机开放经 18 号及以上道岔侧向位置的进路，且次一架信号机开通直向进路或开放经 18 号及以上道岔侧向位置的进路；或表示列车接近设有分歧道岔线路所的地面信号机开放经 18 号及以上道岔侧向位置的进路、显示一个黄色闪光和一个黄色灯光
双半黄灯	要求列车限速运行，表示列车接近的地面信号机开放经道岔侧向位置的进路、显示两个黄色灯光或其他相应显示
半红半黄闪光	表示列车接近的进站、接车进路或接发车进路信号机显示引导信号或通过信号机显示容许信号
半红半黄灯	要求及时采取停车措施，表示列车接近的地面信号机显示红色灯光
红灯	表示列车已越过地面上显示红色灯光的信号机
白灯	不复示地面上的信号显示，机车乘务人员应按地面信号机的显示运行
无显示	表示机车信号机在停止工作状态

接近连续式机车信号的显示方式与连续式机车信号相同。

知识点 4　机车信号系统工作原理

机车信号系统车载设备，在机车第一轮对前面装有信号接收线圈，如图 6–5 所示。按照电磁感应原理，信号接收线圈通过与钢轨的电磁耦合接收钢轨中传输的移频信号，然后传送给机车信号主机。机车信号主机把从两路接收电路同时接收到的轨道电路信息由隔离放大器进行隔离，经 A/D 转换，由 DSP 芯片进行处理、解调、译码得到机车信号信息，把信息输出到机车信号机上，指导司机行车，同时把机车信号信息输出到监控装置作为控车基本条件。

图 6-5　机车信号接收线圈的位置

6.2.3　知识拓展

1. 机车信号的发展
2. JT-C 系列机车信号

知识拓展

6.2.4　相关规范、规程与标准

《铁路技术管理规程（普速铁路部分）》相关规定

相关规范、规程与标准

6.2.5　任务工单

<table>
<tr><td rowspan="2">任务名称</td><td rowspan="2">机车信号设备认知</td><td>姓名</td><td></td></tr>
<tr><td>日期</td><td></td></tr>
<tr><td colspan="4">操作方法：
（1）根据所学知识，观察图片，准确说出机车信号显示含义。
（2）明白机车信号如何分类</td></tr>
<tr><td colspan="4">操作中存在的问题及解决方法：</td></tr>
</table>

续表

项目	赋分	自评得分	互评得分	教师评分
正确理解知识	25			
业务分析处理方法得当	20			
表达清晰准确	20			
业务处理结果正确	35			
综合得分	（自评得分 10%，互评得分 30%，教师评分 60%）			

6.2.6 任务考核

一、填空题

（1）机车信号是用设在机车司机室的机车信号机自动反映运行条件、指示司机行车的信号显示制度。为实现机车信号而装设的整套技术设备称为 ____________。

（2）安装机车信号和列车运行超速防护系统大大提高了行车安全程度，其效果十分显著。当列车运行速度超过司机辨认地面信号机显示的临界速度（160 km/h）时，___________作为主体信号使用。

（3）根据地面设备不同，机车信号分为____________和__________两种形式。

二、选择题

（1）机车信号显示（　　），准许列车按规定速度注意运行，表示列车接近的地面信号机显示一个绿色灯光和一个黄色灯。

A. 半绿半黄灯　　B. 绿灯

C. 黄灯　　D. 双半黄灯闪光

（2）机车信号显示（　　），要求及时采取停车措施，表示列车接近的地面信号机显示红色灯光。

A. 半绿半黄灯　　B. 绿灯

C. 黄灯　　D. 半红半黄灯

三、判断题

（1）机车信号能向司机预告前方地面信号机的显示，改善司机的瞭望条件。在机车信号的基础上配套列车运行超速防护系统，可促使司机提高警惕，并在司机丧失警惕而有可能冒进信号或超速时强迫列车停车或减速，以防止列车冒进信号或超速运行。（　　）

（2）在自动闭塞区段，由于每个闭塞分区都装设轨道电路，地面上的通过、进站等信号机的显示信息，能利用轨道电路不间断地向机车传送，使机车信号机可以连续地预告地面信号机的显示状态，因此称为接近连续式机车信号。（　　）

四、简答题

（1）机车信号的作用是什么？

（2）机车信号如何分类？

（3）机车信号有哪些显示？分别表示什么意义？

工作任务 6.3　列车运行监控装置认知与应用

6.3.1　工作任务

任务名称	列车运行监控装置认知	工单号	
姓名		专业	
日期		班级	
拟完成工作任务： （1）学生分组参观、操纵列车仿真驾驶系统，了解 LKJ2000 的设备组成。 （2）学习 LKJ2000 基本功能及操作方法，准确描述 LKJ2000 与行车凭证有关的功能			
任务目标： 1. 知识目标： （1）掌握列车运行监控装置的基本功能。 （2）了解列车运行监控装置的操作方法，掌握与行车凭证有关的操作。 2. 能力目标： （1）了解列车运行监控装置的工作原理。 （2）具备操作列车运行监控装置的能力。 3. 思政目标： （1）能够认识到 LKJ2000 的重要作用。 （2）培养学生认真严谨的工作作风			
学习重点：列车运行监控装置的基本功能			
学习难点：LKJ2000 系统的构成			
教学所需设备： （1）LKJ2000 列车运行监控装置主机、显示器及接收线圈实物，LKJ2000 教学仿真设备。 （2）《列车运行监控装置（LKJ）运用维护规则》《车机联控标准》，《LKJ 操作使用手册》，以及路票、绿色许可证等行车凭证			

6.3.2　相关配套知识

知识点 1　列车运行监控装置简介

列车运行监控装置是中国列车运行控制系统体系的组成部分，是用于防止列车冒进信号、运行超速事故和辅助机车司机提高操纵能力的重要行车设备。

我国列车速度控制技术开发是从 20 世纪 80 年代末开始的，伴随着轨道电路发码化和计算机技术的不断进步，陆续开发了 JK–I 型、JK–Ⅱ型、JK–2H 型和 LKJ–93 型等列车运行监控装置。LKJ2000 型列车运行监控装置是在 LKJ–93 型列车运行监控装置的基础上借鉴国内外 ATP 及 ATC 先进技术而研究开发的列车超速防护设备。

列车运行监控装置比较完整地记载了列车运行的主要信息，记录了乘务员途中操纵列车的基本情况，并可防止列车超速运行，对保证行车安全和对行车事故客观判定起到了非常有效的作用，目前全路所有运用的机车已全部安装了 LKJ2000 型列车运行监控装置（以下简称 LKJ2000）。

知识点 2　LKJ2000 主要特点

① 装置的基本工作方式是将全线路的参数事先存储于主机，作为监控工作的依

据，并能与地面进行信息交换，采用车载数据与地面信息相结合的控制模式。

② 系统采用双机主从热备冗余工作方式，当工作主机出现故障时，系统自动切换到热备机接续工作；当任何一个通道或单元出现故障时，自动切换到备用单元或备用通道，工作可靠程度高。

③ 采用先进的 2 位微处理器 68332 作为系统主 CPU，执行速度、控制精度高，稳定性好，数据处理能力强。

④ 采用 10 英寸 TFT 高亮度彩色液晶显示屏作为显示界面，以图形方式显示前方的桥梁、坡道、曲线、车站、道岔、线路等的限制速度，优化了操纵曲线，使得装置与司机之间可以更好地交换信息。

⑤ 对故障导向安全的措施做了较多的考虑。对速度信息故障、机车信号信息故障、过绝缘节校正故障、通信故障等都有具体的处理。

⑥ 具有列车事故状态记录器（黑匣子），可以详细地记录事故发生前 30 min 的内容，结构合理，不易损坏。

⑦ 在系统内比 LKJ–93 多安装了机车闸缸压力传感器，可以随时记录和检查机车小闸使用情况。

⑧ 系统电磁兼容性满足 IEC61000 标准三级要求，抗干扰能力强，工作可靠性高。

知识点 3 LKJ2000 系统构成

LKJ2000 监控装置的组成

LKJ2000 的系统结构如图 6–6 所示，包括装设于机车（包括动车组）上的主机、显示器、双针速度表及与之配套的速度传感器和压力传感器、信息输入设备、信息输出设备和连接设备等。

相关设备包括装设于机车、动车组上的机车安全信息综合监测装置（TAX 装置）、地面信息接收处理单元（机车信号）、机车语音记录装置、列车运行状态信息系统车载设备（LAIS 车载设备）、铁路车号自动识别系统（ATIS）、机车车号自动识别设备等。

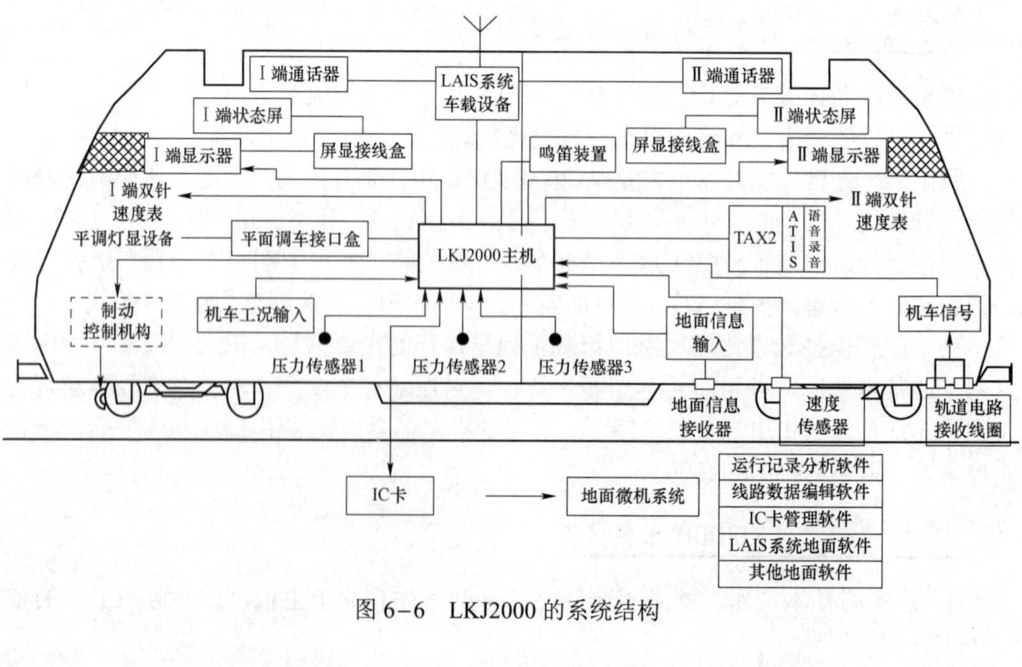

图 6–6 LKJ2000 的系统结构

列车运行监控装置利用计算机技术，采用车载数据方式，将线路数据、允许速度及各类信号机、车站坐标预先存储在监控装置数据芯片（IC 卡）中。列车运行中，根据机车实际坐标位置调用存储在数据芯片中的数据，同时按照电磁感应原理，将轨道电路中的移频信息耦合至机车上，据此确定列车运行前方信号机显示状态，实时计算列车制动距离，达到监控对列车运行安全的作用。

知识点 4　LKJ2000 主要功能

1. 监控功能

① 防止列车越过关闭的地面信号机。

② 防止列车超过线路（道岔）允许的速度及机车、车辆的构造速度运行。

③ 防止机车以高于规定的限制速度进行调车作业。

④ 防止列车停车后发生逸溜。

⑤ 可按列车运行揭示要求控制列车不超过临时限速（在自动闭塞区段，列车在显示停车的通过信号机前停车 2 min 后又继续向此关闭信号机防护的分区运行时，保证在该信号机防护的分区内运行速度不超过规定的限制速度）。

2. 记录功能

① 开关机相关参数记录（日期、时间等）。

② 机车乘务员输入参数（IC 卡输入）记录（车次、司机号等）。

③ 运行参数记录（时间、线路公里标等）。

④ 事故状态记录。

⑤ 插件故障记录。

3. 显示功能

① 显示列车运行的实际速度及限制速度。

② 显示距前方信号机的距离及信号机的种类。

③ 显示运行线路状况。

④ 显示机车优化操作曲线。

⑤ 其他运行参数的显示。

4. 地面分析功能

将车载记录的列车运行数据经过翻译、整理，以全程记录、运行曲线、各种报表的形式再现列车运行全过程，为机车的现代化管理及事故分析提供支持。

LKJ2000 的功能和按键

知识点 5　LKJ2000 显示屏操作及显示

LKJ2000 采用 10 英寸高亮度彩色液晶屏，其外观如图 6-7 所示，主界面数据显示如图 6-8 所示。

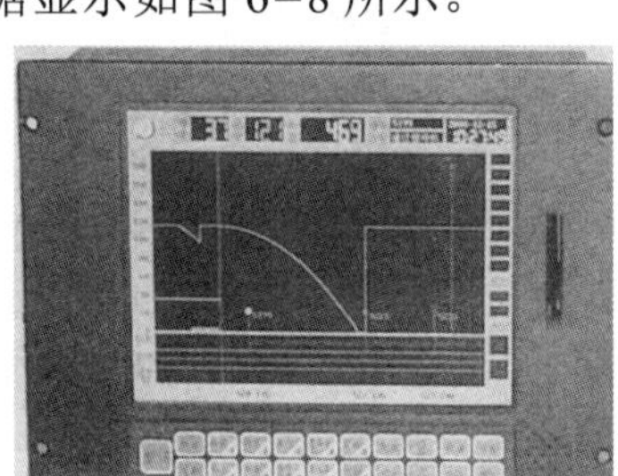

图 6-7　LKJ2000 显示屏外观

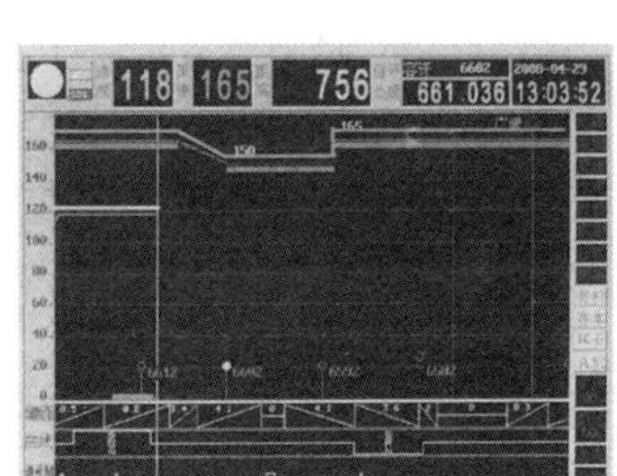

图 6-8　LKJ2000 主界面数据显示

1. 显示器主界面

LKJ2000 显示器的主界面中显示以下信息：

① 日期和时间；

② 机车信号信息；

③ 列车运行速度与限速；

④ 前方目标信号机的类别、编号；

⑤ 距前方信号机的距离；

⑥ 机车所在位置的里程坐标；

⑦ 监控状态和列车制动状态；

⑧ 列车最近走过的不少于 1 km 以内的运行速度值轨迹曲线；

⑨ 机车当前位置至前方不少于 3 km 以内的线路允许速度曲线；

⑩ 运行所在闭塞分区及运行前方闭塞分区模式限制速度曲线。

2. 表示灯

表示灯位于显示屏右侧，共 14 个，具体如下：

① 故障表示灯。监控主机与显示器通信故障时，点亮此灯，并显示故障。

② 降级表示灯。装置处于降级状态时，点亮此灯。

③ 紧急表示灯。装置处于紧急制动工况时，点亮此灯。

④ 常用表示灯。装置处于常用制动状态时，点亮此灯。

⑤ 卸载表示灯。装置处于卸载状态时，点亮此灯。

⑥ 解锁表示灯。解锁成功后，此灯点亮。

⑦ 开车表示灯。开车条件满足时，允许按“开车”键，此灯点亮。

⑧ 调车表示灯。装置处于“调车”状态时，此灯点亮。

⑨ 控制权表示灯。指示本端显示器是否有权，本端显示器有权时显示“有权”，反之，显示“无权”。

⑩ 巡检指示表示灯。在按“巡检”键后，点亮此灯 4 s。

⑪ IC 卡表示灯。IC 卡插入到位时，此灯点亮。

⑫ AB 机表示灯。监控主机 A 机工作时显示 A 机，B 机工作时，显示 B 机。

⑬ 侧线××表示灯。当允许侧线输入时，此灯点亮，并显示侧线号。

⑭ 支线××表示灯。当允许支线输入时，此灯点亮，并显示支线号。

3. 按键

机车乘务员按压 LKJ2000 主界面下方的操作按键（如图 6-9 所示），可进行相应参数设定操作及各种查询操作，具体操作可参见《机车（动车组）乘务员监控装置操作使用手册（LKJ2000 型）》。

图 6-9　LKJ2000 主界面下方的操作按键

知识点 6　LKJ2000 典型操作举例

1. 引导接车

机车乘务员全员确认引导信号正确后，运行速度 20 km/h 以下时，按压“解锁”键，解锁至进站信号机处限速 21 km/h。

解锁后本分区机车信号变化时，开口限速不变，监控列车以不超过 20 km/h 速度进站后，按次一架信号机显示要求控制列车运行。

进侧线时须输入相应的侧线股道号，进入进站分区（含接车进路），机车信号中半红半黄灯闪光，监控装置自动解锁至进站信号机处，限速 21 km/h，监控列车以不超过 20 km/h 速度进站后，按次一架信号机显示要求控制列车运行。

2. 特定引导

机车乘务员全员确认特定引导手信号正确后，运行速度低于 60 km/h 时，司机按压“开车”+“解锁”键解除对该信号机的停车控制功能，解锁至进站信号机处，限速 61 km/h，解锁后本分区机车信号变化时，开口限速不变，监控列车以不超过 60 km/h 的速度进站后，按次一架信号机的显示要求控制列车运行。

3. 停用基本闭塞法，改用电话闭塞法行车

1）临时改用电话闭塞法行车

① 列车运行过程中接到改用电话闭塞法行车的调度命令时，机车乘务员应在改用电话闭塞法行车起始车站的出站信号机或发车进路信号机前停车，车站应向机车乘务员递交行车凭证（路票）。

② 机车乘务员接到行车凭证并确认无误后，速度为 0 km/h 时，司机持续按压“↑”键 2 s，显示屏显示“非正常行车确认”窗口[见图 6-10（a）]，将鼠标指针移动到“路票”选项处，按压“确认”键，输入“调度命令号”及“路票编号”并确认，如图 6-10（b）所示。

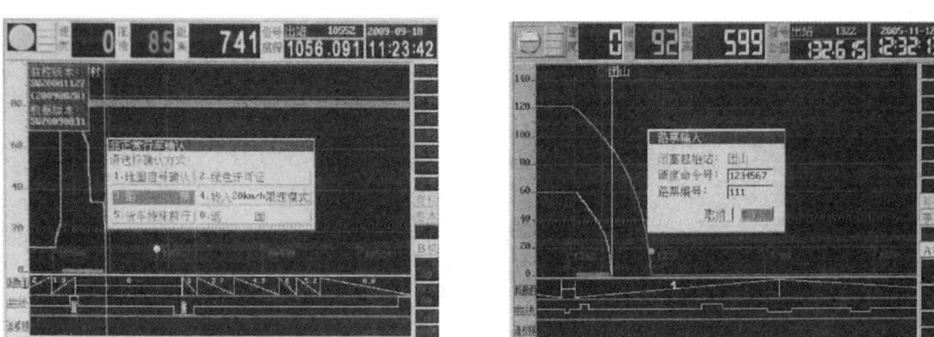

（a）非正常行车确认　　（b）路票输入

图 6-10　改用电话闭塞法行车输入路票信息

2）有计划地改用电话闭塞法行车

① 列车运行至有计划地改用电话闭塞法发车的车站出站信号机前，运行速度低于 60 km/h 时，显示屏自动弹出“路票输入”窗口，提示司机输入“路票编号”，机车乘务员确认凭证无误后输入“路票编号”并按压“确认”键确认。

② 采用电话闭塞法行车时，机车乘务员确认发车信号正确或得到电台发车通知

后，司机按压“解锁”+“确认”键解锁，监控装置解除列车所在线路出站信号机或发车进路信号机及至下一站间所有分区通过信号机的停车控制。列车运行至下一站进站信号机前，监控装置按其对应的机车信号显示要求监控列车运行。

3）电话闭塞法的行车速度控制

列车在改用电话闭塞法行车的区间，对于客运列车，监控装置按该次列车最高允许速度的 80%自动调整最高限制速度监控列车运行，该区间限速值低于上述取值的按低值控制；对于货运列车，按规定速度监控列车运行。如在路票行车过程中遇有临时限速、较低的特殊区段限速时，监控装置将取低值。

4. 绿色许可证发车

1）有计划地使用绿色许可证发车

① 列车运行至使用绿色许可证发车站的出站信号机前，运行速度低于 45 km/h 时，显示屏自动弹出“绿色许可证输入”窗口，提示司机输入“绿色许可证号”。

② 机车乘务员确认行车凭证正确后，输入“绿色许可证号”并确认，再次按压“确认”键，“绿色许可证输入”窗口消失。

③ 在出站信号机或发车进路信号机前，司机按压“解锁”+“确认”键，监控装置解除列车在该信号机前的停车控制，监控列车以不超过出站道岔的限速（最高不超过 45 km/h）越过出站信号机。

2）临时使用绿色许可证发车

① 机车运行至站内，地面出站信号机不能开放，机车信号显示红黄灯（红黄灯后的单红灯、红黄灯后的白灯）时，在出站信号机或发车进路信号机前停车，机车乘务员接取行车凭证（绿色许可证）并确认凭证无误。

② 列车运行速度为 0 km/h 时，司机持续按压“↑”键 2 s，显示屏显示“非正常行车确认”窗口，将鼠标指针移动到“绿色许可证”选项处，按压“确认”键后输入“绿色许可证号”并确认。

③ 机车乘务员确认发车信号正确或得到电台发车通知后，按压“解锁”+“确认”键解锁，监控装置解除列车在该信号机前的停车控制，监控列车以不超过出站道岔的限速（最高不超过 45 km/h）越过出站信号机。

6.3.3 知识拓展

1. LKJ 数据
2. 轨道车运行控制设备

知识拓展

6.3.4 相关规范、规程与标准

《铁路技术管理规程（普速铁路部分）》相关规定

相关规范、规程与标准

6.3.5 任务工单

<table>
<tr><td rowspan="2">任务名称</td><td rowspan="2">LKJ2000 显示屏操作及显示</td><td>姓名</td><td></td></tr>
<tr><td>日期</td><td></td></tr>
<tr><td colspan="4">操作方法：
根据所学知识，说出 LKJ2000 显示屏操作及显示</td></tr>
<tr><td colspan="4">操作中存在的问题及解决方法：</td></tr>
</table>

项目	赋分	自评得分	互评得分	教师评分
正确理解知识	25			
业务分析处理方法得当	20			
表达清晰准确	20			
业务处理结果正确	35			
综合得分	（自评得分 10%，互评得分 30%，教师评分 60%）			

6.3.6 任务考核

一、填空题

（1）列车运行监控装置是中国列车运行控制体系中的组成部分，是用于防止__________、运行超速事故和辅助机车司机提高操纵能力的重要行车设备。

（2）LKJ2000 系统采用__________工作方式，在工作主机出现故障的情况下，系统自动切换到热备机接续工作；当任何一个通道或单元出现故障时，自动切换到备用单元或备用通道，工作可靠程度高。

（3）LKJ2000 系统中的设备包括装设于机车（包括动车组）上的主机、显示器、__________及与之配套的速度传感器和压力传感器、信息输入设备、信息输出设备和连接设备等。

二、选择题

（1）LKJ2000 的主要功能包括（　　）。

A. 监控功能　　B. 记录功能　　C. 显示功能　　D. 地面分析功能

（2）LKJ2000 的记录功能包括（　　）。

A. 开关机相关参数记录（日期、时间等）

B. 机车乘务员输入参数（IC 卡输入）记录（车次、司机号等）

C. 运行参数记录（时间、线路公里标等）

D. 事故状态记录

E. 插件故障记录

三、判断题

（1）列车运行监控装置比较完整地记载了列车运行的主要信息，记录了乘务员途中操纵列车的基本情况，并可防止列车超速运行，对保证行车安全和对行车事故客观判定起到了非常有效的作用，目前全路所有运用的机车已全部安装了 LKJ2000。（ ）

（2）LKJ2000 具有列车事故状态记录器（黑匣子），可以详细地记录事故发生前 60 min 的内容，结构合理，不易损坏。（ ）

四、解答题

（1）LKJ2000 有哪些功能？

（2）LKJ2000 输入绿色许可证信息有什么作用？

（3）LKJ2000 输入路票信息有什么作用？

工作任务 6.4 CTCS–3 级列控系统认知与应用

6.4.1 工作任务

任务名称	CTCS–3 级列控系统认知	工单号	
姓名		专业	
日期		班级	
拟完成工作任务： （1）学生分组观看 CTCS–2 及 CTCS–3 级列控系统视频资料，学习高铁信号系统组成。 （2）结合动车组仿真驾驶系统，掌握列控车载设备各工作模式的特点及应用，结合地面设备的功能，学习设备故障对高铁列车运行的影响			
任务目标： 1. 知识目标： （1）掌握 CTCS–3 级列控系统车载设备的基本功能。 （2）掌握 CTCS–3 级列控系统地面设备的基本功能。 2. 能力目标： （1）了解高铁信号系统的组成及特点。 （2）具备对比分析 CTCS–2 与 CTCS–3 级列控系统不同点的能力。 3. 思政目标： （1）能够认识到 CTCS–3 的重要作用。 （2）培养学生按章作业的职业素养			
学习重点：CTCS–3 级列控系统车载设备的基本功能			
学习难点：CTCS–2 与 CTCS–3 级列控系统的不同点			
教学所需设备： （1）高铁教学沙盘，应答器实物，动车组仿真驾驶系统。 （2）CTCS–2 及 CTCS–3 级列控系统视频资料、ATP 设备的《机车乘务员手册》，以及《高速铁路行车组织规则》			

6.4.2　相关配套知识

CTCS–3 级列控系统是保证高速铁路安全、可靠、高效运行的核心技术之一。《铁路技术管理规程（高速铁路部分）》规定：列车运行控制系统装备等级根据线路允许速度选用。250 km/h 以下铁路采用 CTCS–2 级列控系统；250 km/h 铁路宜采用 CTCS–3 级列控系统，300 km/h 及以上铁路采用 CTCS–3 级列控系统。

CTCS–3 级列控系统是基于 GSM–R 无线通信实现车—地信息传输、无线闭塞中心（RBC）生成行车许可、应答器设备提供列车定位基准信息、轨道电路进行轨道占用及列车完整性检查的列车运行控制系统。该系统采用先进的技术手段对高速列车的运行速度、运行间隔等进行实时监控和超速防护，以“目标–距离”连续速度控制模式、设备制动优先的方式监控列车安全运行，并具备 CTCS–2 级列控系统的功能，满足跨线列车运营要求。

知识点 1　总体技术要求

① 最高运营速度 350 km/h，列车正向运行最小追踪间隔时间 3 min。

② 按兼容 CTCS–2 级列控系统的要求，统一配置车载及地面设备。CTCS–2 级作为 CTCS–3 级无线通信系统故障的备用系统使用。无线闭塞中心（RBC）或无线通信故障时，CTCS–2 级列控系统控制列车运行。

③ 车载设备采用“目标–距离”连续速度控制模式、设备制动优先的方式监控列车安全运行。300 km/h 及以上动车组不装设列车运行监控装置（LKJ）。

④ 采用轨道电路进行占用及列车完整性检查，列车正向按自动闭塞追踪运行，反向按自动站间闭塞运行。

⑤ 满足跨线运行的运营要求。

⑥ 全线 RBC 设备集中设置。

⑦ GSM–R 无线通信覆盖包括大站在内的全线所有车站。

⑧ 动车段及联络线均安装 CTCS–2 级列控系统地面设备。

⑨ 在 300 km/h 及以上线路，CTCS–3 级列控系统车载设备速度容限规定为超速 2 km/h 报警、超速 5 km/h 触发常用制动、超速 15 km/h 触发紧急制动。

⑩ RBC 向装备 CTCS–3 级车载设备的列车、应答器向装备 CTCS–2 级车载设备的列车分别发送分相区信息，实现自动过分相。

知识点 2　系统构成

CTCS–3 级列控系统包括地面设备和车载设备。地面设备由无线闭塞中心（RBC）、列控中心（TCC）、ZPW–2000（UM）系列轨道电路、应答器（含 LEU）、GSM–R 无线通信接口设备等组成。车载设备由车载安全计算机（VC）、GSM–R 无线通信单元（RTU）、轨道电路信息读取器（TCR）、应答器信息接收模块（BTM）、司法记录单元（JRU/DRU）、人机界面（DMI）、列车接口单元（TIU）等组成。

CTCS–3 级列控系统总体结构如图 6–11 所示。

1. 地面设备

CTCS–3 级列控系统地面设备总体结构如图 6–12 所示。

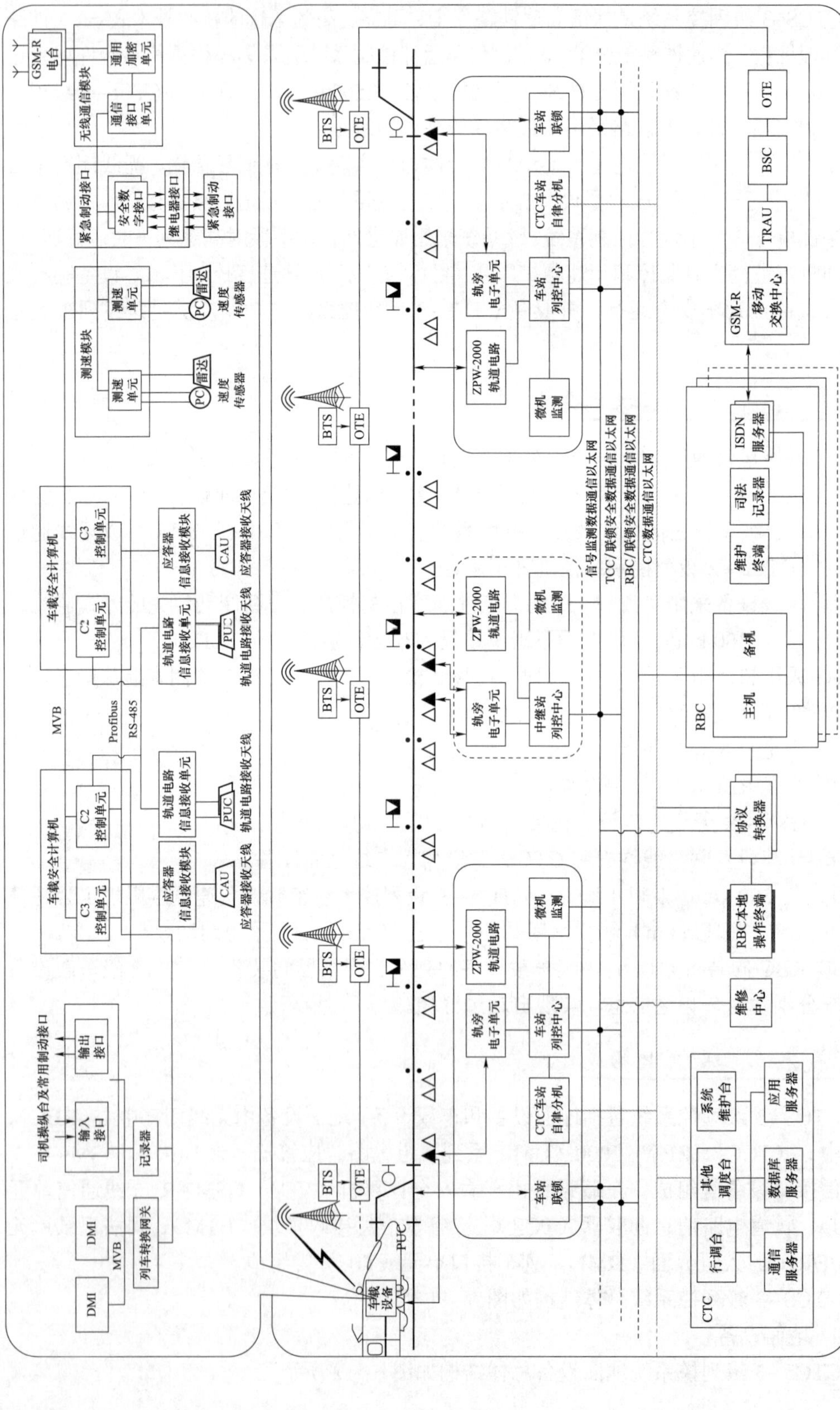

图 6-11 CTCS-3 级列控系统总体结构

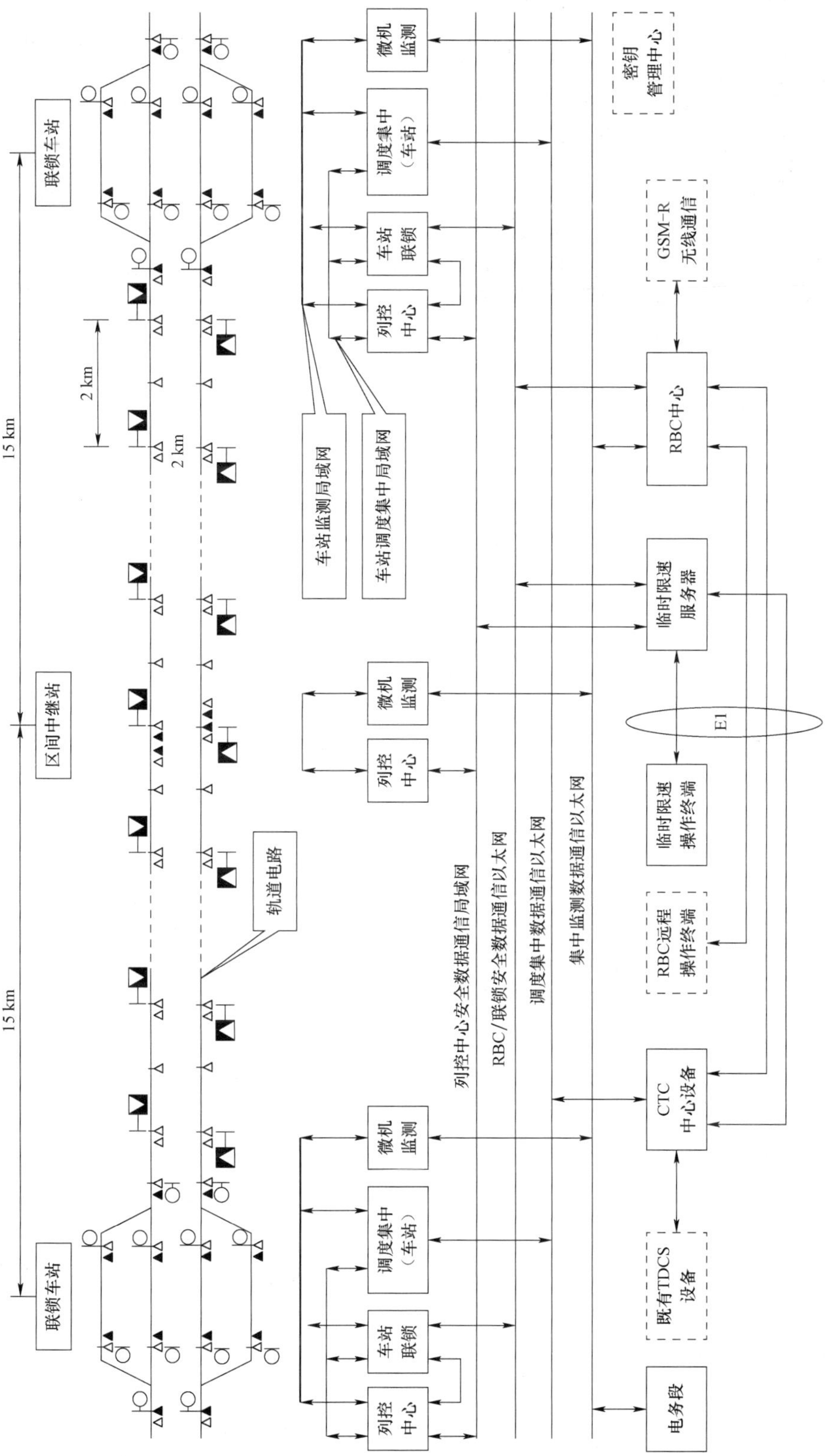

图 6-12　CTCS-3 级列控系统地面设备总体结构

1）应答器

应答器是一种由地面向列控车载设备发送报文信息的传输设备，主要作用是向列控车载设备提供可靠的地面信息，其外形如图 6-13 所示。

应答器本身不具有电源，当动车组列车经过应答器上方时，应答器接收到动车组车体下方 BTM 天线发送的频率为 27.095 MHz 的电磁波，将其转换为电能使应答器开始工作，将存储于应答器中的信息循环发往列车，直至电能耗尽。

图 6-13　应答器外形

应答器分为无源应答器和有源应答器，其中无源应答器用于发送固定不变的信息，如线路数据、过分相、定位信息、级间转换、公里标及车站名、无线闭塞中心切换等；有源应答器通过与轨旁单元连接来发送可变信息，如车站的进路信息、车站及区间的临时限速信息等。CTCS-3 级区段车站应答器应用示例如图 6-14 所示。在信号平面图中，有源应答器用“▲”表示，无源应答器用“△”表示。

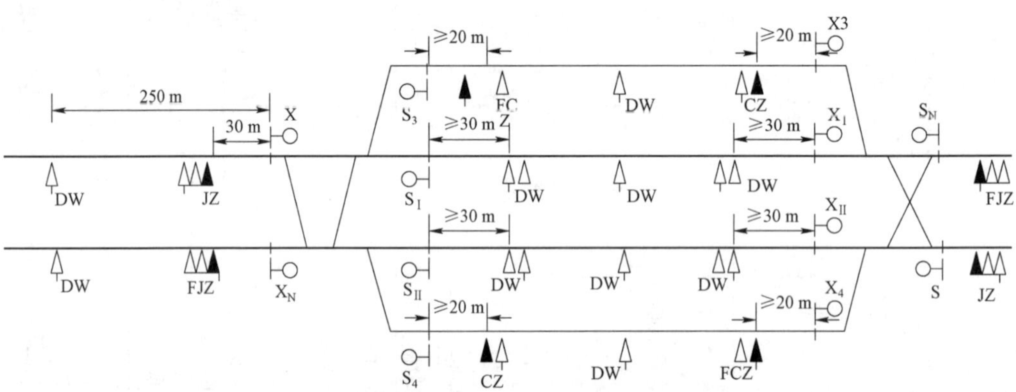

图 6-14　CTCS-3 级区段车站应答器应用示例

2）ZPW-2000（UM）系列轨道电路

对于处于 CTCS-3 级列控模式的动车组列车，ZPW-2000（UM）系列轨道电路仅用于实现列车占用及完整性检查。

对于处于 CTCS-2 级列控模式的动车组列车，ZPW-2000（UM）系列轨道电路除实现列车占用及完整性检查外，还向列车提供运行前方空闲闭塞分区数量等信息。

3）区间信号标志牌

在 CTCS-3 级区段的区间不设通过信号机，在闭塞分区分界处设置区间信号标志牌。

4）无线闭塞中心

无线闭塞中心采用安全冗余结构，具备与计算机联锁 XTC、临时限速服务器、信号集中监测系统、GSM-R 网络及相邻无线闭塞中心的接口能力；能根据车载子系统、列控地面子系统及地面其他系统提供的列车状态、轨道占用、临时限速命令、联锁进路状态、灾害防护等信息，产生针对所控列车的行车许可（MA）及线路描述、临时限速等控制信息，并通过 GSM-R 无线通信系统传输给 CTCS-3 的车载设备。同时通过 GSM-R 接收列车传输的精确位置、列车运行参数等信息。

5）列控中心

列控中心接收轨道电路占用信息，并通过联锁设备传送给无线闭塞中心，具有轨道电路编码、应答器报文产生与发送、站间安全信息传输、临时限速等功能，满足后备系统需要。在 CTCS-2 级运用时，根据轨道电路、进路状态及临时限速等信息产生 CTCS-2 级行车许可，通过轨道电路及有源应答器将行车许可传送给 CTCS-2 级列车。

6）临时限速服务器

临时限速服务器（TSRS）系统集中管理客运专线的列控限速调度命令，具备全线临时限速命令的存储、校验、撤销、拆分、设置、取消及临时限速设置时机的辅助提示功能。临时限速服务器接收调度集中（CTC）下达的列控限速调度命令，并在校验、拆分后向相关无线闭塞中心、列控中心传递限速信息。

2. 车载设备

CTCS-3 级列控系统车载设备采用分布式结构，包括车载安全计算机（VC）、司法记录单元（JRU）、应答器信息接收单元（BTM）、轨道电路信息接收单元（TCR）、测速单元、人机界面（DMI）、列车接口单元（TIU）、GSM-R 无线通信单元（RTU）、动态监测接口等，如图 6-15 所示。

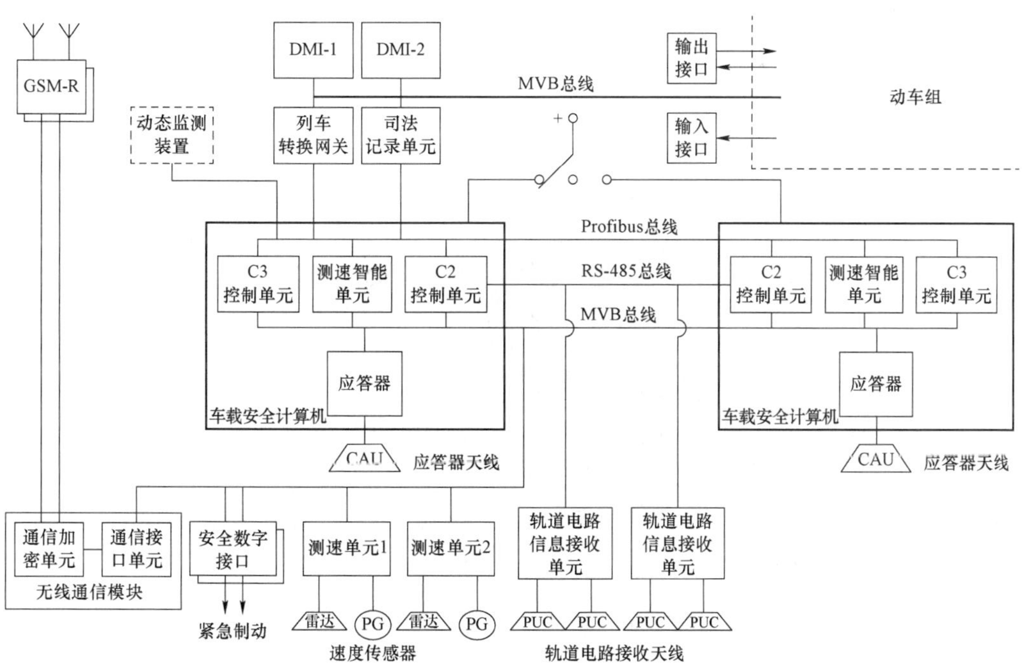

图 6-15　CTCS-3 级列控系统车载设备的组成

1）车载安全计算机

列控车载设备采用高可靠的安全计算机平台，根据接收到的信息生成连续式速度监督曲线，监控列车的安全运行，超速时通过继电接口对列车的制动系统发出制动控制指令。其中 CTCS-2 级列控系统接收来自应答器的点式信息和轨道电路的连续信息，

CTCS-3 级列控系统接收来自应答器的点式信息、通过 GSM-R 接收来自 RBC 的数据信息。

2）司法记录单元

用于记录列车运行中车载设备采集的原始信息和车载设备输出的控制信息。

3）轨道电路信息接收单元与应答器信息接收单元

轨道电路信息接收单元用于接收轨道电路信息，应答器信息接收单元接收地面应答器信息，并将其信息转发给车载计算机，如图 6-16 所示。

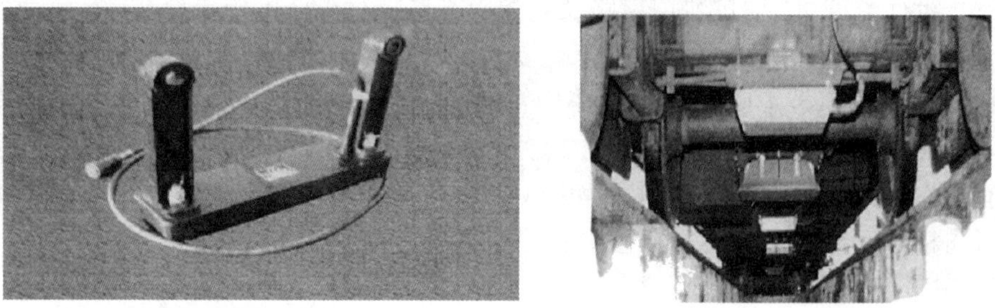

(a) 轨道电路信息接收单元　　(b) 应答器信息接收单元

图 6-16　轨道电路信息接收单元与应答器信息接收单元

4）测速单元

速度传感器通过检测轮轴转速的方式，得到当前列车运行速度。雷达通过比较发射频率与反射频率，计算列车与地面的相对速度。

5）人机界面

人界面显示列车当前速度、最大限速、目标速度、目标距离等驾驶信息，完成列车相关数据的输入，如图 6-17 所示。

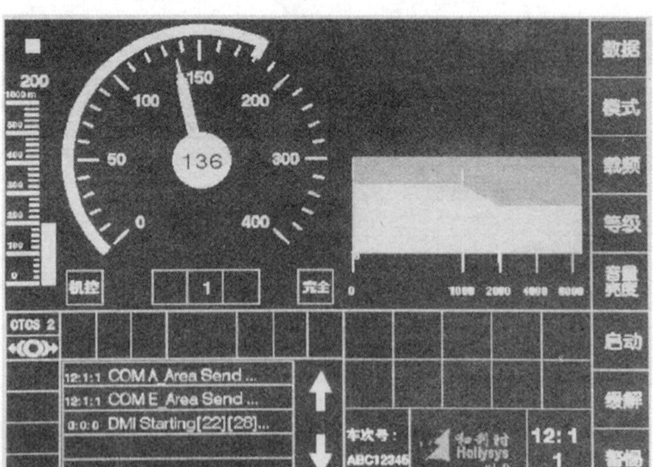

图 6-17　人机界面

6）冗余开关与隔离开关

冗余开关与隔离开关外形如图 6-18 所示。车载系统硬件采取冷备冗余方式，主用系统故障时，由司机通过拨动冗余开关，倒向备用系统。冗余开关有三挡，用于选择系统 1、系统 2 和系统关闭电源。开关处在 1 挡时选择系统 1 工作，开关处在 2 挡时选择系统 2 工作，开关处在 0 挡时，系统断电。

隔离开关有两挡，开关处在 1 挡时设备正常工作，开关处在 2 挡时设备断电，并切除 ATP 设备输出控制，此时动车组控车模式转换为隔离模式。

图 6–18　冗余开关与隔离开关外形

知识点 3　工作模式

CTCS–3 级列控车载设备（含 CTCS–2 级功能）的主要工作模式有：完全监控模式（FS）、引导模式（CO）、调车模式（SH）、隔离模式（IS）、待机模式（SB）、休眠模式（SL）、部分监控模式（PS）和机车信号模式（CS）等，其中部分监控模式和机车信号模式仅适用 CTCS–2 级列控系统，本节不做详细介绍。

1. 完全监控模式

完全监控模式是列车的正常运行模式。列控车载设备根据控车数据自动生成“目标–距离”模式曲线，司机依据人机界面显示的列车运行速度、允许速度、目标速度和目标距离等信息控制列车运行。

完全监控模式

列车按高于允许速度 2 km/h 报警、5 km/h 常用制动、10 km/h 紧急制动（250 km/h 以下）或 15 km/h 紧急制动（250 km/h 及以上）设置。

2. 引导模式

引导模式是在进站或出站建立引导进路后，列控车载设备按照最高限速 40 km/h 控车的模式。CTCS–3 级控车时，引导模式下列控车载设备显示动态速度曲线和目标距离。

引导模式

3. 调车模式

调车模式是动车组进行调车作业的固定限速模式，限速 40 km/h。司机按压专用按钮使列控车载设备转入调车模式。只有在列车停车时，司机才可以选择进入或退出调车模式。CTCS–3 级控车时，只能在车站内转入调车模式。

调车模式

4. 隔离模式

隔离模式是列控车载设备制动功能停用的模式。列车停车后，根据调度命令，司机操作隔离开关的手柄，使列控车载设备转入隔离模式。

隔离模式

5. 待机模式

待机模式是列控车载设备上电后的默认模式。列控车载设备自检和外部设备测试后，自动处于待机模式。在待机模式下，列控车载设备正常接

待机模式

收轨道电路及应答器信息，同时输出制动，司机不得移动列车。

6. 休眠模式

休眠模式是列车非本务端车载设备不监控列车运行，但仍执行列车定位、记录等级转换等功能的模式。

休眠模式

知识点 4 CTCS–2 级列控系统简介

CTCS–2 级列控系统适用于 250 km/h 以下的铁路线路，基于轨道电路和点式应答器传输行车许可信息，采用“目标—距离”连续速度控制模式监控列车运行。完全监控模式下按高于线路允许速度 2 km/h 报警、5 km/h 常用制动、10 km/h 紧急制动设置模式曲线。

CTCS–2 级列控系统由列控车载设备和地面设备组成。列控车载设备主要由车载安全计算机、轨道电路信息接收单元、应答器信息接收单元、列车接口单元、司法、记录单元、人机界面等部件组成。列控地面设备由列控中心、临时限速服务器、ZPW–2000 系列轨道电路、应答器等设备组成。

CTCS–2 级系统中，应答器提供线路数据、临时限速、级间转换等信息。应答器组设置、报文定义及组间距离等应满足列控车载设备控车要求。

6.4.3 知识拓展

CTCS-3 级列控系统主要应用场景

知识拓展

6.4.4 相关规范、规程与标准

《铁路技术管理规程（高速铁路部分）》相关规定

相关规范、规程与标准

6.4.5 任务工单

<table>
<tr><td rowspan="2">任务名称</td><td rowspan="2" colspan="2">CTCS–3 级列控系统
主要工作模式</td><td>姓名</td><td></td></tr>
<tr><td>日期</td><td></td></tr>
<tr><td colspan="5">操作方法：
根据所学知识，说出 CTCS–3 级列控系统车载设备主要工作模式的特点</td></tr>
<tr><td colspan="5">操作中存在的问题及解决方法：</td></tr>
<tr><td>项目</td><td>赋分</td><td>自评得分</td><td>互评得分</td><td>教师评分</td></tr>
<tr><td>正确理解知识</td><td>25</td><td></td><td></td><td></td></tr>
<tr><td>业务分析处理方法得当</td><td>25</td><td></td><td></td><td></td></tr>
<tr><td>表达清晰准确</td><td>15</td><td></td><td></td><td></td></tr>
<tr><td>业务处理结果正确</td><td>35</td><td></td><td></td><td></td></tr>
<tr><td>综合得分</td><td colspan="4">（自评得分 10%，互评得分 30%，教师评分 60%）</td></tr>
</table>

6.4.6　任务考核

一、填空题

（1）CTCS–3 级列控系统是基于________无线通信实现车—地信息传输、无线闭塞中心（RBC）生成行车许可、应答器设备提供列车定位基准信息、轨道电路进行轨道占用及列车完整性检查的列车运行控制系统。

（2）TCS–3 级列控系统包括地面设备和车载设备。地面设备由____________、列控中心（TCC）、ZPW-2000（UM）系列轨道电路、应答器（含 LEU）、GSM-R 无线通信接口设备等组成。车载设备由______________、GSM-R 无线通信单元（RTU）、轨道电路信息接收单元（TCR）、应答器信息接收模块（BTM）、记录单元（JRU/DRU）、人机界面（DMI）、列车接口单元（TIU）等组成。

（3）________集中管理客运专线的列控限速调度命令，具备全线临时限速命令的存储、校验、撤销、拆分、设置、取消及临时限速设置时机的辅助提示功能。

二、选择题

（1）（　　）是在进站或出站建立引导进路后，列控车载设备按照最高限速 40 km/h 控车模式。

A. 引导模式　　B. 调车模式　　C. 隔离模式　　D. 待机模式

（2）（　　）接收轨道电路占用信息并通过联锁设备传送给无线闭塞中心，具有轨道电路编码、应答器报文产生与发送、站间安全信息传输、临时限速等功能，满足后备系统需要。

A. TSRS　　B. TCC　　C. TCR　　D. RBC

三、判断题

（1）CTCS–3 级列控系统应满足最高运营速度 350 km/h，列车正向运行最小追踪间隔时间 5 min。（　　）

（2）CTCS–3 级列控系统满足跨线运行的运营要求。（　　）

（3）在 300 km/h 及以上线路，CTCS–3 级列控系统车载设备速度容限规定为超速 2 km/h 报警、超速 5 km/h 触发常用制动、超速 15 km/h 触发紧急制动。（　　）

四、简答题

（1）CTCS–3 级列控系统地面设备有哪些？

（2）CTCS–3 级列控系统车载设备有哪些？

（3）CTCS–3 级列控系统有哪些工作模式？

项目 7 TDCS 和 CTC 应用与操作

【项目描述】

铁路信息化是铁路跨越式发展的重要保障。运输调度指挥是铁路信息化的重要组成部分，其中列车调度指挥系统（train operation dispatching command system，TDCS）是铁路运输调度指挥的核心，能及时、准确地为全路各级调度指挥管理人员提供现代化的调度指挥管理手段和平台；调度集中控制（centralized traffic control，CTC）简称调度集中，是控制中心对某一调度区段的信号设备进行集中控制，对列车进行直接指挥、管理的技术设备。本项目对 TDCS 和 CTC 系统进行介绍，通过本项目的学习，使学习者对 TDCS 和 CTC 系统的结构、功能及操作方法有一定了解。

【教学目标】

① 了解 TDCS、CTC 的结构。

② 掌握 TDCS、CTC 的功能。

③ 熟悉 TDCS 的界面，学会操作 TDCS。

④ 熟悉 CTC 的界面，学会操作 CTC。

中国铁路网如何为 13 亿人调度列车

铁路最强大脑

高铁运行是如何调度的

【案例导入】

【案例概况】××××年×月×日 20 时 11 分，33001 次列车行至 A 站—B 站间下行线 X 信号机前因红灯停车。司机向 A 站值班员报告后，A 站值班员向列车调度员汇报，当班调度员询问有没有红光带，A 站值班员在没有确认设备状态的情况下回复没有红光带，列车调度员也没有确认设备显示状态，盲目指挥列车以不超过 20 km/h 的速度越过红灯开车，致使列车越过断轨处所，构成铁路交通一般 C 类事故，调度所负主要责任。

【原因分析】

（1）工务部门钢轨管理不到位。工务段使用带孔钢轨进行现场焊接，接头螺孔边缘距焊缝最小距离只有 38 mm，严重违反了钢轨铝热焊工艺中螺孔距轨端距离不小于 100 mm 的规定，由于应力集中造成第一螺孔上部产生 4×12 mm 的白核。加之工务段没有对超过大修周期地段加密探伤周期，没能及时发现核伤，导致断轨发生。

（2）列车调度员盲目放行列车。列车调度员接到车站列车红灯停车的报告后，没有通过 TDCS 系统查看设备显示状态，仅凭车站值班员汇报没有红光带，就盲目指挥放行列车。

（3）车站值班员工作不负责任。A 站值班员没有按规定监视联锁系统，没能及时发现前行列车到达前方站后，在区间空闲的情况下控制台区间监督表示灯点亮，显示区间占用的异常情况，也不熟悉 TDCS 系统功能，没有及时发现区间 17247G 红光带，就盲目向列车调度员报告没有红光带。

（4）车务段专业技术管理、培训不到位。《列车调度指挥系统（TDCS）操作使用办法（试行）》文件下发后，车务段直至事故发生前都没有转发给相关车站，也没有组织培训，各级管理干部一直没有认真检查该系统的使用情况，导致车站干部职工对系统功能不熟悉、不掌握。

【经验教训】

（1）严格落实标准化作业程序，切实加强行车设备使用功能培训工作。列车调度员、车站值班员要严格按规定监视列车运行，熟练掌握行车设备相关功能，及时确认设备状态，严格落实非正常行车安全措施。

（2）严格执行“一停、二报、三查、四处置”的应急处置原则，扣停要果断、迅速，放行要有依据。

（3）TDCS 调监显示只作为行车人员了解列车运行情况的辅助设备，调监上的轨道电路、信号机显示不作为列车的行车凭证，当调监显示与控制台的显示不一致时，车务部门应立即通知电务人员处理，并按控制台的显示组织行车。

工作任务 7.1　TDCS 应用与操作

7.1.1　工作任务

<table>
<tr><td>任务名称</td><td>TDCS 应用与操作</td><td>工单号</td><td></td></tr>
<tr><td>姓名</td><td></td><td>专业</td><td></td></tr>
<tr><td>日期</td><td></td><td>班级</td><td></td></tr>
<tr><td colspan="4">拟完成工作任务：
明确 TDCS 在铁路运输中的重要意义，掌握 TDCS 系统的功能；观察 TDCS 车站终端操作界面，掌握基本操作方法；观察 TDCS 调度员终端操作界面，掌握基本操作方法</td></tr>
<tr><td colspan="4">任务目标：
1. 知识目标：
（1）掌握 TDCS 系统的功能。
（2）了解 TDCS 的系统结构和设备组成。
（3）熟悉 TDCS 车站、调度终端界面，掌握其显示含义。
2. 能力目标：
（1）明确 TDCS 在铁路运输中的重要作用和意义。
（2）熟悉 TDCS 车站、调度终端界面，能够正确地使用和操作 TDCS。
3. 思政目标：
（1）能够认识到 TDCS 对铁路安全行车的重要意义。
（2）培养车站值班员、列车调度员的职业素养和安全意识。
（3）培养遵章守纪、按标准化作业的职业规范</td></tr>
<tr><td colspan="4">学习重点：TDCS 系统的功能，车站、调度终端界面</td></tr>
<tr><td colspan="4">学习难点：TDCS 的正确使用和操作</td></tr>
<tr><td colspan="4">教学所需设备：
（1）TDCS 系统车站终端仿真设备。
（2）TDCS 系统调度终端仿真设备。
（3）TDCS 站机操作手册</td></tr>
</table>

7.1.2 相关配套知识

知识点 1 TDCS 概述

TDCS 是覆盖全路的调度指挥管理系统，能及时、准确地为全路各级调度指挥管理人员提供现代化的调度指挥管理手段和平台，是实现铁路各级运输调度对列车运行透明指挥、实时监视、实时调整、集中控制的现代化信息系统，是铁路信息化的重要组成部分和基础设施。

TDCS 由国铁集团、铁路局集团公司 TDCS 中心局域网及车站基层网组成，是一个覆盖全路的现代化铁路运输调度指挥和控制系统。该系统利用信息技术、网络技术、控制技术等现代化手段取代了传统落后的行车指挥手段，采用并结合先进的铁路通信、信号、计算机网络、多媒体技术和数据库技术，通过铁路既有专用数据通道，将国铁集团调度指挥中心、铁路局集团公司调度指挥中心、铁路车站，连接成一个实时、可靠、安全的 TDCS 网络，在保证网络安全的前提下，与相关系统紧密结合、互联互通、信息共享，实现了铁路运输组织的科学化、现代化，增加运能，提高了运输生产的效率，减轻了调度人员的劳动强度，改善了调度指挥的工作环境，从而提高铁路服务质量，实现了对车站和区间运行的实时监视。

TDCS 是列车调度指挥自动化的基础和平台，TDCS 是从现代运输管理的角度构造的全新的现代化调度指挥系统，它最基本的功能是可以查看辖区内站场总画面和单站画面，对行车信息进行监督；它最主要的功能是替代调度员完成列车实际运行图的绘制，行车日志的自动生成，调度命令、日（班）计划的网络下达，完成对行车的调度指挥。

知识点 2 TDCS 的系统结构

我国铁路调度指挥管理是以行车调度为核心，以站、段为基础，实行国铁集团和铁路局集团公司两级调度指挥管理的体制。为适应现行的调度管理体制，并考虑到将来的铁路机构改革，TDCS 的设计分为国铁集团调度指挥中心、铁路局集团公司调度指挥中心、车站及分界口基层调度指挥网三层网络体系结构，如图 7-1 所示。

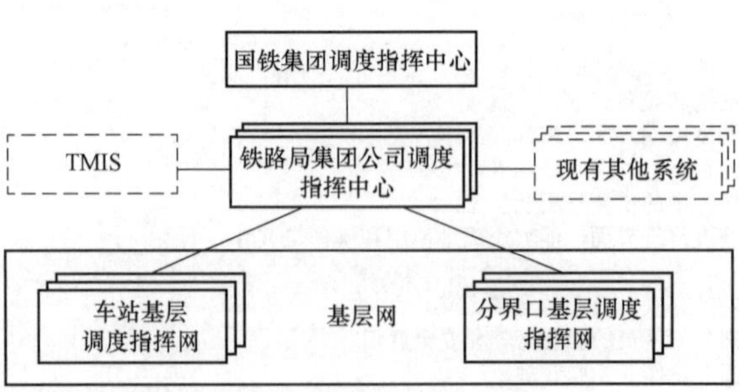

TMIS—铁路运输管理信息系统。

图 7-1 TDCS 系统结构图

1. 国铁集团调度指挥中心

国铁集团调度指挥中心处于 TDCS 最高层，是核心部分，是现代化铁路运输调度指挥的心脏。国铁集团调度指挥中心以国铁集团调度指挥中心大楼为主体，构成一个为调度指挥服务的局域网，通过专线通道、数据网链路、路由器与 18 个铁路局集团公司调度指挥中心远程连接，进行信息交换，并建立全路有关专业技术资料库。国铁集团调度指挥中心能获得各铁路局集团公司分界口、重要铁路枢纽、主要干线等的运输状况和基层网等实时信息。

国铁集团调度指挥中心是一个集中式、综合型、透明式的现代化运输调度指挥中心，是全路运输生产的总枢纽，是综合通信、信号、计算机、网络、多媒体、运输组织等多门学科技术的庞大的系统工程。它极大地改善了铁路调度人员的工作条件，提高了行车指挥的技术水平，并且为国铁集团领导的决策提供真实可靠的信息，实现调度指挥工作的现代化管理模式，其硬件系统逻辑结构如图 7–2 所示。

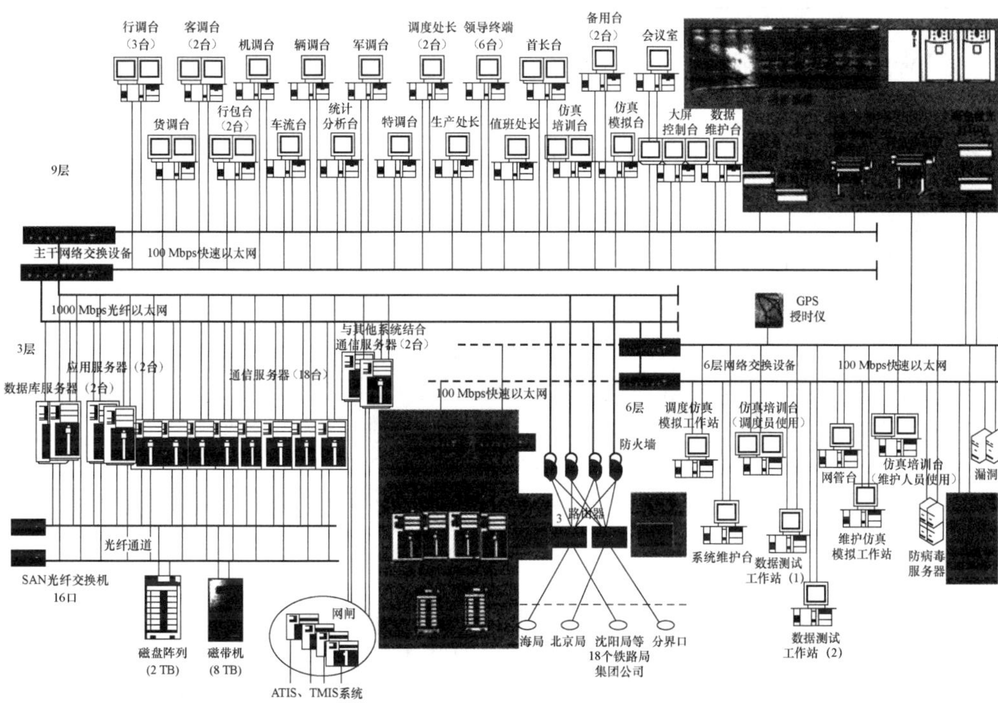

图 7–2　国铁集团调度指挥中心硬件系统逻辑结构

2. 铁路局集团公司调度指挥中心

铁路局集团公司调度指挥中心处于 TDCS 第二层，在各铁路局集团公司所在地建有铁路局集团公司调度指挥中心局域网。铁路局集团公司调度指挥中心通过专线通道、数据网链路、路由器与国铁集团、相邻铁路局集团公司调度指挥中心远程连接，进行信息交换。TDCS 不仅是一个管理层，同时也是直接调度指挥行车的指挥层，不仅要完成基层网信息的汇总、处理和标准化，给铁路局集团公司各级调度提供监视，还要按要求将基层信息通过专线通道、数据网链路传送到上层国铁集团调度指挥中心。铁路局集团公司调度指挥中心 TDCS 具有列车调度指挥功能，不仅是指挥和管理中心，同时也是行车控制中心，对于部分区段和车站，铁路局集团公司调度指挥中心还可在 TDCS 的基础上发展调度集中（CTC），实现对列车进路的自动控制。铁路局集团公司调度指挥中心系统结构如图 7–3 所示。

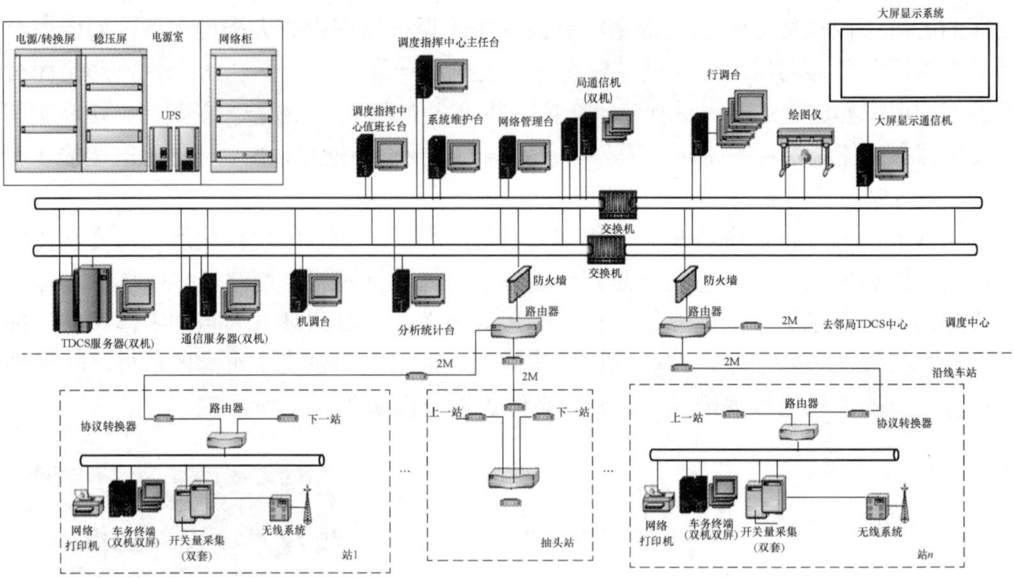

图 7-3 铁路局集团公司调度指挥中心系统结构

3. 基层网

基层网位于 TDCS 的最下层，主要包括车站行车调度指挥系统等，负责信息的采集并向铁路局集团公司调度指挥中心提供实时信息，是整个 TDCS 的信息来源。

在这三层网络结构中，主要存在以下系统接口：

① 基层网与铁路局集团公司调度指挥中心的接口；

② 铁路局集团公司调度指挥中心与国铁集团调度指挥中心的接口；

③ TDCS 与 TMIS 的接口；

④ TDCS 与现有其他系统的接口。

知识点 3 TDCS 的功能

1. 国铁集团调度指挥中心的主要功能

国铁集团调度指挥中心如图 7-4 所示，具有调度实时信息宏观显示、调度实时监视功能、技术资料查询、显示功能、报表统计功能、系统维护及管理功能、用户培训等功能。下面从 10 个方面进行介绍。

图 7-4 国铁集团调度指挥中心

1）列车动态跟踪

系统根据铁路局集团公司调度指挥中心现场采集的信号设备轨道电路的占用和出清状态判断列车的位置并跟踪，根据铁路局集团公司调度指挥中心逻辑跟踪判断并采用无线车次号校核系统进行车次号自动校核获得列车车次号，从而自动进行列车位置的定位和动态实时跟踪。

2）信号设备运用状态实时监视

信号设备运行状态实时监视功能完成对分界段、枢纽的信号设备运用状态的动态数据采集，获得全路信号设备运用状态的实时信息。采集的信息内容包括信号机的状态、股道的占用情况、区间的占用情况、进路的状态、车次号信息及列车运行过程中的相关数据等。

3）列车运行宏观显示

国铁集团调度指挥中心采用电子地图方式宏观显示全路列车运行相关信息，包括分界口交接车、干线列车运行正点率、干线列车运行密度、早晚点原因统计、重点列车跟踪等信息，显示内容包括：

① 分界口交接车；

② 主要干线列车运行正点率；

③ 主要干线行车密度；

④ 主要干线列车运行晚点原因统计；

⑤ 重点列车跟踪。

4）列车运行时刻显示查询

国铁集团调度指挥中心接收铁路局集团公司调度指挥中心提供的基本图、阶段计划和实际运行图等数据，获得列车运行时刻信息，进行列车运行时刻（列车早晚点、列车到发或通过时刻）的显示和查询。

调度员输入列车车次号、始发调度日和当前所在路局等信息后，系统查询该列车运行信息，包括车次号、始发调度日、始发路局、始发车站、终到路局、终到车站、当前路局、当前位置、各站计划到发时刻和各站实际到发时刻等。

5）运行图管理

列车运行图是全路组织列车运行的基础，它规定了各次列车占用区间的顺序，列车在每个车站的到达、出发和通过时刻，列车在区间的运行时间，列车在车站的停站时间等，是铁路运输工作的综合性计划，是全路列车运行工作的基础。列车运行图包括基本图、阶段计划和实际运行图等。

国铁集团调度指挥中心接收铁路局集团公司调度指挥中心提供的基本图、阶段计划和实际运行图等数据，提供全路各铁路局集团公司调度区段列车阶段计划的同步显示，以及列车基本图、实际运行图的查询显示，并按照国铁集团运输调度工作特殊需求，提供多种运行图显示手段。

6）调度命令管理

铁路运输组织工作必须贯彻安全生产、集中领导、统一指挥、逐级负责的原则。国铁集团调度员监督、指导全路列车调度指挥，适时发布调度命令。

TDCS 向国铁集团调度人员提供通过计算机网络系统编辑、存储、下达、接收与查询调度命令的功能，可随时查询、显示指定局向车站、列车及其他命令终端传送的调度命令信息，包括调度命令内容、发令人员、审批人员、受令人员及下达、接收、确认的时间等。

7）列车编组管理

TDCS 通过在国铁集团调度指挥中心实现与 TMIS 的结合并辅以铁路局集团公司、TDCS 信息和 TDCS/TMIS 结合信息，获得列车编组顺序表信息（运统 –1），提供列车编组简单的管理功能，实现全路列车简单编组和列车确报信息的查询、显示和打印功能。

8）分界口列车调度指挥

为满足国铁集团调度人员对分界口列车调度指挥进行有效管理的需要，系统提供分界口信息查询、分界口交接车预警和报警、行车监视、运行图管理和技术资料查询等功能，并突出和强化“预警和报警”功能。TDCS 将全国地图和全路运营线路示意图合成为一幅电子地图底图，进行信息显示和查询。国铁集团调度指挥中心实时统计 18:00 到当前时间各分界口的交接车和车辆实际完成情况，并通过与计划进行比较和分析，自动提供分界口信息查询、分界口交接车预警和报警、行车监视、运行图管理和技术资料查询等功能。

9）事故救援辅助信息管理

在事故状态下，国铁集团调度指挥中心为各种应急预案最大限度地提供事故救援辅助信息并进行管理，通过分析已掌握的各种计划信息、列车运行信息、信号设备状态信息及相关施工、限速、封锁信息，以及调度人员输入的信息，实时显示各种与事故有关的信息和画面。

10）大屏幕显示

国铁集团调度指挥中心大屏幕投影显示墙可以实现多路、多种信息同时接入，使各工作站均能将其内容显示在大屏幕显示墙上。控制人员能以图形化的控制界面方便地控制大屏幕的显示。画面显示内容由值班处长控制，也可以分配给经授权的工作站使用。

2. 铁路局集团公司调度指挥中心的主要功能

铁路局集团公司调度指挥中心不仅是一个管理层，同时也是直接调度指挥行车的指挥层。为实现管理层的职能，铁路局集团公司调度指挥中心可以利用显示器或大屏幕所显示的干线宏观图、区段宏观图对所管辖区段的车站、分界口、编组站、枢纽的列车运行情况进行监视，对重点列车进行追踪，进行列车运行正点率统计和列车运行密度统计分析，进行信息汇总、处理，向国铁集团和相邻铁路局集团公司提供行车信息；为实现指挥层的职能，铁路局集团公司调度指挥中心应实时掌握所管辖区段的列车运行实际情况，及时下达阶段计划和调度命令，协调所辖区段的车、机、工、电、辆、供电等部门的工作，力争按列车运行图行车。铁路局集团公司调度指挥中心的主要功能可从以下 6 个方面进行概括介绍。

1）干线列车运行秩序的宏观监视

铁路局集团公司调度指挥中心借助地理信息子系统显示铁路局集团公司管内的宏观地图，按铁路线的实际走向显示铁路局集团公司管辖范围内的铁路设施、设备位置和信息；统计列车正点率并显示和打印输出；实时动态监视主要干线上各调度区段的列车运行正点率情况，采用不同颜色的线条和文本表示正点率情况；统计列车运行正晚点现象并显示和打印输出；统计列车运行密度并显示和打印输出；实时动态监视主要干线列车运行密度，采用不同颜色的线条和文本表示不同的列车运行密度；跟踪重点列车，按照用户选定的列车，自动显示该列车的运行位置、正晚点情况。

2）列车运行实时监视和历史查询

（1）站场实时表示信息

铁路局集团公司调度指挥中心利用基层网提供的信息，通过表示屏/背投或高分辨率显示器，为调度员提供调度区段内列车运行实际情况。调度员可以通过软件的菜单项选择查看部分车站的列车运行情况。站场显示可随意放大缩小，并可以根据实际需要同时显示调度区段内所有站或某一个站。

站场显示界面

站场显示的内容分为静态信息和动态信息。静态信息包括车站网络布局、区间线路模拟显示、信号机布置、站名及信号设备名称、道岔名称、股道编号等；动态信息包括信号机（进站、出站、调车）信号状态、区间信号机信号状态、列车进路状态、轨道电路状态、列车运行方向、车站股道状态、区间闭塞分区状态、列车车次号及实际早、晚点时间等。

（2）区段透明

系统内部每个调度台的显示范围除本调度区段所辖的车站站场外，均可显示相邻调度区段的相邻车站和区间信息。

（3）列车运行回放

在正常情况下，系统会自动将列车的运行情况以数据文件的形式记录在本机的硬盘上，同时在应用服务器上也保存完整的备份。

调度员可以选择工具栏上的“回放”按钮，在弹出的对话框中输入起始时间、结束时间和回放速度，单击“确定”按钮，系统会将记录文件中的列车历史运行情况自动回放。回放时，如果本地没有需要的数据文件，系统会自动从应用服务器调取相应的数据，并保存在本机，然后开始回放。

3）列车追踪

系统可以根据列车的运行状况和信号设备状态对列车车次号进行自动追踪，并采用无线车次号系统进行车次号自动校核。

车次号自动追踪是根据信号设备状态（占用、锁闭、信号开放）判断列车位置，并随着列车的运行而不断移动，从而达到标识列车、自动采集列车到达、出发时刻的目的。

无线车次号校核是在机车和车站的联络过程中，向车站发送唯一标识列车的信息，车站无线接收设备收到信息后传送到 TDCS 基层设备，由 TDCS 基层设备校核车次的正确性，这是确保车次可靠性的保障措施，也是 TDCS 技术的关键。

4）列车运行图管理

列车运行图管理主要包括基本运行图的维护、日（班）计划的生成及调整、阶段计划的生成及调整、阶段计划下达到车站、实际运行图的绘制和输出、统计分析等。TDCS 行调台主界面如图 7-5 所示。

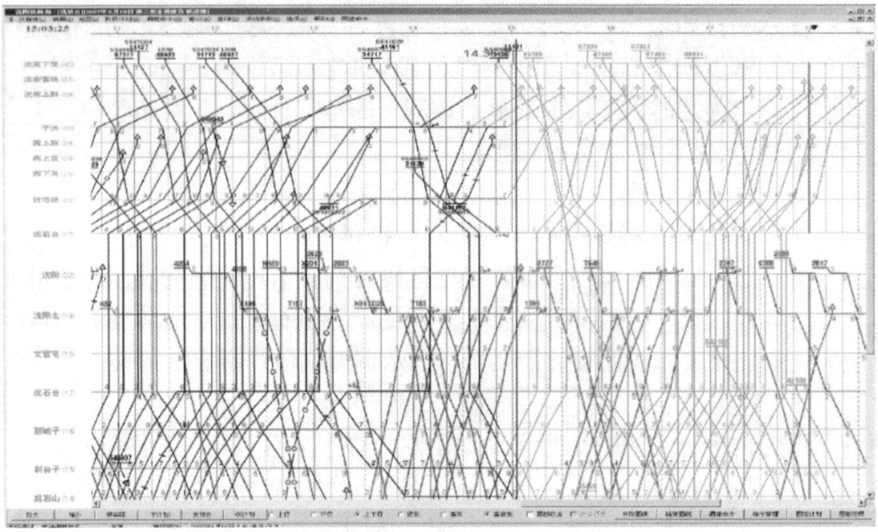

图 7-5 TDCS 行调台主界面

（1）基本运行图的维护。

TDCS 基本运行图维护子系统可以完成基本运行图的铺画、转换、修改和打印功能。基本运行图主要包括列车信息（车次、类别、运行等级）、区间运行时分、列车时刻表（车次、站名、到达时分、出发时分、停车原因、货物列车始发终到站名及摘挂作业）、车站股道运用、站场数据、车站作业间隔时分、线路状态数据、有关运输管理信息、区间最大通过能力等。

（2）日（班）计划的生成及调整。

计划员可根据当日行车工作计划及其他实际情况，调出基本运行图数据，并以基本运行图数据为基础进行修改或调整，形成日（班）计划。日（班）计划内容包括：列车到达、出发时分，列车停运与加开，区间的封锁与开通，股道封锁，区间慢行接触网停电时间等。

（3）阶段计划的生成及调整。

阶段计划以日（班）计划为基础，结合列车运行的实际情况进行编制，其目的是按计划行车，并随时处理突发情况，如区间停车、列车晚点、设备故障等。阶段计划可以由系统自动生成，也可以由调度员人工修改。系统提供了自动调整和人工调整两种方式。

自动调整是指计算机根据调度员的指令，根据预先设定的各种参数，自动判别各种与列车运行有关的条件，并快速计算出一个结果。该结果仅能处理大部分规律性的问题，但相对特殊的问题在现阶段还无法处理，因此计算机提供了一个可供参考的初步的会让计划，是否实用还需要调度员进行认真的审核。

在自动调整过后，运行图上的列车基本上有了一个总体会让框架，接下来要做的工作就是要检查计划的合理性，对不符合自己需要的计划进行人工干预，干预后再次自动调整，如此反复，直到调整出一个满意的计划图。这需要调度员拥有扎实的业务知识和丰富的指挥经验，也是新形势下发挥调度员作用的重要环节。

（4）阶段计划下达到车站。

经过调整后的阶段计划，由行车调度员确认无误后，通过网络下达到所管辖区段的各个车站 TDCS。阶段计划在车站 TDCS 中以行车日志的方式体现。车站值班员在接收阶段计划后，要进行签收确认。

（5）实际运行图的绘制和输出。

系统根据列车自动采点的情况自动描绘实际列车运行线，并生成实际列车运行图。每一班别都应通过绘图仪对实际运行图进行打印输出。

（6）统计分析。

系统提供了运行图统计分析的功能，可以随时输出 24 h 以内的统计报表。统计报表的主要内容包括到发正点率日报表、运行正点率日报表、列车旅行速度和技术速度统计等。

5）车站自动报点

TDCS 在车次号自动跟踪的基础上，实现了自动报点的功能。

列车在车站无论通过或者到开，都必须为列车准备进路，进路分为接车进路、发车进路、通过进路。车站为通过的列车准备通过进路，为到达的列车准备接车进路，为出发的列车准备发车进路。系统根据车站建立的进路类型区分列车在车站是通过还是到开。

到开列车到达时，当列车尾部驶入车站股道后，系统自动记录这一时刻并加上相应的附加时分（例如客车加 1 min，货车加 2 min）作为列车到达时刻，并通过网络发送到调度台。

到开列车出发时，将列车头部驶出车站股道时刻减去相应的附加时分（例如客车加 1 min，货车加 2 min）作为列车出发时刻，并通过网络发送到调度台。

对于通过列车，将列车尾部驶入车站股道的时刻和列车头部驶出车站股道的时刻的平均值作为列车的通过车站时刻。列车实际运行时刻到达调度台后，铁路局集团公司 TDCS 自动描绘实际运行线并生成实际运行图。

6）调度命令管理

调度员可能通过系统网络和相应的设备向车站、机务段、车务段等安装了 TDCS 终端的站段随时发布调度命令。对于安装了调度无线传输设备的区段和机车，调度员还可以直接向机车发布命令。调度命令管理界面如图 7–6 所示。

图 7–6　调度命令管理界面

3. 车站 TDCS 的主要功能

车站 TDCS 终端主界面如图 7-7 所示，主要完成以下工作：将列车到达、出发时刻上报铁路局集团公司调度指挥中心，同时发送到相邻车站；上报小编组信息；提供给车站值班员实时站场显示和历史信息回放；接收行调台下达的阶段计划；记录行车日志；接收行调台下达的调度命令；上报某阶段点的现存车情况；确报查询；等等。下面分 11 个方面进行介绍。

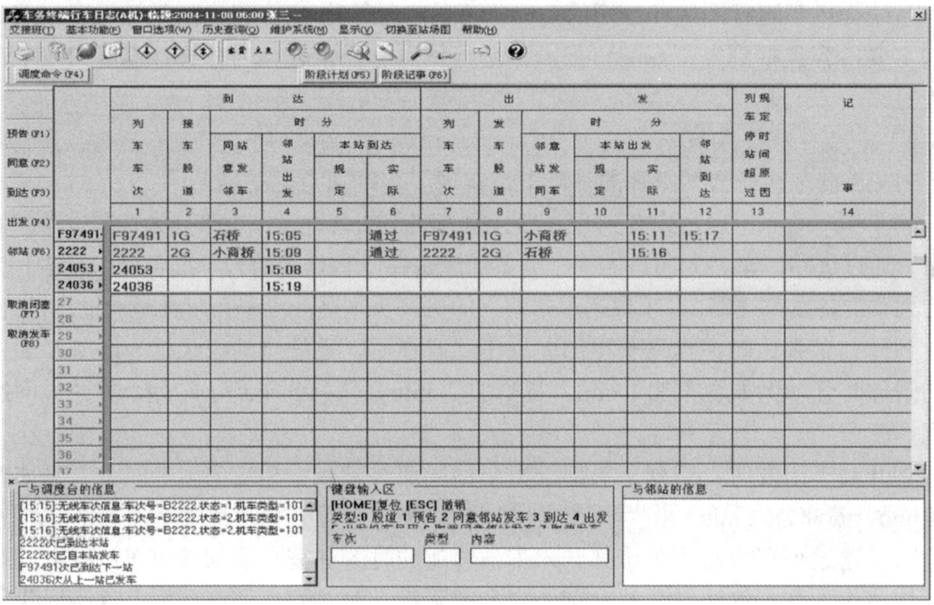

图 7-7 车站 TDCS 终端主界面

1）信息的采集和传送

信息的采集是 TDCS 基层网的最基本功能，通过安装在每个车站的车站分机采集现场的动态信息，同时通过传输设备将信息及时发送到铁路局集团公司调度指挥中心，对应的显示界面如图 7-8 所示。

在计算机联锁车站，车站分机通过串行通信接口接收车站计算机联锁的电务维护台送来的站场表示信息（状态和控制信息）；在电气集中联锁车站，车站分机采集信号联锁设备的状态信息，这些信息包括：

① 进站信号：H、L、B（引导）；

② 出站信号：L、B；

③ 调车信号：B；

④ 区间信号机：L、U、H；

⑤ 股道表示：B、H；

⑥ 道岔区段表示：QH、QB；

⑦ 道岔表示：DB、FB；

⑧ 接近、离去：H；

⑨ 自动闭塞区间：发车方向（FD）、接车方向（JD）、自动闭塞占用（H）；

⑩ 半自动闭塞区间：接车表示灯 L、U、H，发车表示灯 L、U、H；

⑪ 控制台其他表示灯：挤岔报警和灯丝报警。

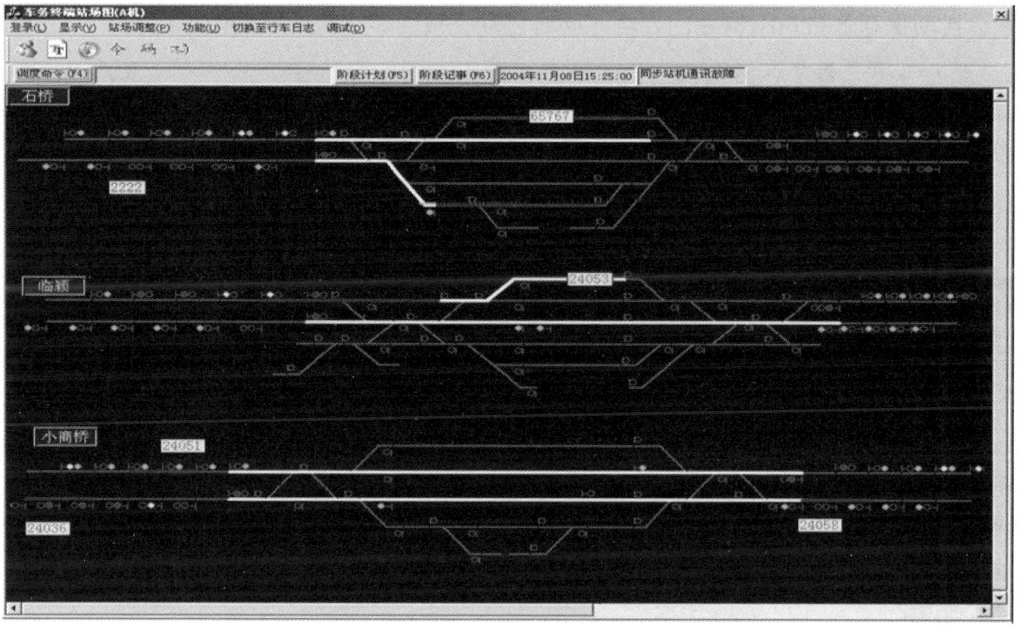

图 7–8　车站 TDCS 终端站场显示界面

2）显示本站和邻站信息

车站 TDCS 终端可显示本站站场信息及相邻车站、相邻区间的有关行车信息，如本站信号开放情况、区间信号开放情况、列车在区间的运行情况等，使值班员能够准确掌握所有区间列车的实际运行位置和运行速度，对于提前做好接发列车准备工作和提高车站通过能力非常有利。

3）调度命令的签收和打印

车站值班员可对调度命令进行接收、签收、存储、查询和打印。当车站接收到新调度命令时，TDCS 终端有声音报警，提醒已收到调度命令。车站值班员应签收此调度命令，签收后的调度命令自动存入车站系统，车站值班员随时可进行查询和打印。

调度命令查询界面

4）调度命令及行车凭证无线传送

TDCS 可将行调台下达的调度命令、车站值班员拟写的行车凭证通过 TDCS 设备、无线设备发送至机车。机车接收到调度命令、行车凭证后自动向车站终端发送回执信息，司机阅读后向车站 TDCS 终端发送签收。

5）阶段计划的签收和打印

当调度中心向车站发送阶段计划时，阶段计划签收按钮将会闪烁并伴有声音报警，说明已经收到阶段计划，需要车站值班员进行签收。车站值班员可对调度员手工下达的阶段计划进行签收，并可进行查询和打印。阶段计划签收后，即显示在行车日志（运统 –2、运统 –3）上。

6）行车日志的管理

TDCS 自动将列车的到站、出发时间，列车的车次、到发点、占用的股道等信息显示在 TDCS 终端上。TDCS 终端根据日（班）计划和上述信息生成运统 –2 或运统 –3 表格，表格中其他一些无法自动生成的项目，值班员可以根据实际情况填写。车务终端会自动保存值班员编辑完的表格，同时自动完成主、备机之间的数据同步。

7）无线车次号校核

车站 TDCS 接收到机车传来的车次号信息后，对其校核，确认车站、运行方向及相关进路，从而确认或生成列车车次号。

8）车次跟踪及自动报点

车站 TDCS 可通过列车占用和出清轨道电路的变化实现对列车车次的自动跟踪，实现列车的自动报点，并可显示列车的早点、晚点时分。

9）车次和到发点的人工管理

在始发站，车站值班员通过行车终端输入车次。TDCS 具有车次跟踪功能，能够根据轨道电路光带的变化，实现车次号的自动传递，但是由于多种原因，可能会产生信息丢失、时序错误等现象。尽管 TDCS 针对以上情况采取了很多处理措施，但是还不能保证百分之百的准确率，所以专门在 TDCS 终端上提供了修正车次号的手段，当车次追踪出现错误时可以进行人工修改。TDCS 允许车站值班员通过终端设备输入、更改车次号；车站值班员可进行人工报点，也可对到发点进行修改。

现存车管理界面

10）现存车管理

车站值班员可以在车站 TDCS 终端上输入并向行车调度员上报现存车信息，内容包括存车股道、车辆类别、车辆数量、车辆去向及相关说明。

11）甩挂车作业和列车速报

车站值班员可接收调度员下发的列车甩挂车信息，并可对其进行存储和查询。车站值班员据此组织车站的摘挂作业。

知识点 4 TDCS 典型操作

1. 与邻站办理闭塞

与邻站办理闭塞的系统界面如图 7–9 所示，具体工作内容如下。

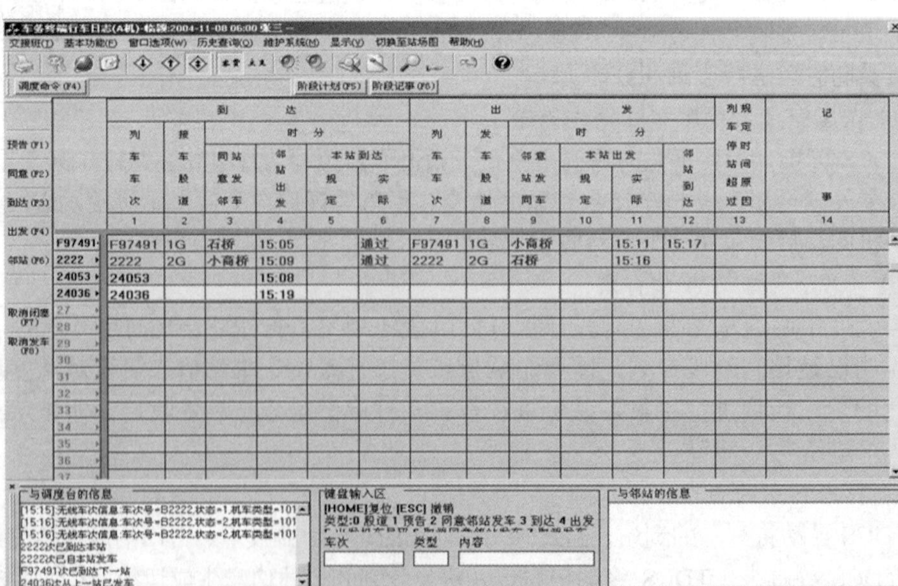

图 7–9 与邻站办理闭塞的系统界面

① 向前方站预告（要牌）。单击报点表格某一行，选中该项计划，单击“预告”按钮，“邻站同意发车”变为矩形框。

② 同意后方站的预告。单击报点表格某一行，选中该项计划，单击“同意”按钮，“同意邻站发车”一栏变为同意发车时间。

③ 上报到达/出发点。单击报点表格某一行，选中该项计划，单击“到达”按钮上报到达点，单击“出发”按钮上报出发点。

④ 邻站同意发车。单击报点表格某一行，选中该项计划，单击“邻站”按钮，矩形框变为系统时间，表示邻站已经同意本站的要牌。

⑤ 取消闭塞。单击报点表格某一行，选中该项计划，单击“取消闭塞”按钮，此时“邻站同意发车”一栏变为前方站站名，表示已经取消本站先前的要牌操作。

2. 车次号修改

在监视站场显示时，如发现本车站车次号有错误，可以按以下方法修改车次号：在错误的车次号上双击，弹出“车次号操作”对话框，在“新车次号”文本框中输入正确的车次号，单击“确认”按钮后，车次号即被修改，如图 7–10 所示。

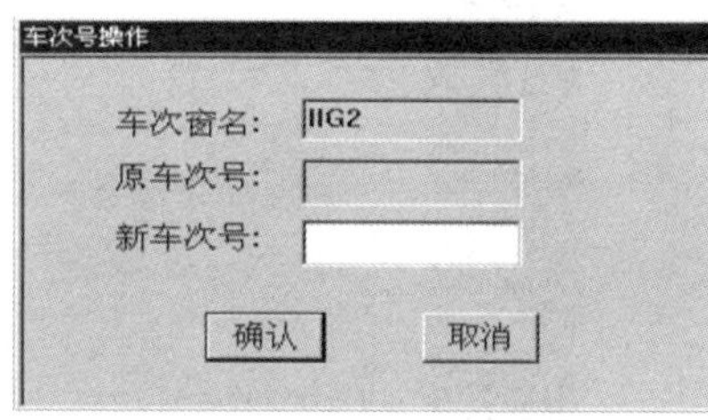

图 7–10　修改车次号

3. 报点

单击报点表格中某行记录，该记录会处于黄框选择状态，同时报点窗口也会弹出，并且显示了目标记录的内容，如图 7–11 所示。

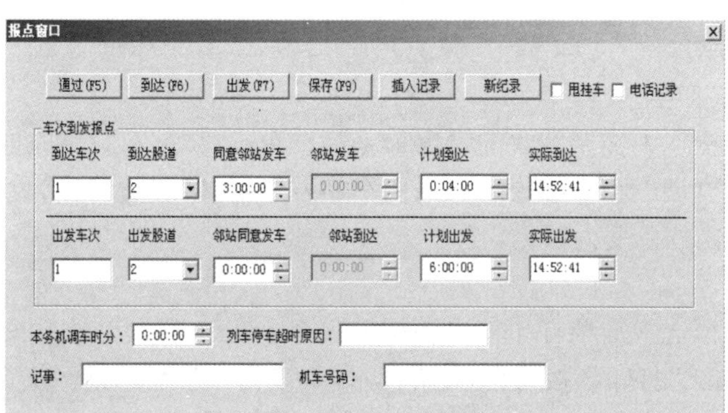

图 7–11　报点窗口

报到发点时，先在“实际到达”或“实际出发”文本框中添加时间，然后单击“到达”按钮报到达点，或单击“出发”按钮报发车点；当上报通过点时，在“实际出发”文本框中输入通过时间，然后单击“通过”按钮，则上报通过点。如果值班员在输入时间时希望输入当前时刻的时间，一个快捷方式是先单击需要输入时间的文本框，然后按下键盘上的 F8 键，系统将在该文本框中自动显示当前的系统时间。

4. 自动报点

在自动报点状态下，系统根据站场信号的开放、进路的占用情况自动追踪车次号，并自动产生到发点。

系统自动产生到发点后，在屏幕上弹出对话框，车站值班员确认后，则自动追踪的到发点将上报到行调台，并在当前的行车日志中显示上报的信息。

如果追踪的车次与实际的车次不符，车站值班员可以在“实际车次”中选择或输入正确的车次，系统将修改错误车次并以新车次上报到行调台。

5. 调度命令管理

单击“调度命令管理”项，弹出如图 7-12 所示的“查询调度命令历史记录”对话框，在这个对话框中进行调度命令的签收、打印工作。

图 7-12 “查询调度命令历史记录”对话框

1）签收

在左边列表框选中需要签收的调度命令后，单击“签收”按钮向行调台发送签收信息。行调台收到调度命令签收信息后向车站发送确认回执，车站收到回执后，该条调度命令的字体由红色变为黑色。

2）打印

在左边列表框选中需要打印输出的调度命令，在“份数”文本框中输入需要打印输出的份数，单击“打印”按钮后弹出“打印调度命令”对话框，执行打印调度命令。

7.1.3 知识拓展

序号	二维码	内容描述
1		铁路局集团公司调度指挥中心 机房设备布置
2		TDCS 操作界面介绍

7.1.4　相关规范、规程与标准

《铁路技术管理规程（普速铁路部分）》相关规定

相关规范、规程与标准

7.1.5　任务工单

<table>
<tr><td rowspan="2">任务名称</td><td rowspan="2">认知 TDCS 并学会其使用和操作</td><td>姓名</td><td></td></tr>
<tr><td>日期</td><td></td></tr>
<tr><td colspan="4">操作方法：
（1）说出 TDCS 的结构与功能。
（2）熟悉 TDCS 的操作界面。
（3）在 TDCS 系统上完成闭塞办理、车次号修改、报点、签收和打印调度命令的操作</td></tr>
<tr><td colspan="4">操作中存在的问题及解决方法：</td></tr>
<tr><td colspan="4">扫描二维码，读事故案例概况，分析事故原因及教训，并说一说列车调度员和车站值班员应具备怎样的职业素养。（事故原因及教训分析可扫描二维码获参考答案）
事故案例概况　　事故原因及教训分析</td></tr>
</table>

项目	赋分	自评得分	互评得分	教师评分
正确理解知识	25			
业务分析处理方法得当	20			
表达清晰准确	20			
业务处理结果正确	35			
综合得分	（自评得分 10%，互评得分 30%，教师评分 60%）			

7.1.6 任务考核

一、填空题

（1）TDCS 是______________________________的缩写。

（2）TDCS 由______________、______________、______________ 三级构成。

（3）___________接收机车传来的车次号信息，校核确认车站、运行方向及相关进路，从而确认或生成列车车次号。

二、判断题

（1）我国铁路调度指挥管理是以行车调度为核心，以站、段为基础，实行国铁集团和铁路局集团公司两级调度指挥管理的体制。 （ ）

（2）基层网位于 TDCS 的最下层，负责信息的采集并向国铁集团调度指挥中心提供实时信息，是整个 TDCS 的信息来源。 （ ）

（3）站场显示的内容分为静态信息和动态信息，可以根据实际需要同时显示调度区段内所有站或某一个站，但不可以随意放大或缩小。 （ ）

（4）TDCS 系统可以根据列车的运行状况和信号设备状态对列车车次号进行自动追踪，并采用无线车次号系统进行车次号自动校核。 （ ）

三、选择题

（1）以下选项中不是国铁集团 TDCS 功能的是（ ）。

A. 列车运行宏观显示

B. 运行图管理

C. 调度命令管理

D. 车站自动报点

（2）以下选项中不是车站 TDCS 功能的是（ ）。

A. 将列车到达、出发时刻上报铁路局集团公司 TDCS，同时发送到相邻车站

B. 提供给车站值班员实时站场显示和历史信息回放

C. 接收行调台下达的阶段计划、调度命令

D. 向国铁集团和相邻铁路局集团公司提供行车信息

（3）列车运行图管理，不包括以下哪一项（ ）。

A. 基本运行图维护

B. 日班计划的生成与调整

C. 车站自动报点

D. 实际运行图的绘制和输出

四、简答题

（1）简述 TDCS 的功能。

（2）简述 TDCS 的体系结构。

（3）简要说明车站怎样利用 TDCS 与邻站办理闭塞。

（4）铁路局集团公司 TDCS 有哪些功能？

工作任务 7.2 CTC 应用与操作

7.2.1 工作任务

<table>
<tr><td>任务名称</td><td>CTC 应用与操作</td><td>工单号</td><td></td></tr>
<tr><td>姓名</td><td></td><td>专业</td><td></td></tr>
<tr><td>日期</td><td></td><td>班级</td><td></td></tr>
<tr><td colspan="4">拟完成工作任务：
（1）明确 CTC 系统在铁路行车指挥中的重要意义。
（2）掌握 CTC 系统的结构与功能，熟悉 CTC 列调、助调、车务终端界面，掌握基本操作方法。
（3）掌握 CTC 区段车站非常站控转换的操作方法和办理时机</td></tr>
<tr><td colspan="4">任务目标：
1. 知识目标：
（1）掌握 CTC 系统的结构与功能。
（2）熟悉 CTC 系统车务终端操作界面。
（3）熟悉 CTC 系统列调、助调终端操作界面。
（4）掌握 CTC 系统的控制模式及各模式的操作方式。
2. 能力目标：
（1）明确 CTC 在铁路行车指挥中的重要作用和意义。
（2）能够正确地使用和操作 CTC 车务终端。
（3）能够正确地使用和操作 CTC 列调、助调终端。
3. 思政目标：
（1）能够认识到 CTC 系统对铁路安全行车的重要意义。
（2）培养车站值班员、列车调度员的职业素养和安全意识。
（3）培养遵章守纪、按标准化作业的职业规范</td></tr>
<tr><td colspan="4">学习重点：CTC 系统的功能，车务终端、调度终端界面</td></tr>
<tr><td colspan="4">学习难点：CTC 的正确使用和操作</td></tr>
<tr><td colspan="4">教学所需设备：
（1）CTC 系统车务终端仿真设备、调度终端仿真设备。
（2）计算机联锁仿真系统。
（3）分散自律调度集中系统操作手册</td></tr>
</table>

7.2.2 相关配套知识

知识点 1 CTC 概述

1. 调度集中

调度集中（centralized traffic control，CTC）的全称为调度集中控制，是控制中心对某一调度区段的信号设备进行集中控制，对列车进行直接指挥、管理的技术设备。

调度集中的主要功能是集中控制列车进路，直接效果是行车管理的自动化和遥控化。调度集中系统由控制中心、传输网络、被控对象三部分组成，通过遥信和遥控两个功能的结合来实现行车指挥。遥信是指车站被控对象的各种表示信息通过网络传送至控制中心，实现列车运行信息传送自动化；遥控指的是调度员在调度中心直接掌握所辖区段的列车运行情况，以确定列车的行动，并利用技术手段通过传输网络直接控制所辖区段的各个车站的接发车进路，实现列车传达指令的遥控化。

2. 分散自律调度集中

针对列车高速、重载的发展趋势，传统的“遥控型”调度集中已经不能满足现代铁路运输的要求，按照铁路发展规划要求，大力推广分散自律调度集中系统。分散自律用来解决列车与调车相互干扰的问题，实现在不影响列车运行的原则下，允许调度中心和车站通过调度集中系统自主进行调车。在车站设置自律机，完成按照列车运行调整计划和《站细》正常接发车，并协调列车作业与调车作业的冲突，实现列车作业与调车作业的统一控制，这一原则叫作“分散自律”控制原则。

分散自律调度集中系统具备了调车进路远程控制和智能化控制的功能，有效地解决了车站与调度中心频繁交换控制权的问题，非常适合我国铁路客货混跑、调车作业量大的运输特点。

调度集中系统的应用

分散自律调度集中既适用于集控站（无行车人员车站），也适用于非集控站（有行车人员车站）。CTC 通过对现行运输过程的优化，实现列车运行、调车作业的行车指挥自动化，实现中间站行车岗位无人化。

知识点 2 CTC 的结构

CTC 系统由调度中心子系统、车站子系统及网络通信子系统三部分组成，其结构如图 7–13 所示。

1. 调度中心子系统

1）CTC 调度中心机房主要设备

主要设备包括数据库服务器、应用服务器、通信前置服务器、GSM–R 通信服务器、CTC/TDCS 接口服务器、网络管理工作站、系统维护工作站、电源设备、防雷设备。

2）CTC 区段调度台主要设备

① 列车调度员工作站。主要实现监控管内列车运行位置、指挥列车运行的功能，如人工编制和调整列车运行计划、下达调度命令等。

列车调度员工作站——区段视图界面

列车调度员工作站——调度命令管理界面

列车调度员工作站——新建调度命令工作站

列车调度员工作站——调度命令查看界面

② 助理调度员工作站。主要实现 CTC 中心人工办理进路、办理闭塞等功能，以及为集控站编制、调整调车作业计划，办理调车进路等。

助理调度员工作站界面

③ 综合维修（施工调度员）工作站。主要实现办理设备日常维护、“天窗”修、施工及故障处理方面的登、销记手续，并具有设置临时限速、封锁区间、股道及编辑、下达和审批维修调度命令等功能。

④ 查询终端。主要用于各调度工种查询各调度台的列车运行调整计划和实际列车运行图。

综合维修工作站界面

⑤ 值班主任工作站。主要实现行车信息显示、下达调度命令、查询列车运行调整计划和实际列车运行图，完成调度命令的审核工作。

⑥ 表示墙系统。一般为铁路局集团公司调度大厅的大屏幕显示墙，由显示设备和控制器构成，用于显示车站作业和区间列车运行等信息。

⑦“N+1”备份工作站。安装列车调度员工作站、助理调度员工作站、综合维修调

度工作站的所有应用软件，当其中任意一台工作站故障时接替其工作。

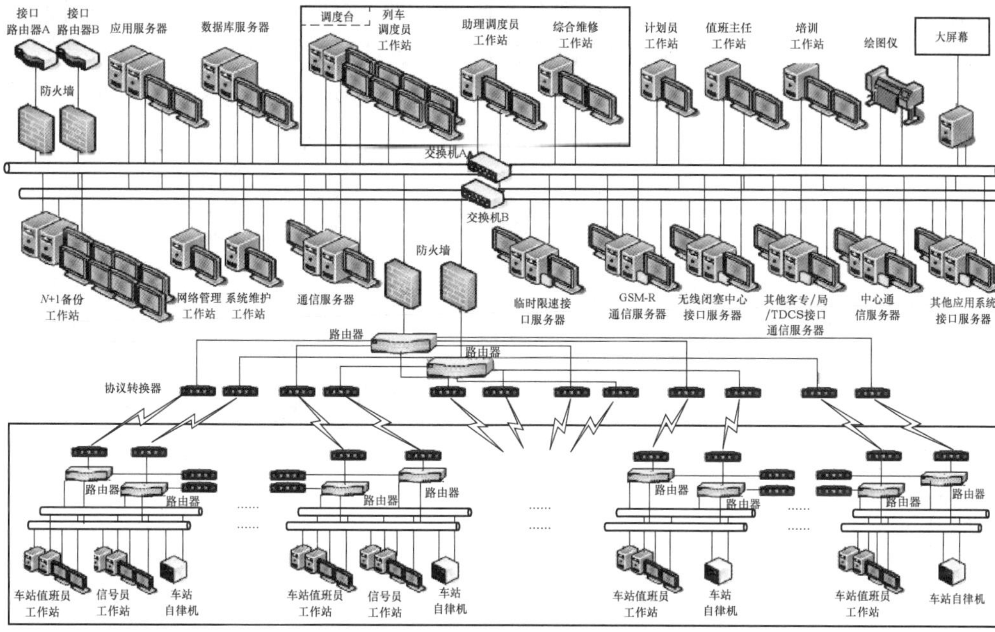

图 7–13 CTC 的结构

2. 车站子系统

车站子系统完成进路选排、冲突检测、控制输出等核心功能。车站子系统采用局域网结构，与调度中心和邻站通过广域网连接，包括车站运转室设备和车站机械室设备，其结构如图 7–14 所示。

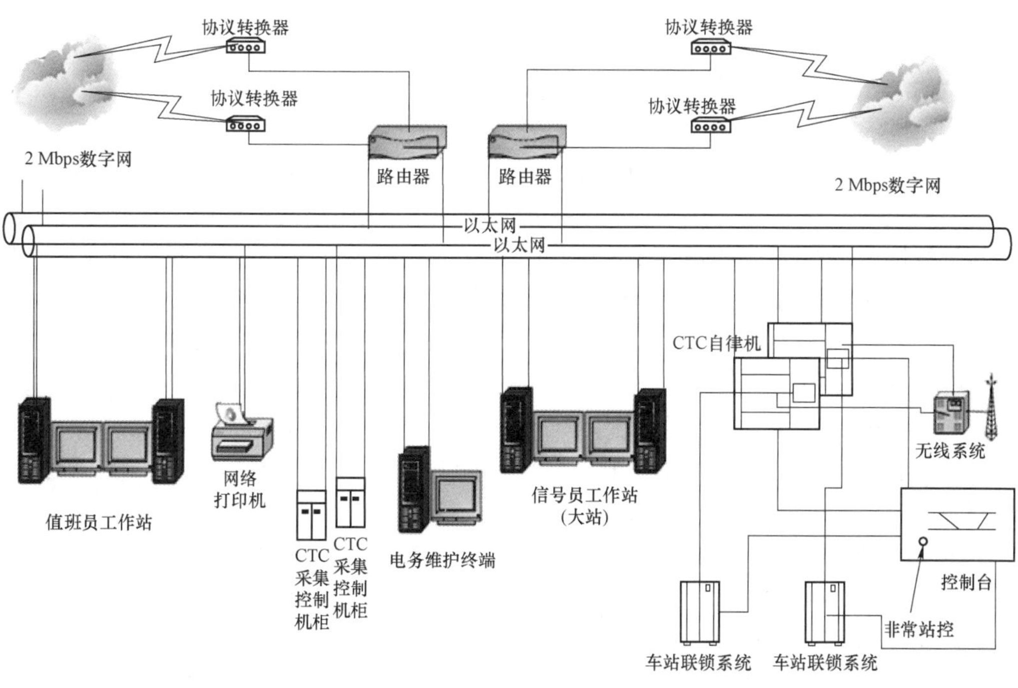

图 7–14 车站子系统的结构

车站运转室设置车务终端，具有监视列车进路的功能。根据操作方式的不同，有的车站具备列车进路指令修改、办理列车进路的功能，有的车站具备编制调车计划、办理调车进路的功能。车站办理的进路均由自律机进行冲突检测后才能送达联锁设备执行。车站信号机械室内的 CTC 系统主要有自律机、交换机、电务维护工作站、值班员工作站、维修机等。车站子系统配置连接图如图 7-15 所示。

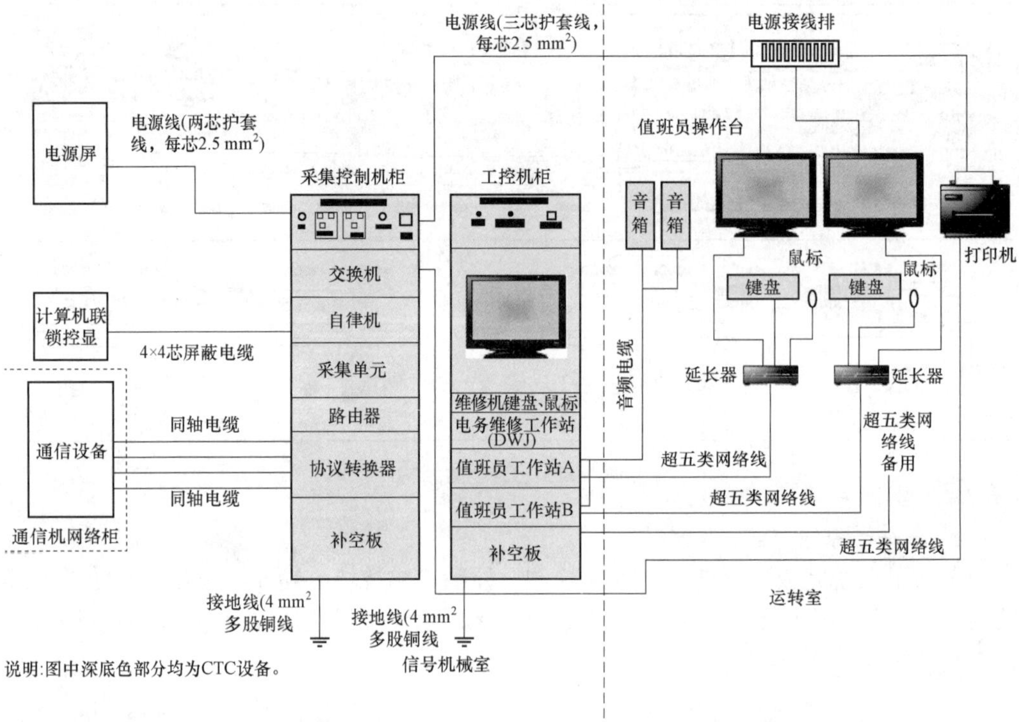

图 7-15　车站子系统配置连接图

3. 网络子系统

网络子系统由网络通信设备和传输通道构成，包括 CTC 中心局域网、系统广域网和车站局域网三部分。系统的广域网采用环形结构，采用迂回、环状、冗余等方式提高其可靠性，即 CTC 中心与下属各车站构成多个环形网络，相邻两站间采用两条物理通道连接，并且每间隔 8～15 个车站设置连接至 CTC 中心的物理通道。

知识点 3　CTC 的功能

1. 用户登录及交接班登录

① 用户登录。调度员（车站值班员）必须进行登录，输入动态密码，确认身份与密码后方可进入系统。

② 交接班登录。当调度员交接班时，可以退出系统重新登录，也可以直接选择“交接班”退出操作状态。

2. 调度集中信息显示

① 信号设备状态表示。

② 列车运行位置及车次号显示。分散自律调度集中系统中车次号的来源包括：

a）无线车次号；

b）车站值班员输入；

c）行车调度员输入。一旦出现丢车次或假车次时，系统能够在调度员工作站和车站值班员工作站上报警。

③ 基本图的编辑、修改和显示。

④ 班计划的编辑、修改和显示。

⑤ 列车运行计划（阶段计划和控制执行计划）。它是行车调度员以班计划为依据安排的列车实际运行计划，包括开行列车的车次、到发点、中停车站、停靠股道、作业时间及会让时间等。它是列车运行的依据，也是分散自律调度集中系统列车进路自动排路的数据来源。

分散自律调度集中系统的控制执行计划编制，在 TDCS 基础上增加了以下功能：

a）严格的、精确的股道分配，除了要考虑行车作业的方便和运用的习惯外，还要考虑《行车组织规则》《铁路技术管理规程》《站细》中的各项规定；

b）对超限列车，除了根据车次号进行识别，还要增加人工设置的手段；

c）当车站与调度中心通信中断且未转入非常站控时，调度员不得更改本站已下发的行车计划；

d）在下达阶段控制计划时，可进行合法性、时效性和无冲突性检查；

e）更加丰富的报警功能；

f）实际运行图的自动生成和描绘。

3. 调度命令下达

① 调度中心各工种之间的调度命令，主要指值班主任、计划调度员给行车调度员下达的调度命令，如施工命令和班计划命令等。

② 行车调度员给车站值班员/机务段值班员/乘务室值班员下达的调度命令，这是调度命令的主要形式。

③ 行车调度员/车站值班员给机车司机下达的调度命令。分散自律调度集中系统通过车—地无线传输系统，将此类调度命令直接传输到机车的接收设备，并可打印输出，代替了传统的停车取命令的方式。

④ 车站值班员发给行车调度员的调度命令请求。当车站请求施工时，车站值班员将施工申请以调度命令请求的形式发送给行车调度员。

4. 列车编组和速报

① 列车编组。分散自律调度集中系统与 TMIS 系统联网，从 TMIS 系统中取得列车编组信息，作为调度员安排甩挂作业和调车作业的依据。列车编组内容包括车次号、发报时间和发报站、总重、辆数、长度、车号、品名、到站等。列车的编组和列车运行线实现绑定，用鼠标点击运行线可查到列车编组信息，并可从编组信息中提取列车速报信息。

② 速报。通过无线车次校核设备获取列车编组。

5. 安排中间站甩挂作业

列车调度员根据列车编组单和车站存车情况，结合列车运行的具体情况，安排列车在中间站的甩挂作业计划，并通过网络下达到车站。车站值班员根据该计划安排站内调车作业，编制调车作业通知单。车站的甩挂作业结束后，车站值班员将新的编组发到调度中心，系统自动更新以安排前方站的甩挂作业。

分散自律调度集中系统可以处理无行车人员的车站的甩挂调车作业。此时由助理调度员根据甩挂作业计划，编制这类车站的调车作业通知单，组织车站的调车作业。

6. 车站站存车信息管理

中间车站的站存车由车站值班员在车务终端上输入该站当前的存车情况并发送到调度中心，供各工种查询。亦可由行车调度员电话收听，手工输入；无人站由助理调度员手工输入。

车站站存车的信息内容包括：

① 车站名；

② 存车线名称；

③ 存车类型，如重车或空车，重车分车种，空车分去向；

④ 存车数量；

⑤ 存车的说明信息，如企业自备车；

⑥ 存车更新时刻。

站存车的管理功能如下：

① 按车种进行统计；

② 单站存车显示和多站存车显示；

③ 站存车的打印输出。

7. 车站行车日志及车站运行图的生成

系统能自动生成车站运统-2、运统-3 报表，显示本站相关的阶段计划列车运行图。

8. 站间透明

分散自律调度集中系统能够提供本站及相邻各两站的车站站场平面显示，可显示相邻车站的计划运行图和实际运行图。车站值班员和信号工作人员可以了解到邻站的信号设备状态、进路排列情况、列车运行位置等信息，实现站间透明，提高本站的接发车作业和调车作业的效率。

9. 运输指标统计

系统可进行列车运行早晚点、列车运行和旅行速度等运输指标统计。

知识点 4 分散自律调度集中控制模式

分散自律调度集中是在 TDCS 基础上构建的，除实现 TDCS 的全部功能外，还应实现列车编组信息管理、调车作业管理、综合维修管理、列/调车进路人工和计划自动选排、分散自律控制等功能。

1. 控制模式

分散自律调度集中具备分散自律控制和非常站控两种模式。

① 分散自律控制模式是通过调度集中设备实现进路自动和人工办理的模式，此时车站联锁操作台不起作用，所有控制权限全部纳入 CTC 系统。

② 非常站控模式是遇行车设备故障、施工、维修需要时，脱离调度集中系统控制，转为车站联锁控制台人工办理的模式。

在车站处于非常站控状态时，调度员对车站信号设备不具有控制权，CTC 系统降级为 TDCS，由车站值班员或应急值守人员操纵车站联锁设备。

2. 分散自律控制模式下的操作方式

分散自律控制模式下存在 3 种操作方式，即中心操作方式、车站调车方式、车站操作方式。

① 在中心操作方式下，调度终端具有信号设备的全部控制权，列车调度员对列车及调车进路均有操作权，车站对列车及调车进路均无操作权。

② 在车站调车方式下，列车调度员对列车进路有操作权，对调车进路无操作权。而车站对调车进路有操作权，对列车进路无操作权。调度中心和车站均可操作道岔的单操、单锁、单解、单封及半自动闭塞按钮、允许改方等功能按钮。

注意：对于封锁操作，遵循“谁封锁，谁解锁”的原则，即调度员封锁的设备，车站无法解锁；车站封锁的设备，调度员无法解锁。

③ 在车站操作方式下，车务终端具有信号设备的全部控制权，车站对列车及调车进路均有操作权，列车调度员对列车及调车进路均无操作权。

知识点 5　CTC 终端显示

本节以 FZk-CTC 型分散自律调度集中为例进行介绍，其界面如图 7-16 所示。

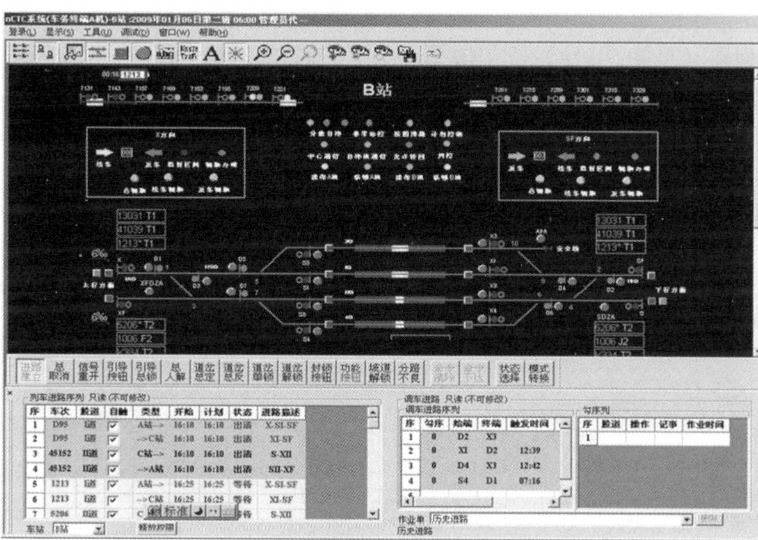

图 7-16　FZk-CTC 型分散自律调度集中界面

CTC 终端进路操作界面自上而下包括：标题栏、菜单栏、主工具栏、站场图显示、CTC 按钮条、进路序列窗（包括列车进路序列和调车进路序列）。

1. 与 CTC 相关的状态表示灯

与 CTC 相关的状态表示灯如图 7-17 所示。

图 7-17　与 CTC 相关的状态表示灯

①“分散自律”灯。位于“分散自律”文字上方的三个灯，自左向右分别表示中心控制操作方式、车站调车操作方式、车站控制操作方式，表示灯为绿灯时表示车站处在相应的控制模式。

②“非常站控”灯。当前站处于非常站控状态时显示红灯，处于分散自律状态时显示为灰色。

③“按图排路”灯。表示进路控制方式，显示绿灯表示按图排路，显示黄灯表示手工排路。

④“中心通信”灯。表示是否执行计划约束，显示绿灯表示排路需要和计划比较，显示灰色表示不比较。

⑤“自律机通信”灯。表示自律机本身的状态。闪烁表示自律机状态良好，长时间不闪烁表明系统故障，应及时联系维护人员。

⑥“允许转回”灯。分散自律控制时为灰色，显示黄灯表示车站可从非常站控转到分散自律控制。

2. 与 CTC 相关的窗口

1）车次窗

车站的出入口有四个车次窗，分别表示即将要办理的上/下行方向的进路序列，车次窗中计划第一趟办理的列车有“*”标识，并且如果是自触的则后面的接发车股道为黄色，如果非自触则接发车股道为红色，进路已经触发的列车接发车股道为绿色。

当车站状态处于“站死”状态时，站名下的状态表示灯均不亮（暗灰色），同时股道、道岔、信号机等均为暗灰色。

2）进路序列窗

进路序列窗（见图 7-18）位于屏幕下方，左侧为列车进路序列，右侧为调车进路序列。进路序列中信息是车站自律机判断能否向联锁设备发送进路指令的基本依据。

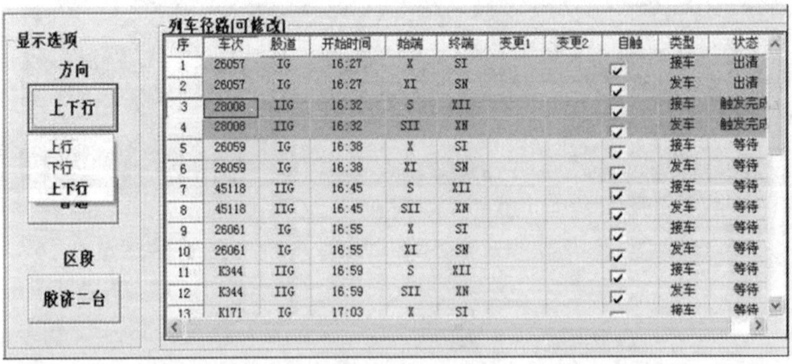

图 7-18　进路序列窗

每一条进路包含以下信息：次车号、接发车股道、自触标记、进路类型、开始时间（自律机预计办理时间）、始端、终端、进路状态（未触发、正在触发、触发完成、已取消、占用、出清、等待）和进路描述信息。

知识点 6　CTC 典型操作

1. 登录、注销与退出

1）用户登录

当重新启动车务终端或用户换班需重新登录而单击“登录”|“登录”时，就弹

出如图 7–19 所示的对话框。在输入正确的用户代号、用户姓名和密码后就可顺利登录，登录成功后在运统报表和调度命令签收时会显示正确的值班人姓名；否则只能查看这些内容。

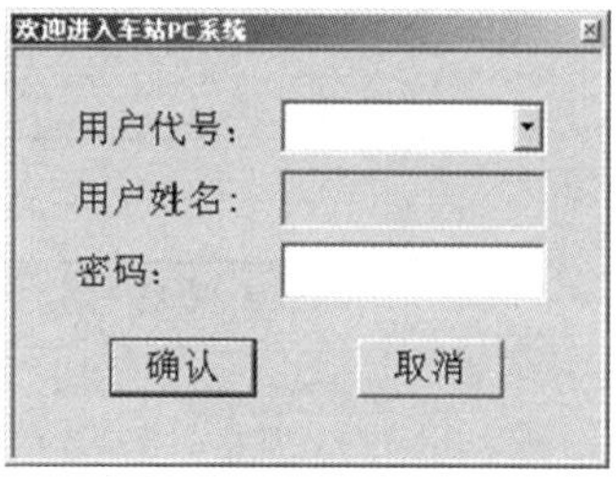

图 7–19　用户登录对话框

当车务终端第一次运行时，可使用用户代号（CASCO）、密码（无）登录，然后通过“用户管理”对话框添加本站用户，添加用户后就可以使用车务终端了。当添加了管理员用户后，用户代号 CASCO 就存在了。车站管理员用户一般为该站站长（或站长指定的人），车站管理员负责添加本站的所有用户，密码由各用户自行指定。

2）用户注销

当用户有事暂时离开而不希望他人随便操作车务终端时，可注销用户。注销后和未登录的效果相同。单击“登录”|“注销”会弹出提示对话框（见图 7–20），确定后即执行注销。

3）退出

退出的概念是退出应用程序，一旦退出，则车站的 CTC 功能全部消失，故车站值班员要慎用此菜单。单击“登录”|“退出”会弹出如图 7–21 所示的对话框，输入正确的用户密码后即可退出 CTC 车务终端系统。

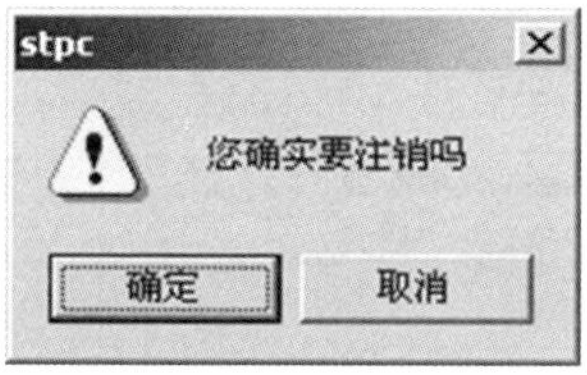

图 7–20　用户注销提示对话框

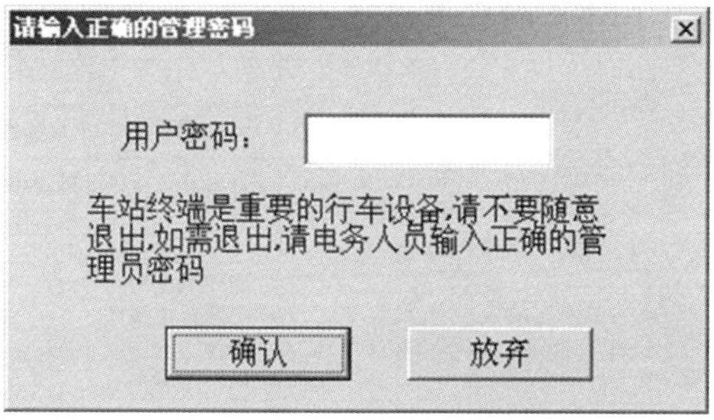

图 7–21　用户退出提示对话框

2. 设定控制模式

1）模式转换

① 分散自律模式转为非常站控模式：无条件转换，按下联锁控制界面的“非常站控”按钮转换。

② 非常站控模式转为分散自律模式：有条件转换，在联锁控制界面上的“允许自律控制”表示灯亮黄灯时，按下“非常站控”按钮转换。

2）操作方式转换

在车务终端单站控制界面上，单击“模式转换”按钮后弹出如图 7–22 所示的对话框。在这个对话框中操作，即可实现 CTC 三种操作方式的转换。

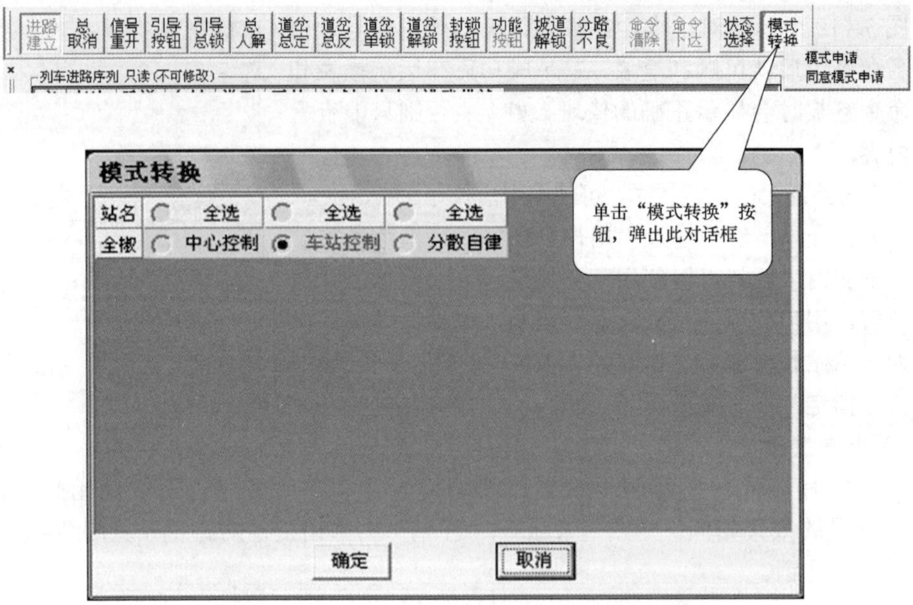

图 7-22　单击“模式转换”按钮后弹出的对话框

车站当前的操作方式用红色表示，并且呈选中状态，选择需要转换的目标操作方式，单击“确定”按钮。如果转换成功，则单站控制界面上部的相应操作方式表示灯会亮绿色。

如果是车务终端提出模式转换，则转换关系如图 7-23 所示。

源方式	目的方式		
	中心操作方式	车站操作方式	车站调车方式
中心操作方式		需要调度中心同意，车站控制表示灯黄灯闪烁	无权申请
车站操作方式	需要调度中心同意，调度中心操作表示灯黄灯闪烁		需要调度中心同意，车站调车表示灯黄灯闪烁
车站调车方式	无权申请	需要调度中心同意，车站控制表示灯黄灯闪烁	

图 7-23　车务终端提出模式转换时的转换关系

如果是调度中心提出模式转换，则转换关系如图 7-24 所示。

源方式	目的方式		
	中心操作方式	车站操作方式	车站调车方式
中心操作方式		需要车站同意，车站控制表示灯绿灯闪烁	直接转换
车站操作方式	需要车站同意，调度中心操作表示灯绿灯闪烁		需要车站同意，车站调车表示灯绿灯闪烁
车站调车方式	直接转换	需要车站同意，车站控制表示灯绿灯闪烁	

图 7-24　调度中心提出模式转换时的转换关系

3. 计划控制状态选择

单击“状态选择”按钮，弹出如图 7–25 所示的“状态选择”对话框，在此处可对进路控制模式进行选择。

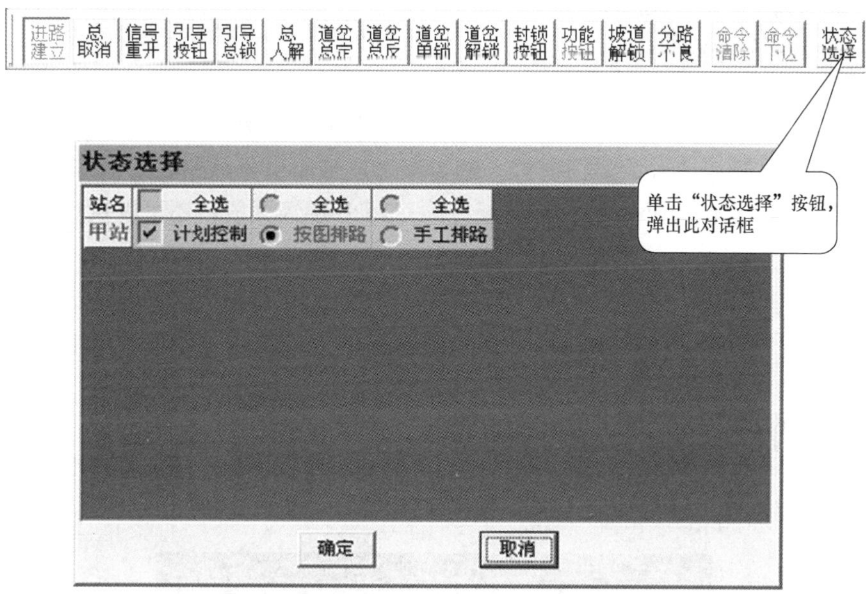

图 7–25　“状态选择”对话框

① 按图排路。表示自律机根据列车运行计划和调车作业计划生成进路序列指令，并自动触发执行。

② 手工排路。表示自律机只执行人工直接按钮操作，计划和进路序列失效。

③ 计划控制。只在“按图排路”状态下起作用，即在按图排路时，如果出现调车进路和列车进路冲突的情况，而此时又需要办理调车进路，则需要将“计划控制”撤选。

4. 进路触发

1）自触进路

CTC 终端的进路序列窗中，进路的触发类型前面有“ √ ”时，在满足 CTC 系统规定的时间或空间条件时，该进路会自动办理。如图 7–26 所示。

列车径路[可修改]

序	车次	股道	开始时间	始端	终端	变更1	变更2	自触	类型	状态
1	26057	IG	16:27	X	SI			√	接车	出清
2	26057	IG	16:27	XI	SN			√	发车	出清
3	28008	IIG	16:32	S	XII			√	接车	触发完成
4	28008	IIG	16:32	SII	XN			√	发车	触发完成
5	26059	IG	16:38	X	SI			√	接车	等待
6	26059	IG	16:38	XI	SN			√	发车	等待
7	45118	IIG	16:45	S	XII			√	接车	等待
8	45118	IIG	16:45	SII	XN			√	发车	等待
9	26061	IG	16:55	X	SI			√	接车	等待
10	26061	IG	16:55	XI	SN			√	发车	等待
11	K344	IIG	16:59	S	XII			√	接车	等待
12	K344	IIG	16:59	SII	XN			√	发车	等待
13	K171	IG	17:03	X	SI				接车	等待

图 7–26　列车进路的“自触”

2）人工触发进路

除了触发方式办理进路外，CTC 保留了单击进路的始端、终端按钮办理进路的方式。在进路序列窗中选中需要触发的列车进路，右击鼠标，在快捷菜单中选择“人工触发”，即可人工触发该进路。

5. 信号设备的操作

1）信号机的操作

在屏幕上右击信号复示器，可以利用弹出的快捷菜单办理进路、取消进路、人工解锁进路、重复开放信号、封锁信号、解封信号及锁闭引导进路。

在 CTCS-3 级区段及信号机常态灭灯的 CTCS-2 级区段，还可以执行信号机“点灯”“灭灯”操作。

2）道岔的操作

在屏幕上右击道岔区段，可以进行道岔的定操、反操、单锁、单解、封锁、解锁等操作，如图 7-27 所示。

3）轨道区段的操作

在屏幕上右击轨道区段，弹出如图 7-27 所示的快捷菜单，通过此菜单可以对轨道区段进行封锁/解锁、标记分路不良、标记接触网无电等操作。

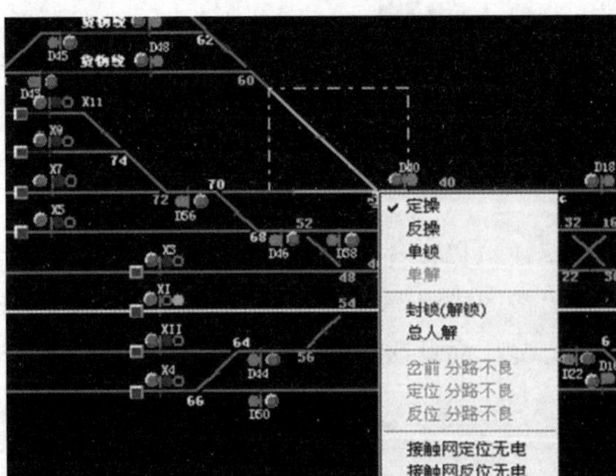

图 7-27　对道岔、轨道区段的操作

经过设置为分路不良的区段办理进路或操作道岔时，须首先通过操作确认该区段空闲。CTC 系统大多设计为由电务人员在电务维修机上设置分路不良区段，也可根据要求设计为在车务终端对轨道区段分路不良进行设置。

股道及道岔区段设置为接触网定位/反位无电状态后，车站接入或发出电力机车牵引的列车时，CTC 系统将无法自动触发经过无电区的接车进路或发车进路。即使人工排列进路，如果输入的列车车次为电力机车牵引列车，该进路也不能办理。

股道设置为“封锁”后，在 CTC 终端将无法通过触发、人工办理方式向该股道办理接车进路、通过进路；区间上行或下行线的任一闭塞分区处于“封锁”状态时，CTC 终端将无法通过触发、人工办理方式向该区间线路办理发车进路、通过进路。

7.2.3　知识拓展

序号	二维码	内容描述
1		CTC 系统界面介绍
2		CTC 信号设备的操纵方法

7.2.4　相关规范、规程与标准

1.《铁路技术管理规程（普速铁路部分）》相关规定
2.《铁路技术管理规程（高速铁路部分）》相关规定

相关规范、规程与标准

7.2.5　任务工单

<table>
<tr><td rowspan="2">任务名称</td><td rowspan="2">CTC 应用与操作</td><td>姓名</td><td></td></tr>
<tr><td>日期</td><td></td></tr>
<tr><td colspan="4">操作方法：
1. 说出 CTC 系统的功能。
2. 熟悉 CTC 车站终端、调度终端界面。
3. 在 CTC 系统上完成以下操作：
① 用户登录及交接班登录；
② 调度命令下达；
③ 列车编组和速报；
④ 甩挂调车作业；
⑤ 站存车信息管理</td></tr>
<tr><td colspan="4">案例分析：
扫描左侧二维码读事故案例概况，分析事故原因，并说明从此事故案例中获得什么教训。（案例分析及经验教训，可扫描右侧二维码获参考答案）
事故案例概况　　事故原因分析及教训</td></tr>
<tr><td colspan="4">操作中存在的问题及解决方法：</td></tr>
</table>

续表

项目	赋分	自评得分	互评得分	教师评分
正确理解知识	25			
业务分析处理方法得当	20			
表达清晰准确	20			
业务处理结果正确	35			
综合得分	(自评得分 10%，互评得分 30%，教师评分 60%)			

7.2.6 任务考核

一、填空题

（1）CTC（centralized traffic control）的全称为＿＿＿＿＿＿＿＿，是控制中心对某一调度区段的信号设备进行集中控制，对列车进行直接指挥、管理的技术设备。

（2）CTC 系统由＿＿＿＿＿＿、＿＿＿＿＿＿及＿＿＿＿＿＿三部分组成。

（3）实现办理设备日常维护、“天窗”修、施工及故障处理方面的登、销记手续的是＿＿＿＿＿＿工作站。

（4）分散自律调度集中具备＿＿＿＿＿和＿＿＿＿＿两种模式。

（5）分散自律控制模式下存在三种操作方式，即＿＿＿＿操作方式、＿＿＿＿调车方式、＿＿＿＿＿操作方式。

（6）调度集中系统是在＿＿＿＿＿系统功能的基础上，增加了列车及调车进路的自动控制功能。

二、判断题

（1）分散自律调度集中系统具备了调车进路远程控制和智能化控制的功能，有效地解决了车站与调度中心频繁交换控制权的问题，非常适合我国铁路客货混跑、调车作业量大的运输特点。（　　）

（2）调度员交接班时，退出系统重新登录，不可以直接选择交接班退出操作状态。（　　）

（3）CTC 系统一旦出现丢车次或假车次时，系统能够在调度员工作站和车站值班员工作站上报警。（　　）

（4）分散自律控制模式是通过调度集中设备实现进路自动和人工办理的模式，此时车站联锁操作台不起作用，所有控制权限全部纳入 CTC 系统。（　　）

（5）在中心操作方式下，列车调度员对列车及调车进路均有操作权，车站对列车进路均无操作权，对调车进路有操作权。（　　）

三、选择题

（1）以下工作是由列车调度员工作站实现的是（　　）。

A. 人工办理进路、闭塞　　B. 办理调车作业

C. 调整调车作业计划　　D. 人工编制和调整列车运行计划

（2）以下工作不是由助理调度员工作站实现的是（　　）。

A. 人工办理进路、闭塞

B. 办理调车进路

C. 调整调车作业计划

D. 查询各调度台的列车运行调整计划和实际列车运行图

（3）实现行车信息显示、下达调度命令、查询列车运行调整计划和实绩列车运行图，完成调度命令的审核工作的是（　　）。

A. 列车调度员工作站　　B. 助理调度员工作站

C. 值班主任工作站　　D. 综合维修工作站

（4）在车站操作方式下，（　　）具有信号设备的全部控制权，车站对列车及调车进路均有控制权。

A. 车务终端　　B. 列车调度员

C. 助理调度员　　D. 调车员

四、简答题

（1）调度集中的主要功能有哪些？

（2）CTC 系统有哪两种控制模式？分散自律控制模式能实现哪些功能？

（3）分散自律控制模式下 3 种操作方式对于控制权是怎样规定的？

（4）在车务终端界面上，如何进行 3 种控制方式的转换？

（5）CTC 区段车站在哪些情况下需转为非常站控？

项目 8　驼峰信号设备认知与应用操作

【项目描述】

编组站是铁路网中用于办理大量货物列车解体和编组作业的车站，其中调车驼峰发挥着核心作用。本项目在介绍驼峰信号显示的基础上，介绍了驼峰信号设备的组成及操作，同时介绍了驼峰自动化系统的相关知识。

【教学目标】

① 了解驼峰信号设备的组成及驼峰信号设备的布置。
② 掌握利用驼峰调车时各种信号显示的不同含义。
③ 掌握驼峰自动控制系统的基本操作方法。
④ 了解编组站综合自动化的主要内容。

【案例导入】

【案例概况】××××年×月×日 15 时 40 分，××车站驼峰一调执行 1007 号站整调车计划（B6+56+…B2–28、B12–1、B8–1，共计 9 钩），在编组场 6 道挂出 56 辆，15 时 50 分开始驼峰自动溜放作业。16 时 05 分执行到第 7 钩 B2–28 时（测距显示 236 m），驼峰作业人员采用半自动定速（将 B2 线出口速度人工降低至 5.0 km/h）方式溜下第 7 钩 B2–28 后，安排调车机暂停推峰作业。16 时 06 分开始执行溜放 B12–1 后，调车长确认 B2 线溜放的 28 辆车组已越过 203#道岔区，不影响第 9 钩，连结员于 16 时 06 分 03 秒在驼峰平台中部提下 B8–1 车组。16 时 06 分 28 秒驼峰系统提示“低速报警”，16 时 06 分 29 秒驼峰系统关闭推峰信号，16 时 06 分 30 秒驼峰系统自动封闭 203#道岔，脱钩的溜放车组越过关闭推峰信号。

当 16 时 06 分 37 秒 B8–1 溜放车组压上 201#道岔区段时，因 203#道岔已封闭不能转换，B8–1 溜放车组只能溜向 B2 线。驼峰信号员为防止 B2 线正面冲突，看到控制台 211#道岔已出清（实际仅出清尖轨部分、未过标），于是在 16 时 06 分 49 秒就抢扳 211#道岔开通 B1 线，溜放车辆（B8–1，P62NK3317037）在 211#道岔的岔心处与前行车组（B2–28）的尾部最后一辆（GQ700554166）发生侧面冲突。造成两辆货车中破，构成铁路交通一般 D（D1）类事故，××站负事故全部责任。

【原因分析】

（1）调车区长业务素质低下，违章指挥。一是计划执行到第 7 钩 B2–28（换长 30.8）

时，B2 道打靶距离显示为 236 m，低于溜放车组长度，在溜放距离不足的情况下，驼峰调车区长未听从车站调度员对 B2–28 连接一钩的布置，盲目听从调车长“前面的车一直在走”的汇报，且未确认前行车组走行状态及停留位置，擅自同意调车作业人员溜放；二是调车区长业务水平低下，对设备使用说明书掌握不全面，学习《TZBK II 型驼峰自动化控制系统操作使用手册》不够彻底，对系统低速报警、鉴停报警等概念不掌握、不了解，不清楚发生鉴停报警会切断驼峰主体信号。

（2）调车长盲目图快、臆测行事、违章蛮干。一是计划执行至第 7 钩 B2–28 时，盲目向调车区长汇报“前面车一直在走，走了 100 多 m”，臆测 B2 道溜下的 28 辆车均为空油槽、换长较短，对组内作业人员产生误导。二是人工上闸溜放车辆时不执行“单钩”溜放的规定，在第 7 钩作业车辆未全部进入 B2 的情况下，盲目图快，安排执行后续调车计划。

（3）驼峰信号员互控不到位，应急处置不当。一是信号员在监控调车作业执行过程中，未及时指出并制止调车区长违章溜放“堵门车”的行为。二是在出现后续溜放车组（B8–1）与前行溜放车组（B2–28）进入相同股道的异常情况时，缺乏驼峰技术原理知识，未能正确判断前行溜放车组的位置，盲目抢扳 211#道岔至编组 1 线（B1 线）方向，导致车辆侧面冲突。

【经验教训】

（1）深刻吸取事故教训。加强对车务调车作业各环节的安全风险研判，采取针对性措施，切实遏制调车事故的发生；开展对运转车间的安全风险预警和重点帮促；认真反思，排查各类安全风险，结合现场生产实际，按照“问题在现场，原因在管理，根子在干部”的理念，深入查找生产组织、规章制度、管理办法、教育培训等方面存在的问题，充分发挥“两个系统”作用，严管理，严考核，强化各级管理人员认真履职尽责和现场作业标准的执行。

（2）进一步规范驼峰调车作业。一是驼峰作业正常解散车辆时，严禁扳动道岔或操作缓行器进行人工干预。二是编区站在驼峰溜放作业采取人力制动机制动时必须采取“单钩”溜放，待溜放车辆全部进入溜放线路（越过第三部分缓行器）后方可进行后续溜放作业。

（3）加强驼峰调车安全风险研判，落实检查制度。一是站段职能科室要加强对编区站调车作业的检查，认真落实调车跟班写实、监控设备回放制度，重点排查驼峰调车作业中存在的突出安全隐患，切实发挥现场监督、检查的作用。二是改进驼峰作业检查手段。

课前思考：驼峰信号设备有何作用？

课前思考答案

工作任务 8.1 驼峰基础知识认知

8.1.1 工作任务

<table>
<tr><td>任务名称</td><td>认识驼峰</td><td>工单号</td><td></td></tr>
<tr><td>姓名</td><td></td><td>专业</td><td></td></tr>
<tr><td>日期</td><td></td><td>班级</td><td></td></tr>
<tr><td colspan="4">拟完成工作任务：
学生分组，结合典型编组站信号平面布置图学习编组站作业内容，结合驼峰解体、编组作业视频认识驼峰各个组成部分，并对不同驼峰的特点以及驼峰各部分的作用进行介绍</td></tr>
<tr><td colspan="4">任务目标：
1. 知识目标：
（1）了解驼峰的分类，掌握其分类标准。
（2）掌握驼峰的组成，了解驼峰各部分的作用。
（3）了解编组站的作用和编组站的主要设备及其作用。
2. 能力目标：
（1）认识驼峰各部分。
（2）熟悉驼峰调车作业流程及驼峰调车作业特点。
3. 思政目标：
（1）能认识到驼峰在编组站中的重要作用。
（2）了解调车人员的职业素养。
（3）培养学生正确的安全观、足够的安全意识</td></tr>
<tr><td colspan="4">学习重点：驼峰的组成</td></tr>
<tr><td colspan="4">学习难点：驼峰各部分的作用</td></tr>
<tr><td colspan="4">教学所需设备：编组站教学沙盘</td></tr>
</table>

8.1.2 相关配套知识

知识点 1 驼峰的分类

驼峰是指将调车场始端道岔区前的线路抬到一定高度，主要利用其高度使车辆自动溜到调车线上，用来解体车列的一种调车设备。

1. 按每昼夜解体能力分类

按每昼夜解体能力不同，驼峰可分为小能力驼峰、中能力驼峰及大能力驼峰三类。

① 小能力驼峰。每昼夜解体能力在 2 000 辆以下，调车线 16 条及以下，设 1 条溜放线。多数驼峰设置溜放进路自动控制系统、驼峰机车信号设备或推峰机车遥控系统，也可采用简易的现代化调速设备。

② 中能力驼峰。每昼夜解体能力为 2 000～4 000 辆，调车线 17～29 条，设 2 条溜放线，设有溜放进路自动控制系统，并且多数驼峰设有机车推峰速度自动控制系统、钩车溜放速度自动或半自动控制系统及推峰机车遥控系统。

③ 大能力驼峰。每昼夜解体能力在 4 000 辆以上，调车线不少于 30 条，设 2 条溜放线，并设有车辆溜放速度、溜放进路自动控制系统及推峰机车遥控系统。

2. 按技术装备分类

按技术装备不同，驼峰可分为简易驼峰、非机械化驼峰、机械化驼峰、半自动化驼峰和自动化驼峰五类。

① 简易驼峰。多数是利用原有调车场牵出线头部平地起峰修建，并且一般推送坡较陡。简易驼峰的分路道岔控制一般采用电气集中或非电气集中，制动工具主要采用铁鞋。简易驼峰一般设在调车线大于 5 股的区段站或区段站型的编组站上。

② 非机械化驼峰。采用铁鞋或手闸作为调速设备，分路道岔采用自动集中或现场人工操纵。非机械化驼峰一般设在调车线少于 15 股的中小型编组站上。

③ 机械化驼峰。机械化驼峰调车线采用线束型平面布置，分路道岔采用驼峰自动集中控制，调速设备以车辆减速器为主，铁鞋为辅。机械化驼峰一般设在调车线多于 15 股的大中型编组站上。溜放时，驼峰作业人员人工操纵车辆减速器实现间隔调速，以保证前后车组间必要的间隔。目的制动方式采用铁鞋制动。大型机械化驼峰解体能力一般为 3 400 辆/日。

④ 半自动化驼峰。在机械化驼峰的基础上，又在调车线上增设一个或两个目的制动位，同时增设测速、测长和半自动控制机等设备，分路道岔仍然采用驼峰自动集中控制。半自动化驼峰减速器的出口速度是人工给定的，而对减速器用半自动控制机实行闭环自动控制，实现目的调速。大型半自动化驼峰解体能力一般为 4 000 辆/日。

⑤ 自动化驼峰。在半自动化驼峰的基础上，增设了测重、测阻、测气象（包括测风向、风速和气温）与电子计算机等设备。自动化驼峰各部位减速器的出口速度由电子计算机自动给出，并且溜放进路的排列也是由电子计算机自动控制的，不仅实现了目的调速的自动控制，而且实现了间隔调速和溜放进路的自动控制。大型自动化驼峰解体能力一般为 4 500 辆/日以上。

知识点 2　驼峰的组成及调车作业

1. 驼峰的组成

驼峰的范围是指峰前到达场（在不设峰前到达场时为牵出线）与调车场头部之间的一部分线段，通常包括推送部分、溜放部分和峰顶平台，如图 8-1 所示。

驼峰及其组成

（a）实景图

图 8-1　驼峰

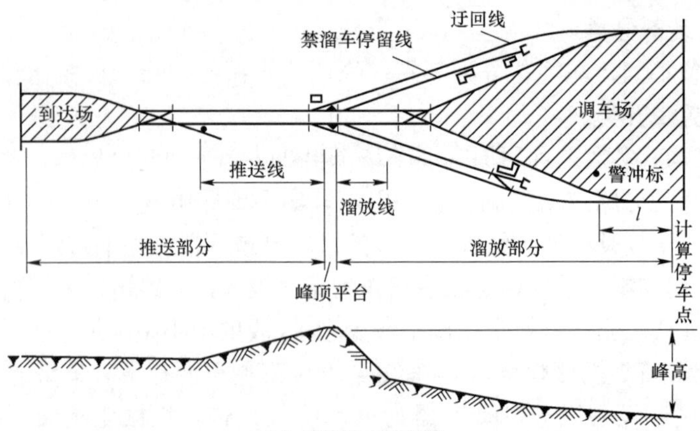

（b）驼峰组成示意图

图 8-1　驼峰（续）

1）推送部分

推送部分指经驼峰解体的车列，其第一钩位于峰顶平台始端时，车列全长所在的线路范围。其中，由到达场出口咽喉的最外方警冲标到峰顶平台始端的线段叫推送线。设置这一部分的目的是使车辆得到必要的驼峰高度，并使车钩压紧，以便摘钩。

2）溜放部分

溜放部分指由峰顶（峰顶平台与溜放部分的变坡点）到计算停车点的线路范围。溜放部分的长度也叫驼峰的计算长度。在这个范围内设有调速设备，以便调整钩车溜放速度；并且设有分路道岔，以使钩车进入指定调车线。驼峰调车场的调速制式不同，计算停车点的位置也不同。

计算停车点

计算停车点：确定驼峰的高度时，应保证难行车在溜行不利条件下溜到调车场难行线指定的地点。

3）峰顶平台

峰顶平台是连接驼峰推送部分与溜放部分的一段平坡地段，它的作用是既可以保证驼峰的必要高度，又可以防止车辆经过峰顶时折断车钩。峰顶平台包括压钩坡和加速坡两条竖曲线的切线长，不包括竖曲线的切线长叫净平台。

峰顶平台的长度取决于车辆的构造情况和压钩坡的陡度，一般 10 m 左右。

2. 驼峰调车作业

除列车在车站的到达、出发、通过及在区间的运行外，凡机车车辆进行的一切有目的的移动，统称为调车，包括列车的解体、编组、摘挂、转线、车辆的取送、转场、调移及机车的转线、出入段等。调车按设备不同分为牵出线调车和驼峰调车。

驼峰调车作业程序

驼峰是编组站调车作业的一项主要设备，一般设在调车场头部。为了完成解体与编组任务、缩短车辆在编组站停留时间、提高调车作业效率，将调车场始端道岔区前线路抬到一定高度。在进行驼峰调车作业时，先由调车机车将车列推向驼峰，当最前面的车组（或车辆）接近峰顶车钩压紧时提开车钩，过峰顶后就可以利用车辆自身的重力，将车辆顺坡自动溜放到编组场的预定线路上，从而可以大大提高调车作业的效率。驼峰调车作业一般包括连挂车列、推峰、解体、下峰整理等作业过程。

① 连挂车列。驼峰调车机车驶往到达场连挂车列。

② 推峰。驼峰调车机车将车列推至峰顶或预推至峰前信号机。

③ 解体。驼峰机车推送车列经过峰顶，使被摘解的车组脱钩后，依靠自身重力溜向调车场内指定线路。

驼峰解体作业

④ 下峰整理。驼峰机车下峰整理调车场，主要任务包括消除股道内停留车组之间的空当（又称“天窗”）、将“堵门车”推至调车场内适当位置以便继续溜放、取送禁溜车等。

8.1.3　知识拓展

1. 编组站的作用
2. 编组站的主要设备

知识拓展

8.1.4　相关规范、规程与标准

《铁路技术管理规程（普速铁路部分）》相关规定

相关规范、规程与标准

8.1.5　任务工单

<table>
<tr><td rowspan="2">任务名称</td><td rowspan="2">认识驼峰</td><td>姓名</td><td></td><td></td></tr>
<tr><td>日期</td><td></td><td></td></tr>
<tr><td colspan="5">操作方法：
1. 根据所学知识，画出驼峰平面示意图。
2. 说出驼峰调车作业过程</td></tr>
<tr><td colspan="5">操作中存在的问题及解决方法：</td></tr>
<tr><td>项目</td><td>赋分</td><td>自评得分</td><td>互评得分</td><td>教师评分</td></tr>
<tr><td>正确理解知识</td><td>25</td><td></td><td></td><td></td></tr>
<tr><td>业务分析处理方法得当</td><td>20</td><td></td><td></td><td></td></tr>
<tr><td>表达清晰准确</td><td>20</td><td></td><td></td><td></td></tr>
<tr><td>业务处理结果正确</td><td>35</td><td></td><td></td><td></td></tr>
<tr><td>综合得分</td><td colspan="4">（自评得分 10%，互评得分 30%，教师评分 60%）</td></tr>
</table>

8.1.6 任务考核

一、填空题

（1）按每昼夜解体能力的不同，驼峰可分为________、________、________三类。

（2）按技术装备不同，驼峰可分为________、________、________、________、________五类。

（3）驼峰通常包括________、________、________三部分。

（4）驼峰调车作业一般包括________、________、________、________等作业过程。

二、选择题

（1）小能力驼峰每昼夜解体能力在（　　）。

A. 2 000 辆以下

B. 2 000～4 000 辆

C. 4 000 辆以上

（2）中能力驼峰每昼夜解体能力为（　　）。

A. 2 000 辆以下

B. 2 000～4 000 辆

C. 4 000 辆以上

（3）大能力驼峰每昼夜解体能力在（　　）。

A. 2 000 辆以下

B. 2 000～4 000 辆

C. 4 000 辆以上

三、判断题

（1）峰顶平台的长度取决于车辆的构造情况和压钩坡的陡度，一般为 10 m 左右。（　　）

（2）区段站的主要作业是大量办理中转列车的解体和编组作业。（　　）

（3）驼峰调车时合适的提钩时机为车钩压紧时。（　　）

四、简答题

（1）驼峰的作用是什么？

（2）驼峰怎样分类？

（3）驼峰由哪几部分组成？

（4）编组站的主要作用是什么？主要有哪些设备？

工作任务 8.2 驼峰信号设备应用与操作

8.2.1 工作任务

<table>
<tr><td>任务名称</td><td>驼峰信号设备应用与操作</td><td>工单号</td><td></td></tr>
<tr><td>姓名</td><td></td><td>专业</td><td></td></tr>
<tr><td>日期</td><td></td><td>班级</td><td></td></tr>
<tr><td colspan="4">拟完成工作任务：
现场参观或观看驼峰作业视频，根据驼峰溜放调车的特点学习驼峰信号的特点，结合现场参观或实训室作业了解驼峰上各岗位的作业内容，熟悉驼峰编组场的基本信号设备</td></tr>
<tr><td colspan="4">任务目标：
1. 知识目标：
（1）掌握驼峰信号机显示含义。
（2）认识各种调速设备和测速设备。
（3）熟悉各类驼峰信号设备的作用。
2. 能力目标：
（1）明确各驼峰信号设备显示含义。
（2）认识各类调速设备。
（3）能读懂驼峰信号平面布置图。
3. 思政目标：
（1）认识到驼峰在编组站的重要作用。
（2）了解调车人员的职业素养。
（3）培养学生正确的安全观、足够的安全意识</td></tr>
<tr><td colspan="4">学习重点：不同驼峰信号设备的显示含义</td></tr>
<tr><td colspan="4">学习难点：各种驼峰信号设备的应用</td></tr>
<tr><td colspan="4">教学所需设备：编组站教学沙盘、减速顶等设备实物</td></tr>
</table>

8.2.2 相关配套知识

驼峰的主要任务是进行车列的解体、编组和其他调车作业。为了指挥调车作业，在驼峰范围内设有各种信号设备。

驼峰信号设备包括信号机、转辙机、轨道电路、按钮柱、限界检查器、调速设备等。控制设备视不同类型的驼峰而不同，有手动控制、继电控制、计算机控制三种。驼峰调车场信号设备平面布置图如图 8-2 所示。

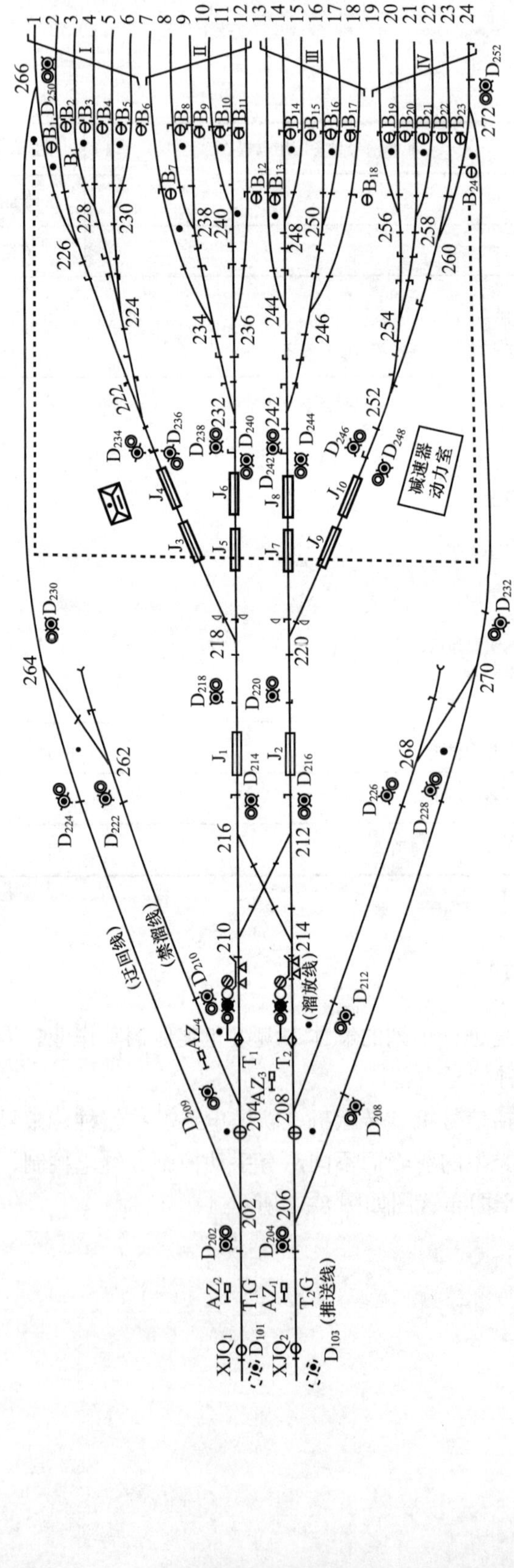

图 8-2 驼峰调车场信号设备平面布置图

知识点 1 信号机

调车场头部咽喉区的信号机，分为驼峰信号机和调车信号机两种。调车信号机根据设置位置及联锁关系的实现又分为峰上调车信号机和峰下线束调车信号机。除此之外，根据需要，有些驼峰调车场还设有驼峰辅助信号机、驼峰复示信号机、线路表示器等信号设备。

1. 驼峰信号机

驼峰信号机设在驼峰调车场的峰顶上，用来指示调车机车能否向峰顶推送车列，以及用多大速度推送车列。每条推送线设一架驼峰信号机，且为了保证有足够的显示距离，应将驼峰信号机设在峰顶平台与加速坡连接处的峰顶线路最高处。驼峰信号机采用高柱、双机构、四灯七显示形式，从上至下有黄、绿、红、白 4 个色灯。

驼峰信号机的显示距离不能小于 400 m。驼峰信号机的表示规定：单推驼峰，其驼峰信号机用 T 表示；双推驼峰，其驼峰信号机用 T 加下标（信号机编号）表示，如图 8–2 中的 T_1、T_2 所示。

驼峰信号机的显示

驼峰信号与速度命令的对应关系一般为：显示黄闪时速度命令为 3～5 km/h，显示绿色时速度命令为 6～8 km/h，显示绿闪时速度命令为 9～15 km/h。

2. 驼峰辅助信号机

当驼峰信号机的显示不利于司机瞭望时，在峰前到达场每条到发线靠近驼峰的一端装设驼峰辅助信号机，用于指示推峰机车运行。

驼峰辅助信号机采用透镜式色灯双机构的高柱信号机，信号平面图中用 TF 加下标表示，下标为该信号机所在线路轨道编号。

驼峰辅助信号机平时显示红色灯光，对到达列车起停车信号作用。一个黄色灯光指示机车车辆向驼峰预先推送，当办理驼峰推送进路后，其显示与驼峰信号机相同。

驼峰辅助信号机的显示规定如下：

① 一个黄色灯光——指示机车车辆向驼峰预先推送（见图 8–3）所示。

② 当办理驼峰推送进路后，其灯光显示与驼峰色灯信号机显示相同。

③ 到达场的驼峰色灯辅助信号机平时显示红色灯光，对到达列车起停车信号作用。

④ 驼峰色灯辅助信号机的复示信号机平时无显示，当办理驼峰推送进路或驼峰预先推送进路后，其显示方式与驼峰色灯辅助信号机相同。

图 8–3 一个黄色灯光

3. 驼峰复示信号机

在设有驼峰辅助信号机的编组站，当其显示距离不能满足推峰作业要求时，根据需要可在到达场每个股道上再装设一架驼峰复示信号机。

驼峰复示信号机为透镜式色灯信号机，采用两个双机构、方形背板。驼峰复示信号机用 FTF 加下标表示，下标为该信号机所处的轨道编号。

驼峰复示信号机平时无显示，不起信号作用。办理驼峰预先推送进路后，其显示方式与驼峰辅助信号机相同。办理驼峰推送进路后，其显示方式与驼峰信号机或驼峰辅助信号机相同。

4. 线路表示器

线路表示器是当有两台以上机车在峰下进行作业，或调车线上瞭望线束信号机的显示有困难时，根据需要在各编组线上设置，如图 8-2 中的 B_1～B_{24} 所示。

线路表示器是上峰线束信号机的复示信号，平时处于灭灯状态，不起信号作用，当线束的上峰调车信号机开放时，根据道岔的开通位置，使该线束的相关线路表示器点亮白灯，指示该线路上的调机上峰作业。

在图 8-2 中，当第 I 线束的上峰调车信号机 D_{236} 开放，并且该线束开通 2G 时，则使线路表示器 B_2 点亮白灯，告知 2G 停留的调机司机上峰调车信号机已经开放。

5. 调车信号机

1）调车信号机分类

（1）峰上调车信号机。

峰上调车信号机是为指挥驼峰机车在峰上进行调车作业（如经迂回线向调车场转送禁溜车辆等）而设置的信号机，如图 8-2 中的 D_{202}、D_{204} 等。除此之外，有些调车信号机从位置看虽然设于峰下，但它们的开放应与峰上进路实现必要的联锁关系，因此也属于峰上调车信号机，如图 8-2 中的 D_{214}、D_{216}。

（2）峰下线束调车信号机。

峰下线束调车信号机设于每个线束头部，作用是指挥驼峰机车在线束间转线或上下峰作业，如图 8-2 中的 D_{218}、D_{220}、D_{234}、D_{238} 等。

2）调车信号的显示

调车信号机的显示规定如下：

① 一个月白色灯光——表示调车信号机在开放状态。

② 无显示——表示调车信号机在关闭状态。

进站、出站、进路、驼峰及调车色灯复示信号机均采用方形背板，以区别于一般信号机。

当调车场因地形、地物影响，调车机车司机瞭望调车指挥人的手信号有困难时，需设置调车表示器。调车表示器的显示方式如下：

① 向调车区方向显示一个白色灯光——准许机车车辆自调车区向牵出线运行。

② 向牵出线方向显示一个白色灯光——准许机车车辆自牵出线向调车区运行。

③ 向牵出线方向显示两个白色灯光——准许机车车辆自牵出线向调车区溜放。

知识点 2 转辙机

驼峰调车场使用的转辙机根据道岔使用位置的不同，可分为峰上道岔转辙机和峰下分路道岔转辙机。

峰上道岔采用普通转辙机。峰下分路道岔由于要求其动作迅速、安全可靠，需要采用拉力较大的快动转辙机。峰下分路道岔使用 ZD_7 型电动转辙机（动作时间小于 0.8 s）和 ZK_4 型电空转辙机（动作时间小于 0.6 s），具有动作快、拉力大和维修简单等优点。

驼峰调车场采用的转换设备有电动转辙机和电空转辙机。在有风压设备的驼峰调车场，应尽量采用电空转辙机。

知识点 3　轨道电路

驼峰调车场的轨道电路有峰上轨道电路、峰下轨道电路、编组线警冲标区段轨道电路 3 种类型。

1. 峰上轨道电路

峰上轨道电路用于驼峰推送线与迂回线、禁溜线连接的咽喉区且为了提高作业效率，峰上轨道电路区段应尽量短。

2. 峰下轨道电路

峰下轨道电路是指设置于峰下线束或调车线分歧点的轨道电路。

1）轨道电路区段划分要求

区段划分要求，为了减少前后两个溜放车组间的距离，提高解体作业的效率，峰下轨道电路应尽量减少轨道区段的长度，同时分路道岔轨道区段长度又不得小于经驼峰溜放的内轴距最大的四轴车其内轴距的长度，且分路道岔前应有足够长的保护区段，以保证车压上尖轨前道岔已转换完毕，使车辆安全通过该道岔。

2）轨道电路的形式

为了防止由于轻车跳动使轨道电路瞬间失去分路作用，而造成道岔中途转换的危险，峰下分路道岔区内均采用双区段轨道电路（即驼峰轨道电路）。所谓双区段轨道电路，就是在原轨道电路岔尖前的基本轨接缝处再增设一对绝缘，将原轨道电路区段划分成两个小的区段。

3. 编组线警冲标区段轨道电路

为了检查溜放车组是否进入警冲标内方的编组线，在警冲标外方 3.5 m 至最后分路道岔的尾部绝缘间设置的轨道电路，即为编组线警冲标区段轨道电路。编组线警冲标区段轨道电路可两股道合用一个轨道电路区段，也可以每股道各设一个。

知识点 4　按钮柱

按钮柱是为了方便现场作业人员发现危及作业安全时能及时关闭驼峰信号而设置的，一般在每架驼峰信号机的前方、其推送线的左侧适当地点设置。按钮柱一般每条推送线设两个，第一个设在峰顶脱钩点附近，距驼峰信号机 10～15 m；第二个距第一个 50～60 m。如图 8-2 中的驼峰信号机 T_1 设有 AZ_2 和 AZ_4，驼峰信号机 T_2 设有 AZ_1、AZ_3 等。

知识点 5　限界检查器

凡装设减速器的驼峰调车场，为了检查车辆下部是否侵入车辆减速器限界，确定该车辆是否能顺利通过减速器，在其推送线上均应装设限界检查器。遇有不符合限界检查器规定限界的溜放车组时，可及时关闭驼峰信号，停止溜放作业，以免撞坏减速器。车辆限界检查器一般设于距离峰顶 80～100 m 处，如图 8-2 中的 XJQ_1 和 XJQ_2。

知识点 6　调速设备

在驼峰解体车辆的溜放作业过程中，为保证前后钩车之间的间隔，并使溜放车组能够停在调车线的指定地点或与停留车安全连挂，需要使用调速设备对溜放车组的速度进行控制。目前使用的调速设备主要是车辆减速器和减速顶。

压力式钳形减速器

1. 车辆减速器

车辆减速器是驼峰调车场的主要调速设备，我国目前使用的均为压力式钳形减速器。制动时，由制动钳带动制动梁，使制动夹板夹住车轮侧面，依靠摩擦力使车辆减速，如图 8-4 所示。车辆减速器用于实现点式调速，按控制原理可分为重力式和非重力式两种，按动力来源可分为气动、液压、电动三种。我国目前使用的减速器主要是 T-JK 型。

图 8-4　车辆减速器

2. 减速顶

减速顶

减速顶是一种不需要外部能源，可以自动控制车辆溜放速度的调速工具，用于实现连续式调速，如图 8-5 所示。

当车辆的走行速度低于减速顶的临界速度（如 5 km/h）时，减速顶不起减速作用；当车辆的走行速度高于减速顶的临界速度时，减速顶对车辆产生减速作用。

所谓的临界速度是由减速顶吸能帽内的弹簧决定的。当车辆溜放速度低于减速顶的临界速度时，吸能帽虽被压下，但不能形成压力，没从车轮吸收能量，因此减速顶不对车辆起减速作用。而当溜放速度高于减速顶临界速度时，吸能帽下压速度很快，由于其油腔以一定的压力通过安全阀而消耗功，从而起减速作用。

图 8-5　减速顶

减速顶的优点是灵敏度高、性能良好、维修简便，是一种较好的调速工具，在我国的驼峰调车场被广泛应用。

除上述调速设备外，在驼峰调车场使用的调速设备还有绳索牵引小车、加速顶、加减速顶、微机可控顶等。

8.2.3　知识拓展

自动化驼峰调车作业过程

知识拓展

8.2.4　相关规范、规程与标准

《铁路技术管理规程（普速铁路部分）》相关规定

相关规范、规程与标准

8.2.5　任务工单

<table>
<tr><td rowspan="2">任务名称</td><td rowspan="2" colspan="2">驼峰信号设备的应用与操作</td><td>姓名</td><td></td></tr>
<tr><td>日期</td><td></td></tr>
<tr><td colspan="5">操作方法：
（1）根据参观学习结果，搜集资料，写出驼峰信号设备的组成。
（2）说出各驼峰信号设备的作用</td></tr>
<tr><td colspan="5">操作中存在的问题及解决方法：</td></tr>
<tr><td>项目</td><td>赋分</td><td>自评得分</td><td>互评得分</td><td>教师评分</td></tr>
<tr><td>正确理解知识</td><td>25</td><td></td><td></td><td></td></tr>
<tr><td>业务分析处理方法得当</td><td>20</td><td></td><td></td><td></td></tr>
<tr><td>表达清晰准确</td><td>20</td><td></td><td></td><td></td></tr>
<tr><td>业务处理结果正确</td><td>35</td><td></td><td></td><td></td></tr>
<tr><td>综合得分</td><td colspan="4">（自评得分 10%，互评得分 30%，教师评分 60%）</td></tr>
</table>

8.2.6 任务考核

一、填空题

（1）调车场头部咽喉区的信号机，分为____________和______________两种。

（2）驼峰信号机采用____________、__________、___________形式，从上至下有____________、_____________、____________、_____________4 个色灯。

（3）驼峰调车场的轨道电路有______________、_____________、______________ 3 种类型。

（4）车辆减速器主要用于实现_________调速，按控制原理可分为____________和__________两种，按动力来源分为__________、____________、____________三种。

二、选择题

（1）驼峰信号机显示一个绿色灯光表示（　　）。

A. 准许机车车辆按规定速度向驼峰推进

B. 指示机车车辆加速向驼峰推进

C. 指示机车车辆减速向驼峰推进

D. 指示机车到峰下

（2）驼峰信号机显示（　　）表示指示机车车辆去禁溜线。

A. 一个绿色闪光灯光

B. 一个黄色闪光灯光

C. 一个红色闪光灯光

D. 一个月白色闪光灯光

三、判断题

（1）驼峰信号机设在驼峰调车场的峰顶上，用来指示调车机车能否向峰顶推送车列，以及用多大速度推送车列。（　　）

（2）驼峰辅助信号机平时显示红色灯光，对到达列车起停车信号作用。（　　）

（3）调车表示器向牵出线方向显示一个白色灯光，表示准许机车车辆自调车区向牵出线运行。（　　）

（4）当车辆的走行速度低于减速顶的临界速度时，减速顶不起减速作用。（　　）

四、简答题

（1）驼峰信号设备由哪几部分组成？

（2）驼峰信号机有哪些显示？分别表示什么含义？

（3）驼峰调速系统包括哪些设备?分别有什么特点？

工作任务 8.3　驼峰自动化应用与操作

8.3.1　工作任务

任务名称	驼峰自动化应用与操作	工单号	
姓名		专业	
日期		班级	
拟完成工作任务： 驼峰自动化要求驼峰调车场具备自动化驼峰测量设备、驼峰溜放进路自动控制、驼峰溜放速度自动控制和驼峰机车推峰速度自动控制系统等功能。学生通过现场参观或实训室作业，认识实现驼峰自动化的各种设备组成、功能及特点			
任务目标： 1. 知识目标： （1）掌握驼峰自动化控制的基本要求。 （2）了解自动化驼峰的测量设备。 （3）了解驼峰溜放进路自动控制的基本原理。 （4）了解驼峰溜放速度自动控制的基本原理。 （5）了解驼峰推峰速度自动控制的基本原理。 2. 能力目标： （1）熟悉自动化驼峰调车作业过程； （2）熟悉编组站综合自动化系统。 3. 思政目标： （1）认识到驼峰在编组站的重要作用。 （2）了解调车人员的职业素养。 （3）培养学生正确的安全观、足够的安全意识			
学习重点：驼峰自动化的基本要求			
学习难点：驼峰溜放进路、溜放速度、推峰速度自动控制的基本原理			
教学所需设备：编组站教学沙盘			

8.3.2　相关配套知识

驼峰作业自动化是编组站现代化的重要组成部分。为了进一步提高铁路的运输能力，保证作业安全和改善职工的劳动条件，必须发展自动化驼峰。

知识点 1　自动化驼峰测量设备

自动化驼峰测量设备包括测速设备、测阻设备、测长设备和测重设备。

1. 测速设备

在自动调速系统中，为了对减速器实行自动控制，需提供溜放车组在该调速部位的实际走行速度。为了取得这一数据，自动化驼峰必须具备测速设备。目前广泛采用的测速设备是多普勒雷达。多普勒雷达的测速原理是：雷达天线向运动车组发射微波波束，微波波束被运动车组反射回来，反射波的频率不同于发射波的频率，二者的差值称为多普勒频率，它与车组速度成正比。通过测得多普勒频率，即可得到车组的实际溜放速度。

2. 测阻设备

车组在溜放过程中，溜放速度受车组溜放过程中阻力的影响较大。因此，在自动调速系统中，需要掌握车组的溜放阻力才能实现精确调速。在自动调速系统中，用来测量车组溜放阻力的设备称为测阻设备。

通常利用一组车轮传感器（又称踏板）构成测阻区段，车轮经过车轮传感器时产生电信号，记录车轮经过测阻区段的时间即可计算车辆的平均速度，进而得到加速度和运行阻力。

3. 测长设备

在自动调速系统中，调车线的空闲长度是指Ⅲ部位（即目的制动位）减速器的出口至最近停留车辆之间的距离。在自动调速系统中，通过测量调车线空闲长度来掌握车组的溜放距离，从而为给定Ⅲ部位减速器的出口速度提供依据。自动调速系统中必须具备测量调车线空闲长度的设备，即测长设备。

测长设备测量取得的调车线空闲长度，不仅可以作为自动调速系统判定第Ⅲ部位减速器出口速度的依据，而且在自动化系统中还有其他作用。例如，根据调车线空闲长度和该线的现存车辆数，可推算出该线车组之间的“天窗”总长度，据此可判定是否需要机车下峰整理。又如根据调车线空闲长度便可确定该线尚能容纳的车辆数，据此计算机可自动编制出调车作业计划。

测长可利用不同的设备来实现，目前我国广泛采用的测长设备是音频轨道电路。音频轨道电路测长的原理是：在一定条件下，轨道电路的短路输入阻抗与短路点至始端（即送电端）的距离近似成正比，利用这种正比关系即可测得轨道电路区段的“空闲”长度。

4. 测重设备

车组在溜放过程中，加速度的大小与车组的重量有很大关系。车组重量是非重力式减速器确定制动等级的依据之一，在自动化的编组作业中，利用测重设备还可以统计编组列车的总重。因此，车组重量是自动调速系统的一项重要参数，测重设备是自动化系统不可缺少的基础设备。

目前，各国所采用的测重设备种类很多，我国采用的测重设备主要是塞钉式压磁传感器。塞钉式压磁传感器安装在钢轨轨腰上，利用压磁效应测量轮重所产生的剪应力，并将其变换成电信号来实现测重。实际工作中，将车辆按其重量分成四个等级：一级车不超过 23.0 t；二级车为 23.1～40.0 t；三级车为 40.1～55.0 t；四级车大于 55.0 t。

知识点 2 驼峰溜放进路自动控制系统

自动化驼峰采用微机控制系统，能自动储存进路命令和排列溜放进路，所以称为驼峰溜放进路自动控制系统。

驼峰溜放进路自动控制系统的主要设备有：工业控制计算机、带键盘的显示终端、调车作业单打印机和峰顶摘钩显示盘等。

调车区长编制的解体作业计划，有自动和人工两种输入方式。驼峰溜放进路自动控制系统与编组站信息处理系统联网，可以自动接收解体计划。人工输入解体计划时，逐钩输入。用鼠标点击或用键盘输入命令即可进行自动溜放作业。

进行调车作业时，由控制计算机向全场各调车作业点的打印机发出打印命令，各作业点打出调车作业单，作为解体作业的依据。

溜放作业开始后，由于控制计算机及时向有关分路道岔发出控制命令，使其在规定的时间内转换到要求的位置，为各车组逐段排列溜放进路。同时，峰顶摘钩显示盘可显示出当前的溜放钩序和最近三个车组的辆数，以便摘钩员摘钩，并且在驼峰控制台上显示车次、钩序、股道和辆数等信息。

系统储存容量可根据需要确定，还具有自动判断并处理追钩、溜错股道和“钓鱼”等情况的功能。此外，该系统还具有检测、报警等功能。

知识点 3　驼峰溜放速度自动控制

当驼峰解体车列时，为了使溜放车组间保持必要的间隔，使道岔按要求转换，不出现两溜放车组占用同一减速器，不发生追尾、侧撞等不安全现象，保证溜放车组进入调车线后仍能以允许的连续速度（不超过 5 km/h）与停留车安全连挂，必须设置驼峰溜放速度自动控制系统。该系统由调速设备、测量设备和控制设备组成。

1. 调速原理

自动化驼峰的间隔调速和目的调速，都是在计算机的控制下进行的。首先，利用测量设备测出与间隔调速有关的前行车组驶出调速位的出口速度、前后车组的距离、前后车组的难易组合情况、前后车组的分歧道岔位置，与目的调速有关的调车线空闲长度、车组的溜放阻力、调车线的坡度、车辆的允许连挂速度等有关参数，经计算机采集并计算出减速器的最佳出口速度，自动控制减速器进行调速。

2. 调速方式

按调速工具的类型和配置的不同，溜放速度的调整大致分为点式、连续式和点连式三种方案。

1）点式调速

这种调速方式也称全减速器控制方式，采用四个减速器制动位（如图 8–6 所示），其中第一、二制动位设在驼峰头部咽喉区，以间隔制动为主；第三、四制动位设置在调车场股道内，以目的制动为主。

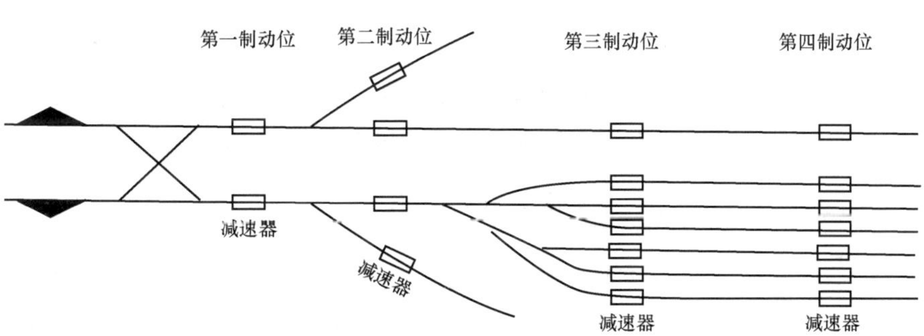

图 8–6　点式调速

这种调速方式的单位制动能力大，能提高推峰速度和溜放速度，作业效率高，控制灵活，适应能力强。缺点是投资大，当控制范围较大时安全连挂率低。

2）连续式调速

这种调速方式也称全减速顶控制方式。调车场内不设置减速器，用密集的减速顶代替减速器，如图 8–7 所示。

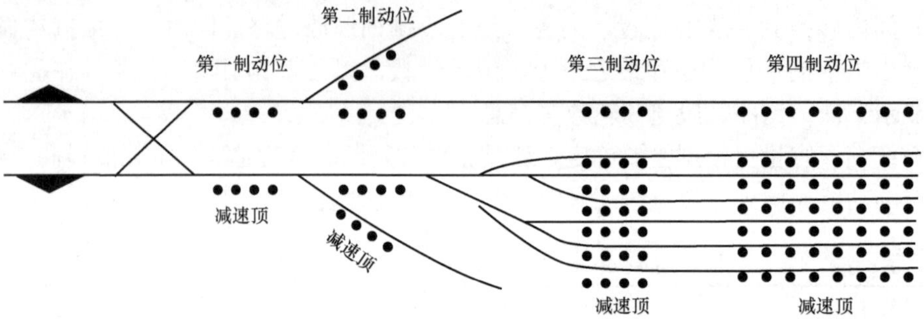

图 8-7 连续式调速

这种调速方式不需要外加测控设备或控制设备，而且能够连续调速。缺点是减速顶的养护、维修工作量大，只适用于对安全连挂速度要求苛刻（速度低）和对解体能力要求不高的小能力驼峰调车场。

点连式调速设备

3）点连式调速

这种调速方式的第一、二制动位用减速器实现间隔制动，第三制动位装设减速器，第四制动位装设减速顶，即目的制动采用点式加连续式的控制方式，如图 8-8 所示。

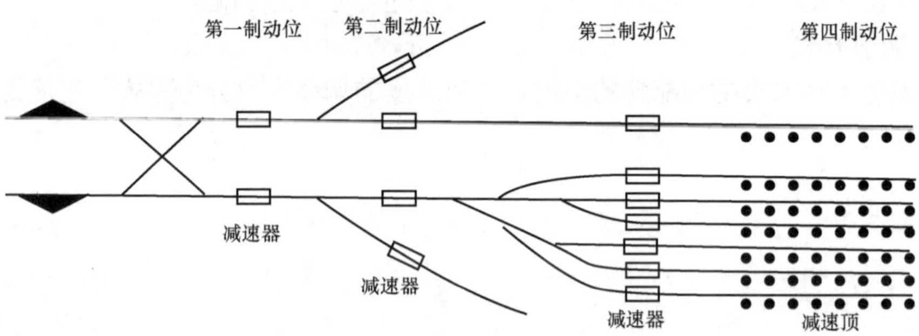

图 8-8 点连式调速

这种调速方式第三制动位制动能力大、调节速度宽，有利于车组以较高速度通过道岔区进入调车线，从而提高驼峰解体能力。因此，这种调速方式适应了我国铁路允许连挂速度低、要求解体能力高的特点，在我国驼峰调车场应用较多。

知识点4 驼峰机车推峰速度自动控制

驼峰机车推峰速度自动控制系统是在驼峰解体过程中对推峰机车推送作业进行自动控制的系统。为了提高作业效率，解体车列时要求推峰机车以允许的最高速度进行推峰。允许的最高速度受车组长度、相邻车组的分歧道岔位置、车组的溜放距离和相邻车组的难易组合情况等因素的影响，人工很难给出各车组的最佳推峰速度，需要利用计算机采集这些参数，并利用计算机计算出允许的最高推峰速度，然后通过无线遥控系统自动控制机车推峰。

从机车进入推峰股道与列车连挂完毕、值班员办理了驼峰机车推峰作业且司机按下遥控按钮后开始，直到驼峰解体作业结束停止、传送遥控命令，在此过程中机车完全按照值班员发出的控制指令或计算机送出的自控命令，完成自动起动、速度自动调整、前进、后退、停车、制动与自动鸣笛等功能，并可靠地实现司机手动操作与计算机控制操作的相互转换。预推作业中，按规定的推峰速度，推到峰顶规定地点停车。

主推作业中，系统根据调车通知单上车组自身参数和与其他车组的关系，计算出每个车组的推峰速度或由调车人员根据上述关系给定控制命令，发送给机车遥控设备，控制机车连续调整推峰速度，机车遥控工作显示器可显示控制命令、预推减速区段走行距离、预推停车距离、驼峰机车信号、机车工作状态及有关语音和声光报警。

在推送作业过程中，机车设备可以不断向地面设备回送推峰机车的作业状况，包括作业股道、机车实际走行速度及机车司机是否使用机车的遥控设备控制机车工作，并可在自动化系统的值班员控制台显示。

驼峰机车推峰速度自动控制提高了驼峰解编效率，改善了司机的劳动条件，提高了推峰作业的安全性能，解决了在雨天、雾天天气不良的条件下推峰作业的安全及效率问题。

知识点 5 编组站综合自动化系统

编组站综合自动化包括从列车到达、推峰、解体、溜放、编组直至新编列车出发全生产过程的管理和车辆控制的全部自动化，可大幅度提高路网编组站的解编能力。

编组站综合自动化的最主要子系统是信息处理系统和驼峰作业过程控制系统。信息处理系统利用计算机和通信网完成编组计划编制和信息管理。驼峰作业过程控制系统由可靠的工业计算机构成推峰机车遥控子系统、溜放进路控制子系统和溜放速度控制子系统，并由上位管理机通过网络与各子系统相连，实现各系统间的通信、监控等功能，构成多微机的集散式组态结构。

编组站综合自动化的总体目标是将编组站已有的溜放速度控制、进路控制、车辆管理、信息管理、决策管理等集成为一体，通过建立编组站统一的综合信息管理与控制平台，完成计划自动编制与调整、计划自动执行与集中控制、作业过程自动控制，实现作业管理和控制结合、路局调度与车站调度一体化、运输管理与决策支持智能化，提高编组站作业能力和效率，保障运输安全生产，使编组站信息管理和生产过程全面自动化。

我国驼峰自动化技术已跨入国际先进行列，而编组站整体上仍然处于不同独立分系统简单堆砌在一起的落后状态。为了实现铁路的跨越式发展，我国研发了以信息共享为核心、管控一体化为目标的编组站综合集成自动化系统（CIPS）。

CIPS 以信息集成为核心，以现代化管理技术、生产技术、信息技术、自动化技术、系统工程技术为基础，实现了编组站的控制、调度、管理、经营、优化、决策一体化。在铁路局集团公司各信息系统的指挥下，CIPS 通过车站内部横向综合集成隶属不同信息系统的数据，实现编组站内列调计划的自动生成和自动执行，以及编组站内计划与控制执行的互动，使编组站形成智能闭环系统，突出整体效益。

CIPS 通过管控一体化来实现综合自动化。所谓管控一体，是以控制系统为核心，通过扩大控制的外延，包容信息系统，形成的一体化系统。CIPS 的计划更接近控制系统的指令集，例如在编制调车计划时就预排执行进路，不允许编制当前无法执行的计划。因此 CIPS 的计划都是可以转化为控制指令的真实计划，这是系统自动化的重要保证。

8.3.3 知识拓展

SAM 系统相关知识

知识拓展

8.3.4 相关规范、规程与标准

《铁路技术管理规程（普速铁路部分）》相关规定

相关规范、规程与标准

8.3.5 任务工单

<table>
<tr><td rowspan="2">任务名称</td><td rowspan="2">驼峰自动化应用与操作</td><td>姓名</td><td></td></tr>
<tr><td>日期</td><td></td></tr>
<tr><td colspan="4">1. 根据参观学习结果，搜集资料，写出驼峰自动化的内容及其原理。</td></tr>
<tr><td colspan="4">2. 扫描二维码，阅读“新时期铁路精神示范人物——霍贵荷一线行车科班生”的故事，结合本项目的学习，谈谈你对新时期铁路精神的认识。
案例：新时期铁路精神示范人物——霍贵荷一线行车科班生</td></tr>
</table>

项目	赋分	自评得分	互评得分	教师评分
正确理解知识	25			
业务分析处理方法得当	20			
表达清晰准确	20			
业务处理结果正确	35			
综合得分	（自评得分 10%，互评得分 30%，教师评分 60%）			

8.3.6　任务考核

一、填空题

（1）自动化驼峰的测量设备包括____________、____________、____________和____________。

（2）按调速工具的类型和配置的不同，溜放速度的调整大致分为__________________、________________、________________三种方案。

（3）自动化驼峰的________调速和________调速，都是在计算机的控制下进行的。

（4）驼峰溜放速度自动控制系统由____________、____________、____________组成。

二、判断题

（1）自动化驼峰采用微机控制系统，能自动存储进路命令和排列溜放进路，所以称为驼峰溜放进路自动控制系统。（　　）

（2）连续式调速方式也称为全减速顶控制方式。（　　）

（3）根据调车线空闲长度可确定该线尚能容纳的车辆数，据此计算机可自动编制出调车作业计划。（　　）

三、简答题

（1）驼峰自动化有哪些要求？

（2）简述驼峰溜放进路自动控制的基本原理。

（3）简述驼峰溜放速度自动控制的基本原理。

（4）简述驼峰推峰速度自动控制的基本原理。

项目 9　铁路专用通信应用与操作

【项目描述】

覆盖全路的铁路通信网是直接为铁路运输生产和铁路信息化服务的通信设施，而铁路通信在铁路运输中的作用体现在组织运输、提高效率、保证安全和提高经营管理水平。本项目重点介绍铁路专用通信设备的组成、功能和操作方法。

【知识目标】

① 了解铁路专用通信设备的组成。
② 理解铁路专用通信设备的工作原理。
③ 掌握铁路专用通信设备的操作方法。

【案例导入】

【案例概况】××××年×月×日 22 时 07 分，主体施工单位 A 公司与共用施工单位 B 公司在共用施工天窗期间（A 公司在京九线 a 站至 b 站 I 道、3 道、5 道及两端咽喉区至 c 站间下行线进行新建接触网调整施工，B 公司在 b 站进行 CTC 电务功能调试施工），由于 A 公司路用列车（编组 5 辆）在返回 b 站的运行途中，关闭列车无线调度通信设备，在未确认列车进路情况下臆测行车，致使路用列车运行至 3 号道岔处时第一位轨道车和第二位平车脱轨，脱轨后走行 37 m，损坏 5 号道岔。轨道平车小破 1 辆，轨道车小破 1 辆；损坏提速道岔尖轨 2 根、Ⅲ型轨枕 20 根、扣件 40 套；损坏 ZYJ7 电液转辙机 4 台、道岔安装装置 2 套。中断京九下行线行车 2 h 48 min，导致 4 趟旅客列车、5 趟货物列车晚点，构成铁路交通一般 B 类事故。

【原因分析】

（1）主体施工单位 A 公司在实施施工计划时，施工前没有协调制定完善的共用天窗施工方案和安全措施，未组织共用单位召开共用天窗施工协调会，未履行主体施工单位基本职责。

（2）当班调度员责任心不强，未详细了解施工单位登记及施工负责人到岗情况，就下达了共用天窗施工命令。

（3）施工中，驻站联络员擅离职守，中断了车站行车指挥与现场施工负责人（防护员）的联系，特别是没有将 B 公司已开始 CTC 功能调试这一重要信息报告给施工负责人，致使施工负责人没有掌握共用天窗单位 B 公司的施工作业情况。更为严重的是，驻站联络员擅离职守，在不了解线路行车的情况下，凭臆测告诉路用列车司机 3 道进路已好，误导司机违章驾驶。

（4）轨道车司机在返回车站途中关闭列车无线调度通信设备，臆测行车，导致车站多次呼叫无法联系上，轨道车在没有确认进路状态的情况下盲目进站。

上述行为，违反《铁路营业线施工安全管理办法》（铁办〔2008〕190 号）第 11 条、《技规》第 270、313、314 条之规定，是造成事故的主要原因。

【经验教训】

（1）共同施工必须加强协调。作为主体施工单位，共用天窗施工时必须按照规定组织召开共用施工天窗协调会，针对共用天窗布置安全重点监控事项，对共用天窗施工作业过程中可能产生的安全隐患，采取有效的卡控措施，避免两个施工单位交叉作业时的安全失控。

（2）防护职责需严格履行。A 公司驻站联络员在施工过程中擅离职守，中断了车站行车指挥与现场施工负责人（防护员）的联系，当路用列车司机询问可否进站时，驻站联络员在没有回到行车室查看行车状况的情况下就臆测回答“3 道进路好”，向路用列车司机提供错误信息。

（3）行车规章须严格执行。A 公司路用列车司机在返回 b 站时，不执行联控制度，违章擅自关闭了列车无线通信设备，导致车站多次呼叫无法联系上，运行过程中不确认进路，臆测行车，错失了防止事故发生的关键时机。

工作任务 9.1　地面专用通信应用与操作

9.1.1　工作任务

<table>
<tr><td>任务名称</td><td>地面专用通信应用与操作</td><td>工单号</td><td></td></tr>
<tr><td>姓名</td><td></td><td>专业</td><td></td></tr>
<tr><td>日期</td><td></td><td>班级</td><td></td></tr>
<tr><td colspan="4">拟完成工作任务：
（1）配合接发车实训作业，掌握调度电话、车站行车电话的基本功能和操作方法。
（2）参观综合视频监控设备，掌握综合视频监控设备操作方法。
（3）参观电视电话会议室，了解会议通信系统的功能，了解铁路电视电话会议制度</td></tr>
<tr><td colspan="4">任务目标：
1. 知识目标：
（1）了解铁路专用通信系统的组成。
（2）掌握调度电话的功能、组成及操作方法。
（3）了解电话集中机的功能。
（4）了解站场通信系统、会议通信系统。
（5）了解综合视频监控系统的设备组成及功能。
2. 能力目标：
（1）能够正确使用调度电话、车站行车电话，掌握其操作方法。
（2）能够正确使用铁路会议电视系统。
（3）能够正确使用综合视频监控系统。
3. 思政目标：
（1）认识到铁路专用通信系统在组织及指挥铁路运输及生产中的作用和意义。
（2）熟悉铁路专用通信的有关技术管理规程。
（3）树立安全意识，培养遵章守纪的自觉意识和高度的责任感</td></tr>
<tr><td colspan="4">学习重点：
（1）调度电话、电话集中机的功能；
（2）站场通信系统、会议通信系统、综合视频监控系统的功能</td></tr>
</table>

续表

学习难点： （1）调度电话、车站行车电话的使用。 （2）铁路会议电视系统、综合视频监控系统的使用
教学所需设备：调度电话，电话集中机，综合视频监控系统，铁路会议电视系统及接发车实训系统等

9.1.2 相关配套知识

知识点1 铁路专用通信概述

1. 铁路通信

铁路通信是专门为铁路运输生产、经营管理、生活服务等建立的一整套通信系统，是铁路实现集中统一指挥的重要手段，是保证行车安全、提高运输效率和改进管理水平的重要措施。

铁路通信主要由传输网、电话网和铁路专用通信网组成。其传输系统主要以光纤数字通信为主，为信息的传递提供大容量长途通路；其电话交换以程控交换机为主要模式，利用交换设备和长途话路，把全路各级部门联系在一起。

2. 铁路专用通信

铁路专用通信系统一般是指专用于组织及指挥铁路运输及生产的专用通信设备，直接为运输生产一线服务，不与公务通信网连接，应满足指挥列车运行、组织运输生产和进行公务联络等要求，能传输电话、电报、数据、传真、图像等话音和非话音业务信息，必须保持良好的通信质量，做到迅速、准确、安全、可靠。

铁路专用通信系统主要包括调度电话、专用电话、公用电话及区间电话和站间电话等。此外还为铁路调度集中系统、牵引供电远动系统、车辆故障检测系统、自动闭塞、电力远动系统和低速数据传输系统提供传输通道。

知识点2 调度电话

1. 调度电话的组成

调度电话是指为列车调度员指挥列车运行而设置的专用电话，又称列车调度电话。通过该系统，列车调度员可向调度区内有关人员下达命令，并负责组织实现运输方案编组计划及列车运行图。在每个铁路区段都设置列车调度电话，而其区段的划分与运输指挥的调度区保持一致。在铁路枢纽内，根据需要可单独设置枢纽列调电话。

调度电话由列车调度电话总机、列车调度电话分机两部分组成。列车调度电话总机设置在调度机械室，其通话及呼叫设备在调度室。列车调度电话分机设置在车站（车场）值班员、车站调度员、机务段（折返段）值班员、列车段（车务段）派班员、机车调度员及电力牵引变电所值班员处。在调度区的分界站，也设置相邻调度区的列车调度电话分机。

为了更加灵活、方便地进行调度电话通信，调度电话必要时还应能使调度员与该区段中行进的列车司机相互通话，为了适应这种情况，还需要有列车无线调度电话。列车无线调度电话简称无线列调，是为铁路行车指挥和列车作业人员之间进行联络所设置的专用无线调度电话，在保证列车正点运行、防止事故、提高通过能力、降低机车能耗及救援抢险等方面具有重要作用，是重要的铁路行车通信设备。

无线列调由无线电台、控制设备、转接设备及附属设备组成，其特点是：设置在调度集中、自动闭塞及其他特殊条件的区段，按机车交路设计，兼顾列车调度区段的划分。它主要用于列车调度人员、电力调度人员、车站（场）值班人员、机车司机、机务段值班人员、机车调度人员以及运转车长等铁路工作人员指挥作业和业务联络。

2. 调度电话的使用

调度电话为共线连接，采用双向单工的总机定位受话、调度员选叫分机通话方式。

1）总机定位受话

当车站值班员呼叫调度员时，摘机后直接说话即可。调度员讲话时，需踩下踏键，使送（受）话电子转换开关动作，接通送话放大器。

2）调度员选叫分机

调度员按下被选分机的选叫键，总机发出呼叫该站的选叫信号。车站值班员摘机应答，相应用户灯亮。

铁路数字调度通信系统的调度台有按键式和触摸屏式两种，如图 9–1、图 9–2 所示。调度台主要由显示部分、按键部分、通话手柄、外部接口构成，内置扬声器和 MIC。显示部分是点阵式液晶显示器，按键部分包括数字键、功能键、呼叫键。

图 9–1　按键式调度台

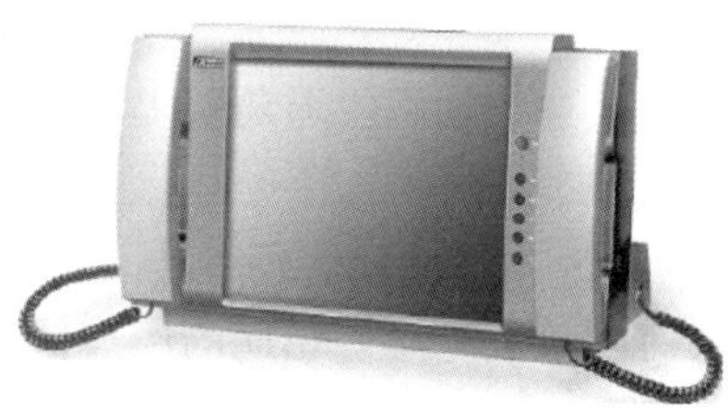

图 9–2　触摸屏式调度台

调度员的操作台主要功能包括：

① 单呼、组呼、全呼、会议、广播；

② 呼叫转接、呼叫转移、呼叫保持；

③ 紧急组呼；

④ 强拆、强插；

⑤ 屏蔽、分隔。

调度员的呼叫方式主要包括：

① 调度员以单呼（车次号功能寻址/MSISDN 号码方式）、组呼、广播方式呼叫调度辖区内的机车司机。

② 调度员以单呼、组呼方式呼叫调度辖区内的车站值班员。

③ 调度员组呼调度辖区范围内的机务段（折返段）运转、列车段（车务段、客运段）、电力牵引变电所等值班员并通话。

④ 调度员向调度辖区范围内的车站值班员、机车司机、助理值班员、工务人员、道口人员发起公共紧急组呼。

机车司机可向所属调度辖区的调度员及相邻的车站值班员、机车司机、助理值班员、工务人员、道口人员发起铁路紧急呼叫。

知识点3 电话集中机

1. 电话集中机的概念及分类

电话集中机是将车站值班员使用的、与行车有关的各种电话集中在一起的综合电话设备，是供值班员与站内各部门业务联系的直通电话。

电话集中机种类很多，早期生产的有 CZH 型（如图 9-3 所示）、JHT 型等。近年来，数字式集中电话被广泛应用，数字式集中电话如图 9-4 所示。

图 9-3 CZH 型电话集中机

图 9-4 数字式集中电话

2. 电话集中机的功能

1）呼出

默认状态为使用主通道免提（扬声器）方式呼出时对应用户按键绿灯闪。使用辅通道呼出时，红灯闪。

2）呼入

当有呼入来电时，相应的用户按键的指示灯红绿交替闪烁，按下固定功能键区的“接听”键，或者按下当前指示灯正在闪烁的用户键，都可以实现接听功能。默认为主通道接听。

3）第三方呼入

当主通道在使用时若有用户呼入，则操作台使用方式为：默认使用主通道接听，主通道原有呼叫被保持；拿起手柄则使用辅通道接听，不影响主通道通话。

当主、辅通道都被占用，却需要呼叫第三个号码时，主通道被保持，辅通道通话不受影响，通话结束后可逐一将保持的通话转为正常通话，直至挂机。

除上述功能外，还可具有呼出列车车次号等功能。例如，需要呼叫 Z133 时，从用户按键区中按压“Z”键，再从拨号盘拨“133”后，按压“本务司机”键，最后按压“CALL”键，实现呼叫 Z133 司机。

知识点4 站场通信系统

站场通信系统包括站场扩音对讲系统、站场无线通信系统及客运广播系统。

1. 站场扩音对讲系统

站场扩音对讲系统包括行车作业系统使用的对讲设备及调车作业系统使用的对讲设备。

① 行车作业系统指的是到发场接发列车作业和列检作业。接发列车作业由车站值班员指挥，列检作业由列检值班员指挥，分别连接有关用户进行扩音对讲。

② 调车作业系统指的是编组场的列车解体、溜放和编组作业，应设置以驼峰调车区长为中心，连接所属各部门用户进行扩音对讲系统。

扩音对讲设备由电话集中机、扩音机、扩音转接机、室外扩音通话柱、扬声器等部分组成，室内值班人员与室外作业人员可以互相对讲，并且室内值班人员和室外作业人员都可以向室外扩音。

2. 站场无线通信系统

站场无线通信系统是站场流动作业人员横向之间和流动作业人员与固定作业人员纵向之间联系使用的通信系统。为保证作业人员的安全和提高工作效率，应采用站场无线通信系统。流动作业人员携带袖珍电台与固定工作人员处设置的固定电台联系，或流动作业人员相互间通过袖珍电台相联系。站场无线通信系统可以代替站场内的有线电话和扩音对讲设备，并且灵活方便，降低站场噪声，是发展站场通信的方向。

站场无线通信可根据站场具体情况，以有线与无线结合方式构成，也可全部按无线方式构成。

3. 客运广播系统

客运广播系统供客运作业使用。在客运站或旅客最高峰人数大于 300 人的客货运站可装设客运扩音设备。客运扩音设备应设在广播室或邻近的通信机械室内，广播室应设在便于瞭望旅客乘降及列车到发的地点。

为了便于客运服务，客运扩音设备常采用分路输出，即通过分路控制设备可以分别向候车室、各站台、站前广场等处进行广播。

知识点 5　会议通信系统

会议通信系统是利用现代通信网络，在远程异地以电视方式召开实时、双向、交互式的电视会议的一种通信方式。它能实时传输与会者的形象、声音、会议资料和相关事物的图像，这种方式便于使用者远程商讨工作、提高工作效率。

铁路部门使用的会议通信系统是会议电视系统，包括音频会议系统（即电话会议系统）和视频会议系统（即电视电话会议系统）。该系统通常由会议电视终端、IP 网络、多点控制单元（MCU）、网守（GK）等组成，其拓扑结构如图 9–5 所示。

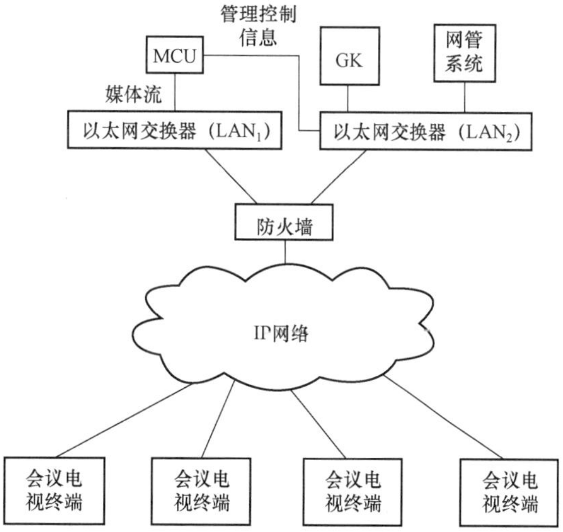

MCU—多点控制单元；GK—网守。

图 9–5　铁路会议电视系统拓扑结构

1. 铁路会议电视系统的控制功能

① 会议的控制可通过会议终端的管理终端或遥控器两种方式完成。

② 主会场应能操作分会场的全部受控摄像机的动作，调整画面的内容和清晰度。

③ 主会场应能对分会场进行音量调节、静音、闭音操作。

④ 主会场应能对分会场进行广播、轮询操作。轮询的间隔时间和轮询的会场可以人工设置。

⑤ 主会场应能对会议进行延长、结束等操作。

⑥ 主会场应能任意选择主席控制切换方式、导演控制切换方式、语音激励切换方式等。

⑦ 除主会场与发言会场可以进行对话外，还允许1～2个会场进行插话。

⑧ 任何会场均有权请求发言，申请发言的信号应显示在比较显眼的位置。

⑨ 根据需求，系统能实现字幕功能，并能实时修改、叠加。

⑩ 会议进行中，应能实现某一会场的实时加入。

2. 铁路会议电视系统的管理功能

① 用户管理：包括用户的开户/销户、终端的注册/注销、用户和终端信息的管理、用户的信息查询，以及用户的分类和分组管理、终端分类和分组管理。

② 会议电视控制管理：包括会议的预约、创建、延长、取消、结束等管理。

③ 设备维护管理：包括故障管理、性能管理、配置管理、安全管理。

④ 业务统计管理：包括数据和日志的日常维护管理及业务的统计、分析等。

另外，会议电视系统各会场之间应提供业务联络电话。

知识点6 综合视频监控系统

综合视频监控作为一种传统视频技术与现代通信技术相结合的产物，在铁路行业得到广泛应用与发展。综合视频监控系统是铁路行车设备的重要组成部分，主要监控区域包括车站咽喉区、车站行车室、车站机房、信号中继站、公跨铁立交桥等。综合视频监控系统构建了统一的技术平台，共享一个视频传输网络，满足调度、车务、货运、客运、机务、工务、电务、车辆、公安、防灾监控、牵引供电和电力、救援抢险、应急管理等部门的多种需求，在行车方面发挥了不可替代的作用。

1. 综合视频监控系统的结构

综合视频监控系统的结构如图9-6所示，主要设备包括摄像机、视频光端机、编/解码器、管理服务器、分析服务器、数据服务器、存储设备、路由器、网络交换机及显示设备等，直接服务于铁路客货运生产，国铁集团、铁路局集团公司、站段等各级用户根据需要可以选择实时调用或回放各视频采集点的视频图像，是运输安全的重要监控手段。

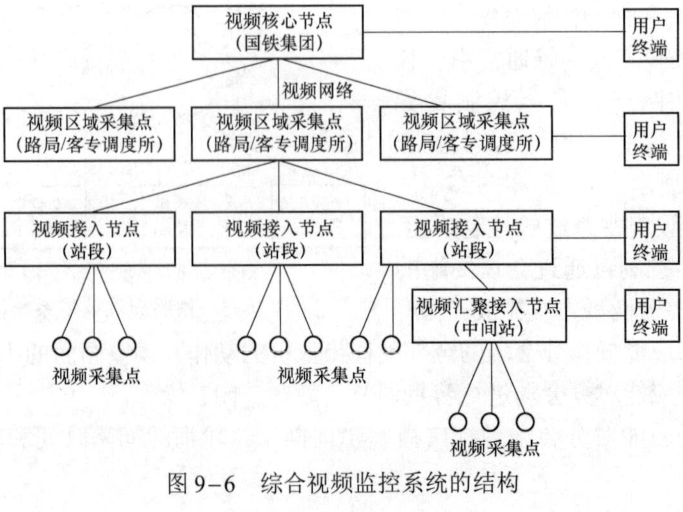

图9-6 综合视频监控系统的结构

2. 综合视频监视系统的主要功能

① 支持多用户同时实时监视和调看视频图像信息，为多业务部门提供监视图像。

② 具有对监视区域的图像进行远程控制和分级管理的功能。

③ 具有图像存储记录功能和多级分发功能，能够对存储图像进行检索和回放。

④ 图像信息和声音信息具有原始完整性，并能实现多画面组合和分割显示。

⑤ 具有与其他系统互联或告警联动的功能，具备视频丢失告警功能。

9.1.3 知识扩展

1. 调度电话盘面与操作
2. 铁路通信发展历程

知识拓展

9.1.4 相关规范、规程与标准

1.《铁路技术管理规程（普速铁路部分）》相关规定
2.《铁路技术管理规程（高速铁路部分）》相关规定

相关规范、规程与标准

9.1.5 任务工单

<table>
<tr><td rowspan="2">任务名称</td><td rowspan="2" colspan="2">地面专用通信设备
应用与操作</td><td>姓名</td><td></td></tr>
<tr><td>日期</td><td></td></tr>
<tr><td colspan="5">操作方法：
1. 配合接发车实训作业，练习调度电话、车站行车电话的操作。
2. 参观综合视频监控设备，学习综合视频监控设备操作方法。
3. 参观电视电话会议室，了解铁路会议电视系统的功能，了解铁路电视电话会议制度</td></tr>
<tr><td colspan="5">操作中存在的问题及解决方法：</td></tr>
<tr><td>项目</td><td>赋分</td><td>自评得分</td><td>互评得分</td><td>教师评分</td></tr>
<tr><td>正确理解知识</td><td>25</td><td></td><td></td><td></td></tr>
<tr><td>业务分析处理方法得当</td><td>20</td><td></td><td></td><td></td></tr>
<tr><td>表达清晰准确</td><td>20</td><td></td><td></td><td></td></tr>
<tr><td>业务处理结果正确</td><td>35</td><td></td><td></td><td></td></tr>
<tr><td>综合得分</td><td colspan="4">（自评得分 10%，互评得分 30%，教师评分 60%）</td></tr>
</table>

9.1.6 任务考核

一、填空题

（1）______________是指为列车调度员指挥列车运行而设置的专用电话。

（2）______________是为铁路行车指挥和列车作业人员之间进行联络所设置的专用无线调度电话。

（3）调度电话为共线连接，采用__________、__________的通话方式。

（4）______________是将车站值班员使用的、与行车有关的各种电话集中在一起的综合电话设备，是供值班员与站内各部门业务联系的直通电话。

二、判断题

（1）每个铁路区段都设置列车调度电话，而区段的划分与运输指挥的调度区保持一致。（ ）

（2）无线列调的特点是设置在调度集中、自动闭塞以及其他特殊条件的区段，并按机车交路设计，兼顾列车调度区段的划分。（ ）

（3）调度员按下被选分机的选叫键，总机发出呼叫该站的选叫信号。车站值班员摘机应答，相应用户灯不亮。（ ）

（4）当车站值班员呼叫调度员时，摘机后直接说话即可。调度员讲话时需踩下踏键，送（受）话电子转换开关动作，接通送话放大器。（ ）

（5）列车调度员可以以单呼（车次号功能寻址/MSISDN 号码方式）、组呼、广播方式呼叫调度辖区内的机车司机。（ ）

三、简答题

（1）请说出调度电话的主要功能。

（2）请说明列车调度员与机车司机、车站值班员之间的呼叫方式。

（3）请说出车站集中电话机的主要功能。

（4）请说出车站集中电话机的操作方法。

（5）请说明视频综合监控系统的主要功能。

工作任务 9.2 车—地专用通信应用与操作

9.2.1 工作任务

<table>
<tr><td>任务名称</td><td>车—地专用通信应用与操作</td><td>工单号</td><td></td></tr>
<tr><td>姓名</td><td></td><td>专业</td><td></td></tr>
<tr><td>日期</td><td></td><td>班级</td><td></td></tr>
<tr><td colspan="4">拟完成工作任务：
（1）利用机车驾驶仿真设备，掌握列车无线调度电话的应用，学习车机联控用语。
（2）参观机车仿真驾驶系统，掌握机车综合无线通信设备的功能。
（3）利用调车实训设备，熟练掌握无线调车灯显设备操作，并学习调车作业相关规章</td></tr>
</table>

续表

任务目标： 1. 知识目标： （1）掌握列车无线调度电话的功能。 （2）掌握机车综合无线通信设备的功能及组成。 （3）了解无线调车灯显设备的功能及组成。 （4）了解无线调车机车信号和监控系统的功能和组成。 2. 能力目标： （1）能够正确使用列车无线调度电话，掌握其操作方法。 （2）能够正确使用机车综合无线通信设备。 （3）能够正确使用无线调车灯显设备。 3. 思政目标： （1）认识到车—地专用通信系统在组织及指挥铁路运输生产中的作用和意义。 （2）熟悉铁路专用通信有关技术管理规程。 （3）树立安全意识，培养遵章守纪的自觉意识和高度的责任感
学习重点： （1）列车无线调度电话、机车综合无线通信设备的组成和功能。 （2）无线调车灯显设备、无线调车机车信号和监控系统的功能和组成
学习难点： （1）列车无线调度电话的使用。 （2）机车综合无线通信设备、无线调车灯显设备的使用
教学所需设备： 列车无线调度电话（车载设备）、列车无线调度电话（地面设备）、机车综合无线通信设备、无线调车灯显设备以及列尾装置、机车仿真驾驶设备、调车实训设备、车机联控标准、铁路调车作业标准等

9.2.2　相关配套知识

知识点 1　列车无线调度电话

1. 列车无线调度电话的基本功能

① 实现机车司机与列车调度员、邻近的车站值班员、邻近的机车司机、配备便携电台的地面其他工作人员之间相互呼叫并通话。

② 承载无线车次号校核业务。

③ 承载调度命令无线传送系统业务。

④ 承载 450 MHz 列尾风压业务。

2. 列车无线调度电话机车电台

列车无线调度电话机车电台的结构如图 9-7 所示，包括机车电台主机（含机车电台功能单元和 GPS 单元）、机车电台控制盒、扬声器、受话器、GPS 天线等。

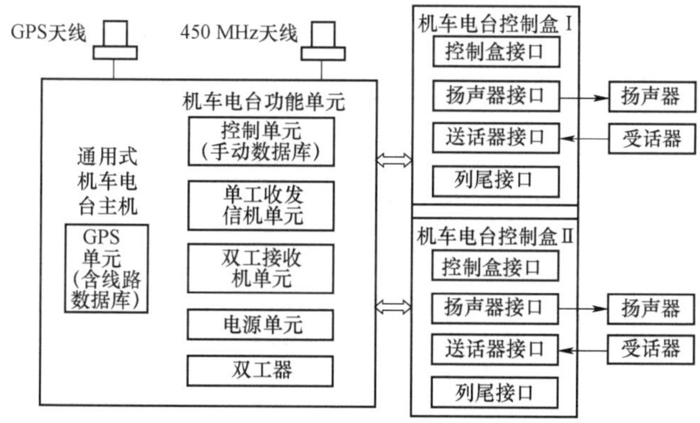

图 9-7　列车无线调度电话机车电台的结构

机车电台控制盒如图 9–8 所示。

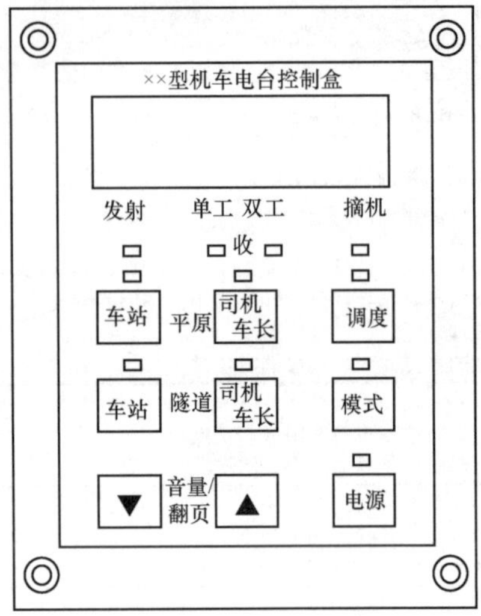

图 9–8　机车电台控制盒

3. 车机联控

在铁路行车指挥工作中，无线列车调度电话是执行车机联控的重要设备。

车机联控是车务、机务等有关行车人员利用无线调度通信设备，按规定时机、用语进行联络，确认行车要求，提示有关安全信息，确保行车安全的联防互控措施。

在车站接发列车的过程中，执行车机联控的基本要求是必须“站站列列呼唤应答”，联控作业程序应规范，用语要准确、清晰并使用普通话。联控用语中，特快旅客列车称为“客车特××次”；快速旅客列车称为“客车快××次”；普通旅客列车称为“客车××次”；临时旅客列车称为“客车临××次”；旅游列车称为“客车游××次”；行包快运专列称为“行××次”。

以车站办理接车作业为例，自动闭塞区段列车接近第一接近通过信号机或规定的呼叫点[半自动闭塞区段（双线反方向行车时），列车在规定的呼叫点]时：

司机：“××（站）××（次）接近。”

车站值班员：“××（次）××（站）×道通过（停车）。”

司机：“××（次）×道通过（停车），司机明白。”

知识点 2　机车综合无线通信设备

1. CIR 及其组成

机车综合无线通信设备（cab integrated radio communication equipment，CIR）用于铁路无线列调通信系统，替代铁路上原先的无线列调通信机车电台，为机车和地面之间提供语音和数据传输。

CIR 由主机、操作显示终端（以下简称 MMI）、送（受）话器、扬声器、打印终端、连接电缆、天线、馈线等组成，如图 9–9 所示。

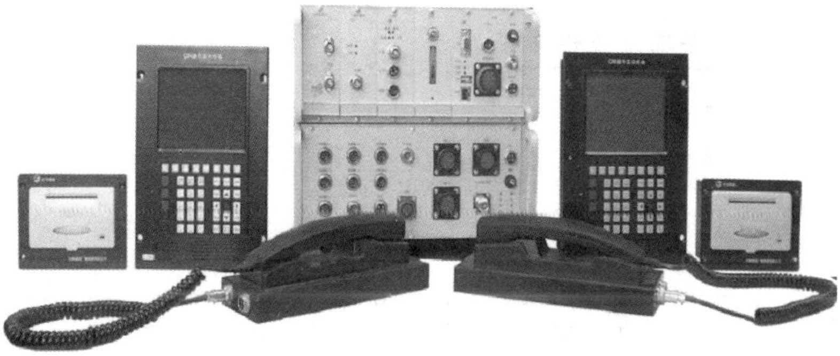

图 9-9　CIR 的组成

2. CIR 的主要功能

1）GSM-R 调度通话

系统业务包括列车调度通信、货运调度通信、牵引变电调度通信、其他调度及专用通信、站场通信、应急通信、施工养护通信和道口通信等。呼叫方式有个呼、组呼、广播、紧急呼叫等。

司机摘机并分别按屏幕的“调度”“隧道司机”“隧道车站”“平原司机”“平原车站”键进行相应的呼叫，听到回铃音后，按“PTT”进行通话，通话完毕后挂机。被呼时，7 s 内可听到对方话音，摘机进入通话状态；若未摘机，则通话将被自动挂断。

2）接收并打印调度命令

CIR 接收调度命令后，在 MMI 上显示接收到的调度命令，同时发出阅读提示音，司机阅读调度命令后按“确认”键停止播放提示音。如果分多页显示，必须阅读完最后一页才能按 “确认”键，否则会语音提示“请阅读完再签收”。

阅读完调度命令后，可以按“打印”键在打印终端打印当前显示的调度命令（注：未签收的调度命令不能打印）。司机查询调度命令后，也可以按“打印”键打印当前显示的调度命令。

3）进路信息预告

列车在前方车站通过出站信号机后，本站接车进路一旦排定，则 CTC 将本站列车进路预告信息进行发送，由 GSM-R 网络按照机车号进行自动查找并发送到目的 IP 地址。

4）GSM-R 无线车次号传输

采集处理装置接收机车安全信息综合监测装置广播的信息，并对信息进行实时分析，然后通过 GSM-R 机车综合通信设备发送车次号信息。

5）列尾风压动态显示

CIR 与列尾装置建立连接后，CIR 每隔一段时间（随机 120～130 s）自动轮询列尾风压一次，并在 MMI 上动态更新风压数据。

当 CIR 与列尾连接失效时，CIR 会进入列尾连接故障告警状态，每隔 5 s 发出一次提示音“列尾装置通信失效”。当 CIR 收到列尾装置主机发送的风压报警信号时，MMI 显示区的风压值变成红色并提示“××××机车注意，风压×××”。当风压值恢复正常或司机按“列尾确认”键后，屏幕字样变回黑色，停止提示。

CIR 重新接收到风压信息后，自动恢复与列尾装置主机的连接。

知识点3 平面无线调车设备

1. 平面无线调车设备

长期以来，铁路平面调车信号采用手信号旗和灯显示方式，安全和效率难以保证，特别是雨、雾天时，长大列车作业十分困难。

平面无线调车设备又称无线调车灯显设备，是铁路系统调车作业的重要设备，它基于无线电台加装控制软硬件，实时传送铁路车辆平面、交叉、编组、调车、连挂作业所需的各种色灯信令与语言提示，是通信与信号一体化的车辆编组、调度的信息与控制系统。它的运用使调车作业人员甩掉了沿用百余年的手灯、手旗，大大改善了调车作业的工作条件，提高了调车作业效率和安全性。

1）平面无线调车设备的组成

平面无线调车设备由三大部分组成：机车电台设备、移动设备、固定设备。

① 机车电台设备。如图 9–10 所示，机车电台设备以机车控制器为核心，完成调车指令的识别、显示。机车电台设备还包括司机话盒、可转动色灯显示器、外接扬声器、调车信息记录仪（黑匣子）和打印机、传真的外围设备及机车设备编号。

② 移动设备。由调车员控制盒（电台）、连结员控制盒（电台）和制动员控制盒（电台）组成，其主要作用是由调车人员向机车发送指令、话音以指挥机车运行。电台与控制盒是一体化的，可在传送灯显信号的同时传送语音提示，还可以与司机通话及在调车组人员间通话。

③ 固定设备。以调车区长控制器、电台为核心，由区长台、台式话筒、外接扬声器和有录音插孔的外接录音装置组成，可记录调车作业中的通话情况。如图 9–11 所示。

图 9–10 机车电台设备

图 9–11 固定设备

2）平面无线调车设备的基本工作原理

平面无线调车设备以无线通信为基础，采用专用或多信道共用、FSK 数字调制的无线数控、通信技术，并应用了安全控制技术，具有“故障停车”、各频率间“串码防护”“交流点灯”，制动员间“联锁制动”“指令强插”等功能。还采用了语音合成技术，可将调车员指令以标准语通知司机。机车控制器采用微处理机技术和 EEPROM 存储器，具有“运记”接口数据采集、数据交换及记录功能，可与 LKJ2000 监控装置连接。

3）平面无线调车设备的信号显示含义

平面无线调车设备信号显示含义如表 9–1 所示。

表 9–1　平面无线调车设备信号显示含义

显示	含义	显示	含义
一个红灯	停车信号	黄灯长亮+语音“十车，十车”	十车距离信号
一个绿灯	推进信号	黄灯长亮+语音“五车，五车”	五车距离信号
绿灯闪数次后熄灭	起动信号	黄灯长亮+语音“二车，二车”	三车距离信号
绿、红灯交替后绿灯长亮	连结信号	两个红灯	紧急停车信号
绿、黄灯交替后绿灯长亮	溜放信号	先两个红灯后熄灭一个红灯	解锁信号
黄灯闪后绿灯长亮	减速信号		

2. 平面无线调车设备与 LKJ 的连接

平面无线调车设备仅仅是代替了信号灯（旗），将调车人员的手信号传送至机车上，并不能按照信号显示要求控制机车速度。

调车灯显接口盒提供了无线调车灯显系统与 LKJ 的接口，能够在调车时实现无线调车灯显信号与机车信号的切换，并使 LKJ 能够接收无线调车灯显系统的信号，实现对机车的速度控制。LKJ 与平面无线调车设备的连接如图 9–12 所示。

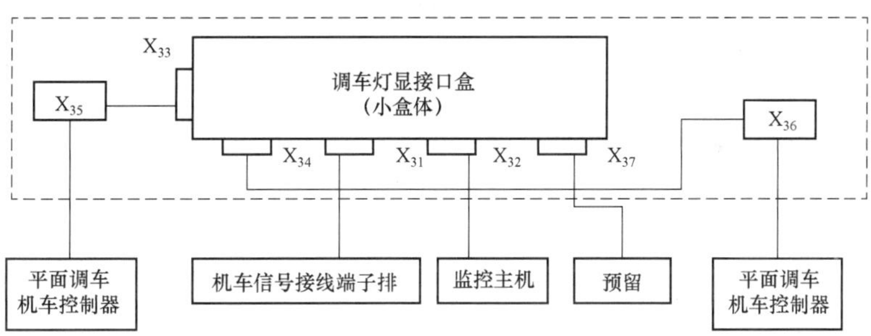

图 9–12　LKJ 与平面无线调车设备的连接

在调车状态下，LKJ 监控装置收到平面调车信号后按平面调车信号控制。LKJ 监控装置将平面调车信号分为两类：控制类信号和非控制类信号。控制类信号延迟一定的时间和距离后，控制某一出口限速；非控制类信号只记录但不改变原限速。控制类信号又分为三种：紧急停车类信号、停车类信号、非停车类信号。

① 紧急停车类信号：收到信号后如果速度不为 0，立即实施紧急制动。

② 停车类信号：包括停车和故障停车，停车信号又分为接近连挂时的停车信号和非接近连挂时的停车信号两种情况。是否为接近连挂的判断标准为本次动车收到停车信号前是否收到过十车、五车、三车中的任一信号。

③ 非停车类信号：包括推进、起动、连接、溜放、十车、五车、三车。对十车、五车、三车信号，收到信号后延迟一段距离控制出口速度；若收到其他信号则立即控制一出口速度。

LKJ 与平面无线调车设备配合使用时的速度控制如表 9–2 所示。

表 9-2 LKJ 与平面无线调车设备配合使用时的速度控制

信号	控制限速	信 号	控制限速
牵引（起动）	≥40 km/h，语音提示	五车距离信号，车列走行 20 m 后	≥8 km/h，语音提示
	≥41 km/h，解除牵引力		≥9 km/h，解除牵引力
	≥43 km/h，常用制动		≥10 km/h，常用制动
	≥45 km/h，紧急制动		≥13 km/h，紧急制动
空线推进	≥30 km/h，语音提示	三车距离信号，车列走行 20 m 后	≥4 km/h，语音提示
	≥31 km/h，解除牵引力		≥5 km/h，解除牵引力
	≥33 km/h，常用制动		≥6 km/h，常用制动
	≥35 km/h，紧急制动		≥9 km/h，紧急制动
十车距离信号，车列走行 50 m 后	≥13 km/h，语音提示	连接	限速 33 km/h
	≥14 km/h，解除牵引力	溜放	限速 33 km/h
	≥15 km/h，常用制动	紧急停车	立即停车
	≥18 km/h，紧急制动	故障停车	10 s 后立即停车

知识点 4 无线调车机车信号和监控系统

无线调车机车信号和监控系统（shunting train protecting，STP）在地面设备和车载设备之间采用无线通信方式传送信息，并将获取的集中联锁车站调车作业相关信号、道岔、轨道电路区段信息进行处理，通过列车运行监控装置，实现对调车机车信号显示和车列速度的监控，具备铁路站场调车作业的自动监控和记录功能，是调车作业的重要行车安全设备。

1. 系统组成

STP 的硬件由地面设备和车载设备组成。

1）地面设备

① 地面主机柜：接收联锁系统发送的站场信息，通过无线方式和机车、车务终端交换数据。

② 车务终端：以图形方式显示站场实时信息，以图标方式显示机车在站场中的实时位置，以表格方式显示作业单和作业程序。

③ 地面应答器：用于机车初始定位和校正机车位置，通常安装在站场的集中区与非集中区的分界点，站场的入口处要各装一个；站场中频繁调车作业经过的道岔处可以安装一个，用来校正机车的位置。

④ 数传电台：实现地面和机车的无线通信。

2）车载设备

① 车载主机：实现和地面的数据交互及与监控记录装置的数据交换。

② 查询主机：和查询器天线配套使用，接收地面应答器的信息，向车载主机传送应答器信息。

③ 与平面无线调车设备接口：通过调车灯显接口盒实现无线调车灯显系统和 LKJ2000 监控系统的连接，根据平面无线调车设备中的手持终端设备发送的控制命令对机车进行速度控制。

2. 系统功能

STP 的主要功能包括以下 3 方面：

1）调车作业安全防护功能

① 防止调车作业时车列冒进阻挡信号机。

② 防止调车作业时车列冒进突然关闭的信号机。

③ 防止调车作业时车列越过站场规定的停车点（一度停车位、分区点、站界等）。

④ 控制车列在尽头线、到发线安全距离前方停车。

⑤ 防止调车作业时超过允许的最高限速。

2）显示与报警功能

① 车载彩色显示屏上显示站场图形、信号机、道岔、区段状态、车列运行方向防护信号机状态、车列所在区段、距防护点距离、机车速度、限制速度、调车作业计划单及完成情况。

② 必要时在彩色显示屏上显示文字提示，以及进行语音报警。

③ 调车终端、电务维护终端上显示站场图形、信号机、道岔、区段状态、站场内进路信息、股道停留车信息；显示机车位置、机车速度、限制速度、停车距离等关键数据；实时显示调车作业计划单及完成情况。

3）调车数据的记录处理功能

① 实时记录并保存调车作业过程中的重要数据。

② 通过监控记录装置转储监控运行数据，进行地面分析。

③ 对采集数据、人工录入数据及信息加工后的目标数据的记录、存储及管理功能。

④ 历史数据（调车作业的历史记录）回放功能。

⑤ 历史数据存储时间应不少于规定天数（一般规定为 30 d）。

9.2.3 知识拓展

序号	二维码	内容描述
1		1. 铁路综合数字移动通信系统（GSM-R） 2. 铁路下一代移动通信系统
2		铁路专用数字通信系统 GSM-R

9.2.4 相关规范、规程与标准

1.《铁路技术管理规程（普速铁路部分）》相关规定

2.《铁路技术管理规程（高速铁路部分）》相关规定

相关规范、规程与标准

9.2.5 任务工单

<table>
<tr><td rowspan="2">任务名称</td><td rowspan="2">车—地专用通信应用与操作</td><td>姓名</td><td></td></tr>
<tr><td>日期</td><td></td></tr>
<tr><td colspan="4">操作方法：
（1）利用机车驾驶仿真设备，掌握列车无线调度电话的应用，学习车机联控用语。
（2）参观机车仿真驾驶系统，掌握机车综合无线通信设备的功能。
（3）利用调车实训设备，熟练掌握平面无线调车设备的操作，并学习调车作业相关规章</td></tr>
<tr><td colspan="4">操作中存在的问题及解决方法：</td></tr>
</table>

项目	赋分	自评得分	互评得分	教师评分
正确理解知识	25			
业务分析处理方法得当	20			
表达清晰准确	20			
业务处理结果正确	35			
综合得分	（自评得分 10%，互评得分 30%，教师评分 60%）			

9.2.6　任务考核

一、填空题

（1）在铁路行车指挥工作中，____________________是执行车机联控的重要设备。

（2）____________是车务、机务等有关行车人员利用无线调度通信设备，按规定时机、用语进行联络，确认行车要求，提示有关安全信息，确保行车安全的联防互控措施。

（3）机车综合无线通信设备简称__________，用于铁路无线列调通信系统，替代铁路上原先的无线列调通信机车电台，为机车和地面之间提供语音和数据传输。

（4）平面无线调车设备由____________、___________、_____________ 三大部分组成。

（5）________________又称为无线调车灯显设备，是铁路系统调车作业的重要设备，基于无线电台加装控制软硬件，实时传送铁路车辆平面、交叉、编组、调车、连挂作业所需的各种色灯信令与语言提示。

（6）无线调车机车信号和监控系统简称__________，用于实现对调车机车信号显示和车列速度的监控，具备铁路站场调车作业的自动监控和记录功能，是调车作业的重要行车安全设备。

（7）GSM 是 global system for mobile communication 的缩写，全称是____________。铁路专用的 GSM 是________________。

二、判断题

（1）在车站接发列车的过程中，执行车机联控的基本要求是必须“站站列列呼唤应答”，联控作业程序应规范，用语要准确、清晰并使用普通话。（　　）

（2）GSM–R 调度电话的呼叫方式有个呼、组呼、广播，不能紧急呼叫。（　　）

（3）CIR 具有进路信息预告和无线车次号传输的功能。（　　）

（4）当 CIR 与列尾装置连接失效时，会自动断开与列尾装置的连接。（　　）

（5）平面无线调车设备在传送灯显信号的同时传送语音提示，但不可以与司机及调车组人员进行通话。（　　）

（6）STP 具有调车作业安全防护、显示与报警，以及调车数据的记录处理功能。（　　）

三、简答题

（1）请说出列车无线调度电话的主要功能。

（2）在接发列车过程中，车机联控的基本要求有哪些？

（3）请说出机车综合无线通信设备的主要功能。

（4）请说出无线调车机车信号和监控系统的主要功能。

参考文献

[1] 中国铁路总公司. 铁路技术管理规程：普速铁路部分. 北京：中国铁道出版社，2014.

[2] 中国铁路总公司. 铁路技术管理规程：高速铁路部分. 北京：中国铁道出版社，2014.

[3] 林瑜筠. 铁路信号基础. 北京：中国铁道出版社，2006.

[4] 常仁杰，吴广荣. 信号基础设备维护. 北京：化学工业出版社，2013.

[5] 常仁杰，韦成杰. 信号微机监测. 北京：化学工业出版社，2014.

[6] 杨润广，秦武. 铁路信号基础设备维护. 成都：西南交通大学出版社，2014.

[7] 钱艺，翟红兵. 车站信号自动控制系统维护. 北京：中国铁道出版社，2014.

[8] 贾毓杰. 铁路信号与通信设备. 北京：中国铁道出版社，2007.

[9] 李珊珊. 城市轨道交通列车运行控制系统. 北京：化学工业出版社，2014.

[10] 穆中华. 区间闭塞设备维护. 北京：化学工业出版社，2013.

[11] 林瑜筠. 区间信号自动控制. 北京：中国铁道出版社，2007.

[12] 王永信. 车站信号自动控制. 北京：中国铁道出版社，2007.